"十二五"国家科技支撑计划课题（批准号：2013BAJ12B02）

U0667568

严寒地区绿色村镇生态适宜性及观光产业发展决策评估

Ecological Applicability and Decision-making Evaluation on Tourism of
Green Villages and Towns in Severe Cold Regions

陆 明 许大明 ◎著

科学出版社

北 京

内 容 简 介

  本书从村镇生态规划、景观生态学以及地区可持续发展理论出发，在梳理国内外绿色村镇建设现状以及农村地区可持续发展趋势的基础上，借鉴分析国内外绿色村镇建设经验，通过对我国严寒地区村镇建设的深入调研，结合大数据与典型案例分析方法，建立我国严寒地区绿色村镇生态可持续建设的生态规划评估方法，从严寒地区村镇的生态承载力与生态适宜性方面对其进行定量分析，评估严寒地区村镇的生产生活方式以及社会经济发展水平对村镇地区生态环境的影响和不同类型生态敏感地区的影响，进而提出优化严寒地区绿色村镇建设的生态规划策略与生态恢复策略。同时，从严寒地区村镇旅游产业发展季节适应性决策及旅游产业发展评估等方面，提出绿色村镇旅游观光产业的发展策略，为严寒地区村镇未来生态环境及旅游产业可持续发展提供理论及实践指导。

  本书适于城乡规划设计人员、村镇规划及建设的研究人员、相关技术人员及村镇管理部门等使用者作为理论及技术参考。

图书在版编目（CIP）数据

严寒地区绿色村镇生态适宜性及观光产业发展决策评估 / 陆明，许大明著.
—北京：科学出版社，2015.12
ISBN 978-7-03-046821-5

Ⅰ.①严… Ⅱ.①陆… ②许… Ⅲ.①寒冷地区-乡镇-生态旅游-产业发展-评估 Ⅳ.①F590.7

中国版本图书馆 CIP 数据核字（2015）第 303636 号

责任编辑：梁广平 / 责任校对：何艳萍
责任印制：肖 兴 / 封面设计：楠竹文化
联系电话：010-64867488
电子邮箱：liangguangping@mail.sciencep.com

科 学 出 版 社 出版
北京东黄城根北街 16 号
邮政编码：100717
http://www.sciencep.com

文林印务有限公司 印刷
科学出版社发行 各地新华书店经销

*

2015 年 12 月第 一 版 开本：787×1092 1/16
2015 年 12 月第一次印刷 印张：13 1/2
字数：320 000
定价：68.00 元

（如有印装质量问题，我社负责调换）

前言 Foreword

2010 年国务院一号文件指出"要积极发展休闲农业、乡村旅游"。2012 年党的十八大报告也提出了要"大力推进生态文明建设，努力建设美丽中国"。"美丽乡村"这一理念的提出为乡村旅游带来了良好的发展机遇。至 2013 年底，国内开展旅游活动的乡村远超 9 万个，乡村旅游经营主体达 190 万家，营业收入超 2700 亿元，年客流量多达 9 亿人次，创造直接、间接就业机会 3000 万个，吸纳 7%的农村劳动力，为村镇第三产业的发展做出了巨大的贡献。

在我国一些经济发展较快的城市郊区和著名风景区的边缘地带，村镇观光产业蓬勃兴起，由于起步较晚，发展仍处于初期阶段，游客比较分散，缺乏统一组织，市场还没有形成规模，致使村镇旅游没有很好体现出整体效益。尤其是在我国北方严寒地区，由于冬季严寒的气候特征及区位劣势，村镇环境的生态适宜性较差，无论是经济结构还是产业结构都存在着过于单一、严重依赖传统农业的情况。因此，如何优化严寒地区村镇生态及旅游环境，促进村镇旅游观光产业的健康、高效发展，直接影响着我国严寒地区村镇旅游以及村镇建设未来的发展方向和发展速度。改善严寒地区村镇生态环境，合理开发与建设旅游产业，形成"农业、农村、农民"与游客的良好互动，对于村镇农业发展与旅游业发展齐头并进，增强严寒地区村镇活力具有重要的推动作用。

本书以改善严寒地区村镇人居环境为目标，以国家"十二五"科技支撑计划课题"严寒地区村镇气候适应性规划及环境优化技术"的部分研究成果为基础撰写，以期指导严寒地区村镇规划及产业发展。本书在梳理国内外绿色村镇以及农村地区可持续发展研究成果的基础上，借鉴分析国内外绿色村镇建设经验，通过对我国严寒地区村镇建设的深入调研，结合大数据与典型案例分析方法，建立我国严寒地区绿色村镇生态可持续建设的生态规划评估方法，提出优化严寒地区绿色村镇建设的生态规划策略与生态恢复策略。同时，从严寒地区村镇观光产业发展季节适应性决策及旅游产业发展评估等方面，提出绿色村镇旅游观光产业的发展策略。本书作为城镇生态环境及产业发展方面的研究成果，期望为严寒地区村镇未来生态环境及旅游产业的可持续发展提供理论及实践指导，为城乡规划相关领域研究人员提供理论及技术参考。

本书适于城乡规划设计人员、村镇规划及建设的研究人员、相关技术人员以及村镇管理部门等不同层级的使用者使用。

在课题的研究过程中，研究生张宁、魏钰桐、张晓瑜和本科生刘杨参加了部分研究工作，本书的部分成果援引了他们的学位论文。在本书的写作过程中，课题组实地调研了黑龙江、吉林、辽宁省及内蒙古自治区的 13 个乡镇和 27 个自然村，很多学生志愿者参加了调研工作，调研过程中也受到一些地方政府的帮助和支持，同时，研究生侯拓宇、陈宇、蔺阿琳和付婧莞在本书的图件处理和编辑排版等方面做了大量工作，在此一并表示诚挚的谢意。

由于作者水平有限，书中难免存在不足之处，敬请各位同行专家批评指正。

目录 Contents

第二部分　严寒地区绿色村镇生态适宜性研究

第三部分　严寒地区绿色村镇观光产业发展决策研究

第一部分

基础研究

第1章 绪 论

1.1 背景与意义

自 2006 年全国旅游小城镇发展工作会议召开以来，住房和城乡建设部、国家旅游局逐步确立了以发展全国特色景观旅游示范镇（村）为载体推进旅游村镇建设的基本思路。2009 年出台的《国务院加快发展旅游业的意见》也明确提出"实施乡村旅游富民工程，开展各具特色的农业观光和体验性旅游活动"的工作目标。2010 年国务院一号文件再次强调"要积极发展休闲农业、乡村旅游"。2011 年，全国发展休闲农业与乡村旅游工作会议再次把乡村旅游作为发展国内旅游的主战场，提出把乡村旅游"摆上突出位置抓实抓好"。2012 年，十八大报告更是首次单篇论述生态文明，提出要"大力推进生态文明建设"，努力建设美丽中国。乡村是最基本的国土单元，乡村建设是中国建设的基础。美丽乡村是乡村旅游的发展目标，乡村旅游是建设乡村的重要途径。"美丽乡村"这一理念的提出为乡村旅游带来了良好的发展机遇。至 2013 年底，国内开展旅游活动的乡村远超 9 万个，乡村旅游经营主体达 190 万家，营业收入超 2700 亿元，年客流量多达 9 亿人次，创造直接、间接就业机会 3000 万个，吸纳 7%的农村劳动力，为小城镇第三产业的发展做出了巨大的贡献。

在我国一些经济发展较快的城市郊区和著名风景区的边缘地带，村镇观光产业蓬勃兴起，由于起步较晚，发展仍处于初期阶段，游客比较分散，缺乏统一组织，市场还没有形成规模，致使村镇旅游没有很好体现出效益。尤其是在我国北方严寒地区，无论是经济结构还是产业结构都存在着过于单一、严重依赖传统农业的情况。因此，如何使严寒地区村镇观光产业规范发展，并走上健康、高效之路，直接影响着我国村镇旅游以及村镇建设未来的发展方向和发展速度。对严寒地区村镇旅游的合理开发与规划建设，形成"农业、农村、农民"与游客的良好互动，可使村镇农业发展与旅游业发展齐头并进，并增强严寒地区村镇的活力。

对严寒地区绿色村镇及其观光产业进行研究，提升村镇旅游环境生态适宜性，完善观光产业决策评估，具有的意义如下：

（1）理论意义。本书首先通过对严寒地区绿色村镇及其观光产业的调研工作，掌握第一手严寒地区村镇观光休闲农业旅游区现状情况以及相关基础数据，帮助相关设计从业者以及科研人员认清严寒地区村镇观光休闲农业旅游的现状与问题。本书所构建的评价体系为进一步深入分析及提出规划设计对策提供了参考。

（2）实践意义。本书所建立的严寒地区村镇基本空间资料库，可为严寒地区村镇观光休闲农业旅游区环境优化提供现实上的基础数据，具有较高的实践参考价值。对大量的实态研究进行分析论述，并提出具有针对性的策略，提升了研究成果应用于实践的依据。

1.2　相关概念解析

1.2.1　严寒地区绿色村镇

1.2.1.1　严寒地区

按照《民用建筑热工设计规范》（GB50176）中对建筑气候区划的规定，我国的严寒地区是指 1 月份平均气温低于-10℃，且全年日平均温度低于 5℃的天数大于 145 天的地区。在我国，严寒地区包含的具体范围，按行政区划分，具体是指黑龙江省、吉林省全境，辽宁省大部分，内蒙古自治区大部分，及陕西省、山西省、河北省、北京市北部、新疆自治区大部、甘肃省北部、青海省全境、西藏自治区大部、四川省西部、甘肃省西南部等地区。

从地理学角度，严寒地区则是按照区域所在的纬度、本区域冬季气候特征、日照时长、冬季的降水形式等方面特征进行划分的。一般来说，严寒地区城市位于北纬 45°及以上的高纬度地区，冬季平均气温 0℃以下，主要降水形式为雪，日照少、白昼短，季节变化明显。

本书研究的严寒地区主要包含黑龙江、吉林、辽宁及内蒙古北部地区。

1.2.1.2　村镇界定

村为我国第四级行政区划名称，隶属于区、县辖市、镇或乡，是地方行政体系中最小的自治单位。村按规模分为基层村和中心村。基层村是指直接与农业生产、生活的社会组成部分，构成社会体系的最底层，自然村和行政村都属于基层村的范畴。而中心村是由若干行政村、自然村（也就是基层村）组成的，具有一定量的人口和比较齐全的公共与基础设施的农村社区，它的规模与地位介于乡镇和行政村之间，它是我们进行村镇建设的主要对象。

镇是我国第三级行政区划名称，它的规模与行政地区介于市、县（县级行政区）与村（或村级区划）之间，乡与其一样是相同的行政区规划，现在镇为乡级区划主要类型。由于乡镇、村镇、市镇、集镇等多种名称混乱，为了进行区分，我们一般把单独的镇叫做"建制镇"。镇按规模大小分为：一般镇和中心镇。中心镇是指在一个县的周围的几个镇中，地区位置比较优越，有区位优势，经济发展较好较快，是邻近镇中的领头羊，且镇的基础与公共服务等配套设施齐全完善，具有示范作用，是对周边地区有辐射和吸引力的重点镇。

因此，本书所指的村镇是包括第三级行政区和第四级行政区在内的合称，包括基层村、中心村、一般镇和中心镇这四个层次。我国村镇规划按人口规模分级如表 1-1 所示。

表 1-1　村镇规划规模分级　　　　　　　　　　　　（单位：人）

规模	村庄		集镇	
	基层村	中心村	一般镇	中心镇
大型	大于 300	大于 1 000	大于 3 000	大于 10 000
中型	100~300	300~1 000	1 000~3 000	3 000~10 000
小型	小于 100	小于 300	小于 1 000	小于 3 000

1.2.1.3　绿色村镇

20 世纪 60 年代以来，由于能源危机和环境破坏，自然灾害频发，在西方国家人们的环境保护意识越来越强烈。之后在 20 世纪 80 年代，这股绿色浪潮席卷全球，从西方发达国家扩展到发展中国家和地区。绿色环保越来越受到人们的重视，"绿色"这一概念也广泛的传播到社会的各个领域，各种带有"绿色"的新名词纷纷出现，如绿色食品、绿色产业、绿色经济、绿色生活、绿色城市、绿色建筑、绿色文化、绿色管理、绿色体育、绿色奥运等，"绿色"这一理念触及到社会的各个方面。"绿色"这一概念，不仅仅是指一种颜色，绿色代表生命、健康和活力，绿色代表人与自然和谐相处的理念，代表着环境保护、节约能源和资源，代表一种可持续发展的理念。

我国现在普遍采用和接受的"绿色建筑"概念来自于《绿色建筑标准》。绿色建筑是指在建筑的决策阶段、设计阶段、施工阶段、运营维护阶段乃至拆除阶段，最大限度地节约资源（节能、节地、节水、节材），注重能源的利用效率，提高可再生能源的利用率，保护环境和减少污染，为人们提高健康、舒适、高效的使用空间，并且不影响周围环境和生态，与周围环境和谐共生的建筑。绿色建筑是可持续发展、绿色和节能等概念在建筑上的具体体现和应用。村镇建设不仅包括村镇范围内的由构筑物、建筑物等组成的基础设施、住宅、公共建筑等的建设，还包括许多其他方面的建设，如村镇经济、村镇文化、村镇政务管理、村镇组织机构等许多方面。因此绿色村镇的定义比绿色建筑更加广泛。随着城乡一体化建设的发展，村镇建设也可以参考城市建设的理论。

绿色村镇是指经济发展、社会进步和生态环境协调发展，以资源高效利用、人与自然和谐相处、技术和自然达到充分融合为目标，在实现四节一环保（节能、节地、节水、节材和环境保护）的同时，最大限度地发挥村镇的生产力和创造力，并且适宜居民健康、舒适、安全生活的村镇。

1.2.2　生态适宜性

1.2.2.1　生态学

作为一门发展历史较长、研究范围较广泛的科学，生态学日益受到世界各国的重视。1866 年德国动物学家 Haeckel 对生态学（Ecology）的定义为：生态学是研究有机体与其周边环境——包括非生物环境和生物环境相互关系的科学[1]。1956 年，美国生态学界的泰勒生态学奖获得者、生态学家 E.P.Odum 在他的《生态学基础》教材中提出的定义为：生态学是研究生态系统的结构与功能的科学[2]。我国著名的生态学家马世俊认为，生态学是研究生命系统和环境系统相互关系的科学。综合以上的定义，生态学家认为，生态学是研究生物与环境之间的相互关系及其作用机理的科学[3]。

1.2.2.2　生态系统

生态系统（Ecosystem）是英国生态学家 A.Tansley 在 1935 年提出来的。生态系统是指在一定的时间和空间范围内，所有的生物群落和非生物环境通过所有的物质循环与能量流动而构成的相互作用、相互依存的复合体系[4]。生态系统是生态学研究中的一个重要概念，随着全球气候变化、世界范围城镇化、工业化的发展，人口、资源、环境等可持续发展理念成为世界共识，对区域生态系统的可持续研究也成为重要的生态学研究内容。

1.2.2.3　生态评价

生态评价是指以指标体系为框架，在评价标准的基础上，将一定区域内的生态环境状况、生态系统环境质量运用合理的生态学方法评价其质量的好坏及其相互影响作用的关系。评价的基本对象是一定区域内的由生物部分、非生物部分组成的生态系统和从生物的生存与发展角度考虑的生态环境，即评价生态系统在人工、非人工作用下的变化情况。因此，了解生态环境的特点和功能成为生态评价的重要任务之一。首先，应明确生态环境在人类生产、生活活动中对其的影响程度及特点；其次，利用合理的实施对策和解决措施使生态环境的功能得以维持和促进自然环境的可持续发展。

1.2.2.4　生态适宜性评价

生态适宜性评价主要起源于对土地的适宜性评价，是结合土地利用、植被、土壤、地质、地形、水文、气象以及人类生产、生活要素所做的综合性土地利用评价。所以生态适宜性评价大多是指对土地的生态适宜性评价。主要是指评估土地针对现有资源与承载特征，是否有利于未来社会经济与环境发展目标中的开发与利用潜力，并根据未来土地开发与利用的适宜程度，做出相应的等级评估与预测。因此，生态适宜性评价是基于多目标、多系统以及多个因子进行的综合评估和考察过程。其评价的过程也是由众多相关影响要素与评价因子构成的评价指标体系[5]。

随着我国城镇化水平的提高，可持续发展已经成为我国社会经济发展的基本理念。生态学的理论与方法逐步成为土地利用评估过程中的重要内容。尽管我国土地幅员辽阔，土地类型多样，各地区的生态适宜性评估的目的与地区特征均有不同差异，但是生态适宜性评价一般要兼顾生态环境、经济发展与社会公平等多方面协调发展。在此基础上，从生态保护与土地可持续发展的角度来评估土地综合开发利用的适宜程度，提出土地开发利用与综合保护的合理策略。为地区未来的生态环境保护与社会经济的空间拓展与土地综合利用提供理性依据和参考。

1.2.3　旅游季节性

海勒伯格较早对季节性现象进行研究，他认为季节性是系统的，也具有不规律性。

它是由气候变化、节气因素、消费需求以及旅游时机等因素引起的波动性变化，且会受到诸如自然资源条件、人们旅游期望值、景区特色以及价格等方面不同程度的影响[6]。

在旅游季节性的研究方面，巴特勒提出的旅游季节性的概念得到广为认同。他指出旅游季节性体现的是旅游活动的波动性变化，这种现象是暂时的，主要会受到游客量、消费水平、交通量与景点流量等因素的影响而发生变化[7、8]。

上述概念主要是从旅游资源、产业及活动三个角度对旅游季节性进行相关的描述，即在时间概念上旅游资源、旅游业的经营以及旅游者外出活动所体现出的变化性，呈现旅游淡旺季。不同的地区与城市又会因为气候或自然环境的差异在时间上体现不同的变化性，例如在滨海地区，夏季是避暑度假的旅游旺季；在东北地区，冬季是赏冰灯、滑雪旅游黄金期；在西南少数民族区，独特的民俗文化节是当地的旅游旺季。本书中的旅游季节性是指一年中游客的出游状况由于受到自然和社会因素的影响而出现明显的周期性波动，或其他随机变化的现象。

1.2.4 村镇旅游及观光产业

村镇观光产业主要依靠休闲农业满足游客"休闲"需求，同时也包含非农业载体的乡村地区依赖文化历史、自然资源的观光旅游形式。因此，村镇观光产业的主体部分同时包括休闲农业和乡村旅游两个内容。

1.2.4.1 村镇旅游

国内大量文献反映出当前一种普遍观点："休闲观光旅游"等同于"休闲农业旅游"。因大多数休闲观光旅游产业的发生地在村镇，其体验形式与载体均以农业为基础，故而，绝大多数以"休闲观光旅游"为主题的文章，研究本质与主要内容都是"休闲农业旅游"。

在一些相关研究中，对"农业旅游"和"村镇旅游"这两个概念也常常出现相互混淆的情况。其中，"村镇旅游"是指具有村镇性质，既具有农业旅游形式，也包括其他位于村镇地区的自然资源、人文资源的旅游形式；"农业旅游"则仅仅是近年来兴起的一种"村镇旅游"的具体形式，是"村镇旅游"必不可少的组成部分。

总的来说，"村镇旅游"主要依靠休闲农业体现"休闲"的核心内涵、满足游客的内心需求，同时也包含非农业载体的村镇地区的依赖文化历史、自然资源的其他观光旅游形式。综上所述，本书研究中将"村镇旅游"定义为：利用村镇地区及其周边的历史文化景观、田园景观、自然生态景观，结合当地现有的农业资源，为游客提供集观光、体验、休闲、娱乐、购物等为一体的综合性的旅游体。

1.2.4.2 观光产业

观光产业作为村镇发展中诸多产业中的一个新型产业，与其他产业相比，有着自身独有的产业特性，归纳起来主要有以下三点：

（1）从产业的范围来看，它是一个跨地区、跨行业的产业。其地区范围包括旅游客源地和旅游目的地，两地的结合构成了产业的空间体系。

（2）从产业形成的特点看，可以形成这样的一个概念：观光产业不同于其他传统的产业，它不具有明确的产业边界，其涉及的范围也是根据旅游形式的变化不断发生变化的。从这个意义上来说，观光产业是一个以旅游活动为中心而形成的配置产业，凡是为旅游活动提供直接或者间接服务的行业和企业，都是这个配置产业的组成部分。

（3）从产业性质上看，它是一个以提供劳务产品为主的服务性行业，它所提供的旅游服务是一种包括直接和间接服务在内的综合性服务。在观光产业生产的服务体系中，有的服务可以物化为一种有形物体来满足旅游者的需要；有的服务并不能物化在一个物体之中，而是物化在一种活动中，成为一种无形物品来满足旅游者的需要。

1.2.5 旅游环境质量

本书中旅游环境质量是指在特定的时间和空间下，旅游环境系统内各个因素的质量及优劣程度的总体情况。旅游环境质量能够反映特定时间和空间内旅游环境是否适宜旅游活动或者旅游项目的开发经营，是能够将旅游环境系统进行定性、定量评定的一种概念。

旅游环境的质量与其成长有相互制约、相互促进的作用，质量的缺失将会抑制旅游项目开拓，降低旅游活动的质量，折损游客旅游的体验。同时，旅游产业的成长也对环境质量有很大的作用，适当地开展旅游活动能够使旅游环境保持良性状态，产生正面影响，过分的开发会导致环境压力过大，产生负面影响。

1.3 国内外相关研究进展

1.3.1 生态旅游

1.3.1.1 国外研究

近年来，生态旅游研究是旅游环境相关研究的重点内容之一，许多研究均认可"旅游环境应具有生态适宜性"这一结论。赫特择（1965）提出了"生态性旅游"这一概念，是国内外普遍认为的生态旅游的初步形态[9]。世界自然保护联盟认为旅游地应该是生态自然的，人工干预较少的，旅游者是来体验自然或者当地的文化，对当地造成的干扰较小，这样的旅游才能叫作生态旅游。对生态旅游的研究内容与手法基本上就是在旅游活动空间的容量与承载力的基础上对生态进行限定。有些国家在经济上落后，但具有得天独厚的生态资源，这些国家最先对生态旅游进行了实践。这些率先开展生态旅游国家的鼻祖非肯尼亚莫属，早在 1989 年，来肯尼亚进行旅游的游客已超过 65 万人次。肯尼亚生态旅游开展如火如荼，基于此景，联合国在相关会议上呼吁各个国家都要开展这样形式的旅游活动。

1.3.1.2 国内研究

卢云亭认为，生态旅游应该是一种双向获益的旅游活动，既能够拥有经济效益，又能够增进生态自然的保护工作。明庆忠则认为，生态旅游的重中之重是做好对生态自然的保护，以此为大前提，使得旅游活动与自然、文化等能够达到动态平衡状态。何光玮认为，生态旅游是一种新兴的消费方式，进行这样的旅游活动，能够使得旅游地良性长久发展的同时，还能使游客有更多的自然体验，学习到更多的知识。

国内第一个成功的生态旅游地是张家界国家公园，该案例为我国旅游生态适宜性建设提供了参考：曾经靠林业推动经济增长的模式，经过改造之后，转变成为保护生物种群与生态景观的森林公园，率先在国内进行了生态旅游的尝试。国家旅游局为了推动生态旅游的开展，将 1999 年定位为生态旅游主题年，同年，昆明世博会也打出了生态旅游的号召。这两件事大力推动了我国建设生态旅游的进度。

1.3.2 旅游季节性

1.3.2.1 国外研究

随着旅游市场的不断推进，旅游季节性特征在许多景区与客源地都有所显现，并引发一系列影响，主要在于改变了旅游和经营成本，于是人们采取各种措施对季节性负面问题进行改善。然而学术界对此褒贬不一，鲍姆、巴特勒与罗斯等人也从不同角度阐述了旅游季节性的负面影响，格兰特、巴特勒、哈特曼等人认为旅游季节性对旅游区有积极影响。

1. 负面作用

（1）经济影响。季节性主要对旅游区服务设施的效益、生态环境以及就业情况产生了一定的负面影响。鲍姆认为季节性对经济方面的影响主要在于旅游服务设施淡旺季的营收、工作岗位培训与员工素质等方面[10]。

（2）生态影响。季节性对旅游区产生的负面影响包括短期内集聚的大量人流所产生的交通拥挤、随之而来的垃圾问题、对野生动植物生存环境的干扰等。巴特勒认为在旅游旺季对生态环境的过度使用会加大环境的承载压力而造成环境的破坏[11]。

（3）社会影响。季节性不仅对旅游者群体产生一定的负面影响，而且更大程度地体现在旅游目的地中。皮特认为，在交通上，猛增的客流妨碍当地居民出行；在社区服务上，造成居民日常的花费提高；在设施利用上，旅游旺季大量游客给其带来了超负荷的使用压力[12]。此外，米尔曼还认为对旅游度假区的旺季而言，还承担着犯罪几率增加的风险[13]。罗斯认为，还应考虑到旅游旺季居民要承担较高的物价水平、生活质量降低以及事故发生的概率会提高等方面[8]。

2. 积极作用

（1）经济影响。在旅游淡季，景区建筑设施的维修与施工会给建筑工、维修工等工种提供工作岗位和就业机会。因此，格兰特认为季节性能够在经济方面产生一定的积极作用[14]。同时，弗朗菲尔特针对挪威旅游业季节性的特点指出：如果季节性旅游产品与其他产品结合发展，就可将其发展为连续性、相互补充的旅游类型[15]。

（2）生态影响。巴特勒指出，如果从长期眼光来看，具有明显淡旺季的旅游区要比那些游客量平均分配的地区要好的多[16]。究其原因，哈特曼认为，从经济效益上而言，旅游区淡季会处于"死亡季节"，但这却给予了旅游地社会文化和自然环境恢复调整的机会[17、18]。

（3）社会影响。旅游淡旺季的变化在一定程度上可能会对居民固有的生活形态造成影响。旅游旺季会对传统的社区文化形态造成破坏，而淡季则可恢复与延续传统的社区文化理念[19]。卡曼斯与佩斯通过对新西兰北部旅游区的调研，发现当地从事旅游服务业的设施经营者，"把自己的经营行业作为自身的一种生活方式"这样的想法多于"作为一种谋生的手段"[20]。因此，是否延长或增加旅游地旺季与淡季的服务需求还应考虑居民的意愿，让居民参与决策，才能保证旅游地的和谐发展。

1.3.2.2 国内研究

1. 经济方面作用

刘家喜与谢宝兴认为，旅游季节性给旅游目的地所带来的经济问题主要是旅游淡季服务设施的利用率较低，从而造成旅游服务资源的大量闲置[21]。李瑛、郝心华在滨海旅游度假区旅游季节性的研究中指出，旅游淡旺季供需关系不平衡会形成生活用品价格的波动性变化，降低居民的生活质量，也会造成设施以及员工的闲置问题。对于度假区及景区的地产开发所造成的城市化现象也成为学者关注的焦点。

2. 生态环境作用

刘家喜与谢宝兴认为旺季客流量往往会超过景区的环境承载力，从而引起了景区质量下降与环境破坏的问题。自然生态系统具有多样性、原始性和平衡性，一旦受到人为的破坏就难以在短时间内恢复。旅游旺季剧增的客流意味着交通运输量的增加，由此带来的大量汽车尾气给景区造成了空气污染，而释放的大量噪音也对景区的生活环境形成干扰，这种建立在环境基础上的旅游发展是不可取的。

1.3.3 旅游环境质量评价

1.3.3.1 国外研究

1. 旅游环境容量和承载力

P.E. Forest 在对环境保护等方面的研究中，发现了承载力的重要性，率先提出了承载力这一词汇；科学家马尔萨斯发现人类社会的物质增长严重受到环境限制因子的影响，确定了环境承载力的概念[22]；斯坦奇（Stankey）和利姆（Lime）在 1971 年对这一想法进行了更为深刻的钻研[23]。Mathieson 和 Wall 认为一定数量的旅客进行旅游活动，如果没有让游客本身感受到无法接受，或者对旅游地的环境影响没有达到不可逆的情况，这个最大游客值即为旅游承载力[24]；O'Reilly 认为承载力的考量应该从当地居民以及可持续角度入手，如果旅游地的居民没有觉得旅游活动对其造成无法接受的影响，游客数量没有因为旅游地环境的变化而持续减少，那么这个平衡值即为承载力值[25]。WTO/UNEP则觉得旅游目的地的资源没有受到旅游活动的影响，并且游客的旅游体验值也没有因此降低，此时的游客水平即为承载力[26]。

可以看出，以上观点都认为旅游环境承载力的体现主要为游客数量上，有学者对此进行了实际应用和计算，如 Alexis Saveriads 计算出，当游客数量是居民的 6.18 倍时候，旅游地塞浦路斯可达到旅游承载力平衡值[27]。Stankey 等人为旅游承载力转为实际可控制操作工具做出了较大贡献，他们提出了 Limits of Acceptable Change 理论[28]，即为 LAC 理论。在此理论指导下，能够通过相对应数据的变化来监测生态环境和社会环境[29]。在美国的德克萨斯州，BumYong Ahh 等人通过 LAC 理论对当地居民进行了调查，目的是了解他们对旅游发展的态度，以及能够接受的发展规模[30]。作为管理工具的另一理论为 Visitor Experience and Resource Protection，简称 VERP 理论。它是从游客体验角度入手，由美国国家公园的研究人员提出的[31]。根据 VERP 理论的指导，可先确定旅游地需要给游客提供的旅游体验，进而进行控制保证方案的实施。Charles Jacobi 和 Mark W. Brunson 等对 VERP 理论进行了实证研究[32]。

2. 旅游活动对环境的影响

华尔和莱特（1977）分析了旅游活动对环境造成的影响及其与环境之间的关系。Caroline（2003）针对植物和群落这两个要素进行研究的时候发现，旅游活动会阻拦其繁衍[33]。Witztum（2004）通过对灌木类鼠尾草这一植物进行光谱图像分析，发现了旅游活动对其生长繁殖的影响[34]。Fox（1997）认为旅游活动对社会也具有很多方面的影响，他将其归纳为包括家庭关系在内的 9 个方面。

1.3.3.2 国内研究

1. 旅游环境容量和承载力

赵红红在旅游胜地苏州率先进行了关于旅游环境容纳数量的研究[35]。刘振礼等人则率先推出了承载力的说法[36]，保继刚等人在其之后进行了更进一步的探讨。

纵观国内学者对承载力概念的限定，虽然没有统一，基本都会涉及所在旅游环境能够承受的最多的游客数这一问题。崔凤军认为旅游环境承载力应该是一种强度数值，除了包括游客数量的强度，还有旅游地的开发建设强度和经济增长强度[37]。刘玲则从经济收益角度出发，认为在一定时间里，可以用旅游地所能接受的最大经济活动量来衡量承载力[38]。杨林泉和文正祥虽然从生态系统整体来考虑，但依旧采用了游客数量为承载力值，他们认为旅游地在一段期间内所能够施展的最大功能，此时即为承载力衡量值[39]。

目前，我国对于游客容量及承载力的计算方式基本上可以归纳为四类：一是环境容量测度法，丁宇曾利用此种方式在罗布人村进行实践[40]。二是构建模型法，王辉等利用此种方式，加入经济学概念，建立了城市旅游的模型[41]。三是限制性因素分析法，李偲等通过此种方式，从自然、经济、心理三个方面，对旅游地各个限制因素的承载力进行测算[42]。四是生态足迹法，戴科伟等利用这种模式从鹞落坪保护区已开拓区、可开拓区以及全区三个范畴进行了承载力评估[43]。

目前为止，国内许多学者对旅游环境容量与承载力的概念并未加以区分，对两者的研究基本为同步的。朱葛在《旅游环境容量研究》一文中指出，两者的差别仅表现为研究方法的不同[44]。容量应该偏重于研究旅游行为对旅游地的影响在达到某一限度时的游客数量；承载力则应该偏重于研究该影响在达到某一限度时旅游活动的强度。

2. 旅游活动对环境的影响

王资荣（1985）等发现旅游活动间接造成了张家界国家公园的空气质量下降；冯学钢等人（2001）发现旅游活动对采石风景区的植物种群产生了影响，不同程度的降低了种群的茂密程度与丰富程度；齐恒（2005）通过测量洞庭湖景区的水体质量的数值，以保证湖区旅游业的良性开发[45]。

我国学者刘振礼是提出旅游活动对社会文化造成影响的第一人[46]。温键斌（2008）认为旅游活动对旅游地的民族文化产生不良影响，我们应该从多个角度正视这个问题，而不能将其简而化之[47]。

3. 评价体系

将旅游环境质量作为单独课题研究主要汇集在我国国内，表现为对质量进行评价，实质是对旅游地是否适合开拓旅游产业进行的评估。评价类型为回顾型、现状型和影响型，目前进行的评价多为现状型。

在评价内容方面，张维等人对伊春的森林旅游地区进行了实践研究，针对旅游地特色，提取了包括植被、气候在内的四项主休因子进行了评价[48]；张维梅等采用观察分析、主观判断的的方法，对灵雾山公园进行了质量评价，主要从气候和大气质量两项因子入手。

在评价的方法选择上，随着研究的不断演化深入，已经由最初简单的主观判断发展成为数据与观察结合的科学化形式。巩如英等（2006）在韦伯-费希纳定律基础上建立起评价模型，并对广州某大学校园环境主观质量进行了评价[49]。钱益春（2007）应用层次分析法与模糊数学法对张家界森林公园进行了综合评价[50]。朱兵等（2008）利用 Back Propagation 神经网络方法能够学习和储存信息的特点，评价了城市旅游环境，并在此基础上提出了相应保护措施[51]。王兆峰（2013）独创了理想区间法，此种方法以加速遗传计算方法为基础，改进后能够得到连续的数值。他利用此种方法对我国多个区域的旅游环境进行质量评价实践工作[52]。

1.3.4 乡村旅游与村镇规划

1.3.4.1 国外研究

1. 乡村旅游相关研究

国外关于乡村旅游的研究主要集中在乡村旅游与农业旅游的概念辨析、内涵定义、起源、运行机制、管理机制以及社区参与等方面，如表 1-2 所示。

表 1-2 国外乡村旅游相关研究综述

研究方向	代表学者	研究内容
乡村旅游的兴起	德诺伊、法特	认为乡村旅游起源于欧洲地区，至少存在 100 年历史
	尼尔森、威尔、波罗威特	总结了乡村旅游兴起的原因，从供给方面看是因为农业危机、国家政策以及农业内部男女地位的变化，从需求方面看是因为民众可支配收入的增加、空闲时间增多、对休闲娱乐活动的追求以及公众对农民的支持

续表

研究方向	代表学者	研究内容
乡村旅游的概念	雷恩	认为农业旅游是乡村旅游的重要组成形式，乡村旅游是指在非城市地区进行的旨在满足旅游者需要的各种各样的住宿、康乐、组织旅游者娱乐及其他服务的活动
乡村旅游的动机	皮瑞斯	在此可享受后台体验
	麦凯、威尔姆斯	摆脱都市疏离感、寻找满足感和踏实感，求证自身生活方式和地位
	皮瑞斯、法特	接触当地人、了解当地生活
	欧伯曼	经济方面：乡村旅游的价格远远低于都市旅游
乡村旅游者特点	摩尔菲	与绝大多数其他类型的旅游者不同
	卡瓦克、夏普丽、法特	大多是具有相当经济实力的中老年人或带孩子的家庭
	威尔姆斯、欧伯曼	乡村旅游者的支出普遍比海滨旅游者和都市旅游者低 20%~30%
	戴维森、雷恩	乡村旅游者最常参与的旅游活动是探亲访友、游览名胜、乡村漫步
	弗洛科特	因利益诉求的不同，乡村旅游者可细分为活跃型、消遣型、观览型和乡村型 4 类，其中，走马观花、浮光掠影观赏乡村景观和了解乡村文化表象的观览者占多数
当地居民对乡村旅游的态度	艾伦	影响居民对乡村旅游感知与态度的因素主要有当地经济水平、旅游业发展程度、居民受教育程度、年龄和参与旅游业的程度等
	艾伦、威尔	经济和旅游业都很发达或都不发达的乡村居民对旅游开发持积极的态度，反之，经济不发达或旅游业不发达的乡村社区居民，对旅游业持消极态度；而居民对娱乐活动的态度则只受经济发展水平的影响，与旅游发展水平没有直接关系
乡村旅游的影响	巴特、克拉克	认同乡村旅游对乡村经济和就业有一定的促进作用
	尤妮文、弗莱彻、威廉姆斯	认为乡村旅游进一步加剧了城乡差距
	WTO、USTTA、ATSIC	坚信乡村旅游有助于增强当地社区自豪感，促进地方文化发展和遗产保护，有助于推动乡村与外界的社会文化交流
	欧伯曼、尼尔森	因旅游收入分配不均，乡村旅游业加剧了当地社区的分化和隔阂，还导致犯罪率上升、人口拥挤和个人隐私被侵犯
	库尔西斯	乡村旅游对居民家庭、婚姻等具有积极影响，让女性更加独立

2. 乡村旅游规划相关研究

国外关于乡村旅游规划的研究主要包括乡村旅游规划中的市场和项目分析、乡村旅游规划与生态环境保护、社区参与规划等三个方面，如表 1-3 所示。

3. 村镇规划相关研究

国外关于村镇规划的研究最早可以追溯到 19 世纪末霍华德的"田园城市"理论，而后卫星城镇、新城规划理论涌现，拉开了相关规划研究的序幕。在二战后期，为适应当时特殊的社会形态、解决特定的社会问题，生态学、社会学与经济学开始与城市规划理论相融合，生态城镇、绿色城镇等理论应运而生。21 世纪初期，关于城镇规划的热点问题开始转向生态恢复、低碳城镇与规划技术等领域，同时出现了应对极端气候、气候变化等问题的相关研究。

表 1-3 国外乡村旅游规划相关研究综述

研究方向	代表学者	研究内容
乡村旅游规划中的市场和项目分析	威廉姆斯	认为进行乡村旅游规划时，应多开发一些体验项目，设立乡村旅游体验标准
	罗伯特	对乡村旅游规划项目类型进行了总结，包括庄园游、古堡游、牧场游等等
	叶来妮	认为在进行乡村旅游规划之前应先评估旅游者特征，有针对性的开发旅游市场
乡村旅游规划和生态环境保护	加西亚	以西班牙艾斯特雷马杜拉为例，运用影响分析手段分析游客在不同景点的聚集程度，以此评判规划是否合理
	丽萨	以哥斯达黎加奥斯丢娜为例，研究该乡村地区旅游发展中的生态问题
乡村旅游与社区参与规划	唐纳德	建立了评估乡村旅游社区参与程度的体系，促进以当地乡村社区为中心的旅游规划更好的展开
	皮特	提出将利益相关者理论，并应用于乡村旅游的社区规划中，并提出生态社区法
乡村旅游规划特色	弗朗茨	通过针对阿尔卑斯山旅游规划的原生性和乡村性问题的研究，提出该规划未体现当地乡村特色

1.3.4.2 国内研究

1. 乡村旅游相关研究

我国乡村旅游的初始形态最早出现于 20 世纪 50 年代，截至目前，乡村旅游在国内已经出现了近 70 年，相比国外的发展历史更短，于乡村旅游的研究的历史则更为短暂。我国关于乡村旅游的研究主要集中在乡村旅游的概念、影响与发展模式等方面，如表 1-4 所示。

表 1-4 国内乡村旅游相关研究综述

研究方向	代表学者	研究内容
乡村旅游概念的研究	杨旭	以农业生物资源、农业经济资源以及乡村社会资源所构成的立体景观为对象的旅游活动
	乌恩	在传统乡村地区开展的，以乡村自然环境、物产、乡村生活为吸引物，不过度依赖资本和技术，较少使用专用接待服务设施的旅游形式
	肖佑兴	以乡村空间环境为依托，以其特有的生产形态、民俗风情、生活形式、乡村风光、乡村居所和乡村文化等为对象，利用城乡差异来规划设计旅游产品，集观光、游览、娱乐、休闲、度假和购物为一体的一种旅游形式
	何景明	狭义的乡村旅游是指在乡村地区，以具有乡村性的自然和人文客体为旅游吸引物的旅游活动
乡村旅游发展模式	许春晓	欠发达但是旅游资源丰富的农村地区：旅游资源主体型、旅游资源共生型和旅游资源附属型
	林刚	根据区位条件、旅游特点、客源市场、旅游目的等特征分为：都市郊区型、景区周缘型和特色村寨型
	刘德谦	客源地依托模式、目的地依托模式、非典型模式和复合模式
	王云才	主题农园与农庄发展模式、乡村主题博物馆发展模式、乡村民俗体验与主题文化村落发展模式、乡村俱乐部模式、现代商务度假与企业庄园模式、农业产业化与产业庄园发展模式、区域景观整体与乡村意境梦幻体验模式等 7 大类
	舒伯阳	可划分为早期旅游萌芽阶段自发式、初级经营阶段自主式和成熟经营阶段开发式，以及自然型和城市依托型 2 种地域模式

研究方向	代表学者	研究内容
乡村旅游发展模式	卢杨	以个体农民为经营主体的模式、政府投资开发的公有模式、政府主导和协调，旅游企业独资模式、政府主导，旅游企业与当地农民合作合股模式、当地村委会与外来投资商合股开发模式等 5 种模式
乡村旅游与社会经济发展	郭文	发展乡村旅游是加强"三农建设"、缩小城乡差距、增进社会和谐的有效手段
	王雅丽	乡村旅游行业关联度大、带动性强，方便让农民在当地就业，是拉动就业增长的重要渠道
问题以及负面效应	王雨昕	可能导致乡村过分依赖旅游收入，从而增加经济风险；也可能导致消费品和服务价格提高，造成当地生活消费水平提高，导致居民生活质量下降
	吕连琴	我国乡村旅游产品的生产和消费都存在明显的初级化特征
	王继权	观光农业发展普遍存在园区设计简单、重复，缺乏特色，资金不足，客源市场有限等问题
	黄成林	景观类型单一、重复开发建设、知名度不高、参与性较低、管理落后、服务质量不高、游客消费水平低、景点效益不高等问题
	肖湘君	相关部门对乡村旅游认识有限，导致宏观管理力度不够、缺乏系统性的营销策略
	徐清	许多人文景观未能得到很好的利用，景观缺乏内涵，文化差异性模糊

2. 乡村旅游规划相关研究

国内关于乡村旅游规划的研究起步较晚，目前，关于该方面的研究可以归纳为乡村旅游规划理论、原则、空间布局以及规划建议等方面，如表 1-5 所示。

表 1-5　国内乡村旅游规划相关研究综述

研究方向	代表学者	研究内容
乡村旅游规划理论	唐代剑	根据乡村旅游的发展规律及市场特点制定目标，进而进行要素统筹与具体安排。现阶段乡村旅游规划的核心内容是选址、活动设置与游览组织
	陈梅	构建乡村旅游规划的核心内容体系
乡村旅游规划原则	李伟	应注重具体项目策划，提出应遵循的主要原则
	方增幅	提出 6 条基本原则：选择有特色的乡村，充分利用现有基础设施、适当配建配套设施，活动设计不能与农民生活相矛盾，鼓励游客参与当地居民的活动，监控旅游项目的实施
	甘巧林	在建设初始就应做整体规划，以便旅游项目的种类、规模与形式互相协调。乡村旅游规划也应与旅游部门和农业部门事先沟通
空间布局	范春	提出了基于斑—廊—基—缘的空间规划理论
规划建议	罗永常	提出民俗村寨与社区参与机制相结合是开发的最佳模式
	杨振之	应多元化发展，打造可持续发展的乡村环境，多提供可以参与体验的旅游活动
	周坤	明确了我国乡村旅游的发展趋势以及乡村旅游规划中目前应解决的几个问题

3. 村镇规划相关研究

近些年来我国关于村镇规划方面的研究，主要可以概括为以下几个方面：对国外研究的参考借鉴、方法与理论研究以及相关的规划实践研究，如表 1-6 所示。

表 1-6 国内小城镇规划相关研究综述

研究方向	代表学者	研究内容
国外研究参考	李红星、张秀波	通过对瑞典的哈默比、芬兰维基、新加坡新镇以及巴西库里蒂巴市在生态型城镇建设方面的研究，从公共政策视角为我国生态型城镇建设提供借鉴
	重真	对国外小城镇建设资金筹集、环境建设和历史文化保护以及设计、规划管理经验做了简要评述
	沈贵平	通过研究美、日、德等国家相关案例，提出小城镇发展应该坚持"生态优先、四态同步"的理念
	李勇	通过比较瑞典、德、英、日等国的城市规划法，总结了城镇规划的立法特点
方法与理论	刘亚臣、韦蓼英、姚文杰	论述了不同地区村镇体系性质的界定以及村镇体组织结构的主流模式
	李路遥、费维清	提出规划中应维护小城镇特色与文化多元性的原则
	郑爱红	在建设初始就应做整体规划，以便旅游项目的种类、规模与分析了我国小城镇建设的现状和存在的问题，提出在小城镇规划中应该以人为本，突出小城镇的特色的理念
	刘小洋、金晓玲	分析了规划设计中小城镇在景观营造方面的优势和景观特色的载体，提出了丰富小城镇景观的途径
	马晓亮	介绍了小城镇风貌具备的基本特征，提出要合理、科学地建设富有特色的小城镇形象
规划实践研究	刘晓平	提出建设生态城镇的目标，并介绍了上海和苏南地区景观城镇的开发案例，提出了景观城镇开发的若干问题
	徐丛明、段炼孺、杨喜凤	以何家岩镇为例，通过调研该镇规划设计现状、面临的问题，分析当地的生态、文化等地域特色，提出建设符合当地特色的小城镇
	吴威龙	以尖山乡集镇总体规划为例，展示以山体、自然水系为背景塑造出的自然绿化和人造景观互相渗透的城镇空间
	朱晓东、万霆、闫鸿杰	以四川省北川县灾后重建规划为例，提出要构建生态特色小城镇的构想
	秦玉	通过对石羊古镇镇区规划的研究，提出"点、线、面"的规划布局方案，并推出旅游项目，对传统城镇的旅游与空间形态规划进行了探索

1.4 我国村镇及其观光产业发展案例研究

1.4.1 汤口镇案例

黄山景区位于安徽省南部黄山市境内，东西宽约 30 千米，南北长约 40 千米，规划景区面积约 154 平方千米。黄山峰岩青黑，遥望苍黛，环境优越，资源丰富，犹如人间仙境，被誉为"天下第一奇山"。

汤口镇位于黄山景区南麓，人口 1.3 万，面积 129 平方千米，离黄山南大门仅一公里之遥，素有"黄山第一门户"之称，进入黄山景区的游客有 80%以上是从汤口镇进入景区，是游客的集散地和服务基地。

1.4.1.1 汤口镇现状概况

1. 区位

汤口镇借助于毗邻景区的优势，旅游业得以快速发展。但近几年来随着北大门和西大门的打开，原有单一门户优势被打破。另外，随着交通条件不断改善，游客旅游周期缩短，在汤口镇逗留时间减少，区位优势减弱。

从区位角度，应进一步挖掘区位优势。首先作为进出黄山的主要途径，在交通方面应该拓展游客市场，加强与客源地之间的联系；其次，从区域角度看，汤口镇地处黄山自然景观与徽文化结合处，这是北大门与西大门所不具备的优势，汤口镇应该发挥这一优势，将这两个旅游产业进行良好衔接。

2. 产业环境

趁着黄山发展旅游的大好时机，汤口镇的旅游服务行业得到大幅提升。2004年全年财政收入的87%来自于旅游业，居民生活收入的80%也是来自于此。但由于过度依赖旅游业，导致其他行业发展严重不足，农业、农产品加工业、工业发展严重滞后。由于旅游业受外界影响波动较大，属于敏感产业，如果缺乏其他产业的协调发展，容易造成经济结构不稳定。

在产业发展中，应该坚持保护文化遗产、规划先行、尊重当地居民的发展需求为原则，优化旅游产业结构，调整第一产业与第二产业的发展。

3. 服务设施开发与利用

目前汤口镇尚未建立起完善的服务设施体系，购物、娱乐场所少，品质较低，道路交通系统不通畅，交通配套设施薄弱。服务设施是旅游业发展的基础，要提高汤口镇的旅游承载能力，就要提升景区、景点的软硬件设施和配套服务，提高服务档次、水平和品位，增强景区与汤口镇之间的互动联系和进出性。

4. 资源景观

汤口镇目前开发的景点有猴园、翡翠谷、九龙瀑等，但由于知名度不高，旅游方面存在明显劣势。论文化无法与宏村、西递媲美；论水景远在新安江、太平湖之下；论山色无法与黄山、齐云山相争。

汤口镇作为黄山重要的旅游村镇，在地缘上虽与黄山景区山水一脉相承，但在发展中应与黄山景观"和而不同"，与徽州文化相结合，打造新的旅游景观。

1.4.1.2 汤口镇旅游季节性应对措施

根据2007年8月至2008年7月对汤口镇主要宾馆饭店的抽样调查，计算得出汤口镇每月客流分布百分比，如表1-7所示。

表1-7 汤口镇客流量月分布

月份	1	2	3	4	5	6	7	8	9	10	11	12
客流分布（%）	0.82	0.91	5.91	13.40	17.55	12.14	14.23	8.00	8.19	11.01	5.34	2.51

资料来源：2007年8月至2008年7月汤口镇主要宾馆抽样调查，共收到样本92588人次。

以12个月的平均百分比（1/12×100%，即8.33%）为判断标准，月客流量比重大于

8.33%为旅游旺季，小于 8.33%为旅游淡季。汤口镇的旅游客流量分布呈现明显的季节波动性。旅游旺季为 4 月份至 10 月份，客流量占全年游客量的 84.5%，旅游淡季为 11 月份至次年 3 月份，客流量占全年游客量的 15.5%。

由表计算得，极淡月与极旺月客流量比值为 1∶21.45，客流季节性强度指数为 5.22，说明旅游季节性差异明显，旅游客流时间分布相对集中。

针对这些情况，当地管理和规划部门采取的应对措施如下：

（1）细分客源市场。挖掘潜在的大学生客源市场。在对未去过黄山的大学生调研中，愿意在淡季价格便宜时去黄山旅游的大学生人数占总数的 92%，可见，对于大学生而言，黄山是一个重要的旅游目的地，这也给了汤口镇改善淡季旅游带来了重要的发展机遇。

（2）开拓新的旅游市场，如商务会议旅游与修学旅游等。商务会议旅游具有人多时间长，附加值高，变淡季不淡的益处，汤口镇应充分利用区位、交通与环境优势，通过旅游资源、设施及相关条件支撑，开发会议度假旅游，变淡季为旺季。

（3）打造以徽文化为特色的旅游产品，包括徽州物质、精神与餐饮文化等层面。具体的实施措施分为：充分利用水域资源，开发地方徽菜，采用空隙定位，填补"徽菜去哪吃"的市场空缺；整合包装徽文化表演项目，推出特色演出活动，提高知名度，增强吸引力；开发以徽文化为特色的主题酒店与旅游商品，丰富汤口镇住宿的游客的旅游活动，增加旅游收入。

1.4.2 中国亚布力滑雪度假村案例

我国滑雪场和滑雪度假村起步较晚，直到 2000 年以后才开始迅速发展，它以极限运动特有的新奇刺激吸引越来越多的年轻人。目前为止，我国已有近 200 家滑雪度假村，度假村中的娱乐项目也随市场需求的变化而增加，除单纯的滑雪之外，很多度假村也开始增设露营、攀岩等娱乐项目。在众多滑雪度假村当中，滑雪期短、旅游期呈现明显单峰模式、除滑雪项目外难以有连带产业刺激消费等问题无不困扰着经营者，在面对这些问题时，地中海俱乐部亚布力滑雪度假村给出了具有说服力的答案，并且在市场的验证下收到了令人满意的回馈。

2010 年，地中海俱乐部在亚布力推出中国首座顶级国际冰雪度假村（亚布力阳光度假村），该度假村也是地中海俱乐部在中国的第一个度假村，依然沿用传统的"一价全包"销售策略，包括为 4 岁以上的滑雪者提供滑雪学校、教练、高级滑雪设备、儿童俱乐部设施，以及五花八门的美食和令人身心放松的环境。在雪场方面，该度假村最大的优势就是建在山上，客房门外就是初级雪场，游客也可直接乘坐世界最高级的缆车直上中高级雪场上驰骋。在硬件设施方面，酒店内宽敞优雅的大厅、色彩斑斓的泳池、幽然迷离的酒吧以及静谧雅致的书廊，无不彰显着从容、淡定与奢华。

与亚布力其他度假村相比，这里冬天旺季的时候客满，春天淡季每天也有二百多客人，客房入住率远远超过同类型其他酒店，令其望尘莫及。那么在滑雪淡季（三月份以后）继续吸引游客的是什么呢？答案是丰富的文化与互动活动以及游客在此享受到的隐性服务。

在享受精致的晚餐之后，入住游客每人都会收到一条彩色的腕带，每天一色，代表当天其佩戴者仍是度假村的客人，可以享用各种免费的设施和服务内容。为避免夜间山上生活单调乏味，游客被鼓励在餐后到酒吧活动，边畅饮边观看由 G.O.（Gentle Organizer）编排的演出。这类演出专业性不强，具有良好的互动性，多数游客都乐于在舞台上和来自世界各地的 G.O.及游客共舞或演出小型幽默剧。表演所带来的活跃热烈的气氛不时引起阵阵掌声。酒吧侧面的书吧拥有丰富的藏书，除专业的介绍运动与美食的书籍还有不少国内外名著，喜欢安静阅读的游客伴着柔情的灯光与舒缓的音乐，在此处真可以享受到极大的乐趣。

可以说，地中海俱乐部亚布力度假村为游客提供的不仅是白天专业的活动与指导，更是夜幕降临后面面俱到、丰富有趣的夜生活。在雪场质量下降的三月份，仍能吸引大量游客、保持极高入住率的关键也正在于此。

1.4.3 西藏林芝僜人民俗村案例

1.4.3.1 僜人民俗村概况

僜人民俗村位于西藏藏族自治区林芝市察隅县沙琼村，处于康藏山脉和布惹嘎热等山脉的怀抱中，终年气候温和，四季不明显，是一个适宜居住、游览度假的胜地。独特的地理位置及相对高差带来了丰富的地貌变化，民俗村及周围环境兼有海洋性冰川、雪原、高山、峡谷、山地丘陵、山川河谷、盆地、草甸等地形类型，异常壮美。该村由 56 个院落组成，房屋均为木板吊脚楼。

僜人是一个生活在中国和印度交界处的民族，总人数约 2~3 万，民俗村内实际居住 1391 人，在中国属于未识别民族之一。他们有自己的语言而没有文字，20 世纪 60 年代才走出山林定居，至今依然部分保持着原始的民俗及生产生活习惯。例如，僜人男子通常头缠头帕，上身着坎肩，腰缠布带，下身则只有一块遮羞布，身上挎挂砍刀、熊皮袋、弓箭等；女子佩银抹额、耳鼓、银项链，上身着紧身胸衣，腰部袒露，下身着筒裙；男女均赤足。村寨也依然保留首领制，首领院落位于村寨入口处，厨房墙壁悬挂牛头以体现其财力与权力。僜人神秘的起源传说、"一夫多妻"的婚姻形式、信鬼不信神的宗教信仰等等都令人好奇不已，其独特的饮食文化、银饰、手工艺品、藏刀等也备受游客青睐，僜人原生态的"火车厢"式吊脚房、民俗舞蹈等等都是值得开发的重要旅游资源。

在规划中，民俗村的首要目标是挖掘、保护、传承僜人文化，其次是通过发展旅游业改善当地居民生活水平，最后与周边景区联动开发，形成适合观光、探险、休闲、接待等多功能的僜人文化生态旅游示范区。为实现以上目标，僜人民俗村在不破坏原有僜人村落风貌的基础上提出了"一环、三纵、两核心、五大功能区"（如图 1-1、图 1-2）的空间结构布局。其中，一环是指规划区主要环线道路；三纵是指保留下来的三条纵道，最大限度保留了原有的村落格局；两核心之一是民俗村北入口处的综合管理区，之二是围绕观景塔形成的文化活动区；五个功能区分别是指综合管理区、文化活动区、僜人民俗体验区、休闲游憩区以及田园文化观光区。

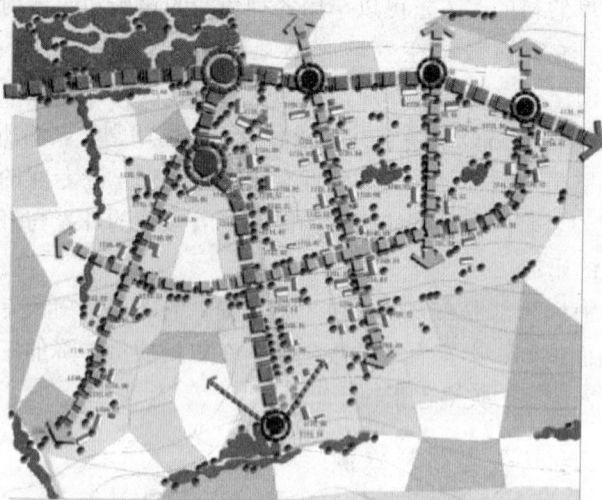

图 1-1　僜人民俗村旅游空间布局（1）

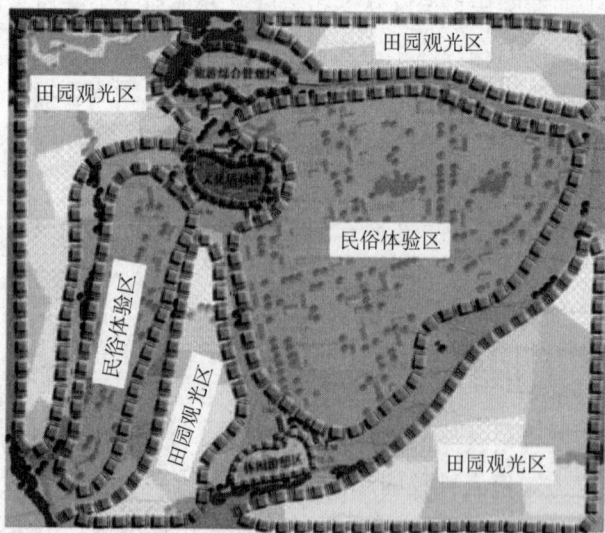

图 1-2　僜人民俗村旅游空间布局（2）

在五个主要功能区中，综合管理区主要提供售票、管理、停车、内部导引、文化展示、纪念品贩售、民族服饰租赁等服务，同时也承担活动集散和交通中转的任务。文化活动区负责通过歌舞向游客展示僜人的习俗禁忌、婚姻形式等传统文化，有一定的互动参与性。民俗体验区通过游步道的设置，可以让游客身临其境游览僜人民居，环形主道周边主要连同僜人民居、院落景观，并有水道环绕，三条纵道通过植物配置分别形成芭蕉路、美人蕉路、霸王鞭路，这一区域也设有家庭旅馆，为游客提供体验僜人生活的场所。休闲游憩区主要为游客提供休憩、摄影、欣赏村寨外围田园风光的场所。田园风光观赏区则可满足游客登上观景塔观赏四周田园风光与村寨风光的愿望。

僜人民俗村最大的成功在于，既改善了僜人的生活水平，又保留了其原始生活风貌，既让游客走进传统村落，又最大限度保护僜人文化不受现代文化的侵蚀与冲击。民俗村通过一种无为而治的设计手法带领游客进入一个世外桃源般的村落，成功描绘出一幅木房错落、田畴婉转、鸡犬相闻、桃红柳绿的边境原始部落景象。

1.4.3.2 案例启示

（1）深入挖掘文化资源，明确自身优势，发展过程中要时刻谨记保护传统文化的活力，不能向现代文化妥协。

（2）明确功能分区，将最嘈杂、功能最复杂的区域置于村落外围，使村落在任何时候都能保持宁静祥和的氛围。

（3）不固步自封，联合周边资源共同发展。

（4）明确目标消费群体，给其所需，恰到好处。

1.4.4 台湾花露农场案例

1.4.4.1 农场概况

花露休闲农场是台湾苗栗一家以花卉为主题的农场，目前面积 3.2 公顷，是由一位退伍军人由最初的 50 亩地建起来的。与其他农场经营者不同，老板从未采取任何速效揽客的花招，只是扎实的做好每一项基本工作，而这种不求盈利、踏实经营的作风反而为农场赢得了良好的口碑。

农场内拥有各式花卉盆栽、药用香草植物，园区内有专人引导游客体验芳香植物的功效。在香草植物区，游客可以了解香水、精油来自哪种植物等种植与应用常识。花卉区内从每盆十元台币的香草植物系列到高价位的松柏均有，仙人掌区则种植了各式的耐旱植物，特殊果树园区有从全球各地搜罗的近 40 种食虫植物，像猪笼草、太阳瓶草等等，可供教学服务。除此之外，花露休闲农场还是一个天然香草能量园，在无意间散发出各种香味。园内有农场特产卖场售卖与花草相关的商品，如各种添加精油的沐浴、清洁产品，还有各种不同香味的精油香皂，适合作手信礼品。农庄内还售卖利用当地知名的油桐花制作的项链等文化创意商品。

除传统的园艺展示、手信售卖之外，农场还兼营各种精油提炼工序，农场主搜集了具有百年历史的精油样品以及提炼设备以筹建精油博物馆。该博物馆是农场的特色之一，也是台湾唯一的精油博物馆。这座特殊的博物馆除了展示许多珍稀的精油样品与珍贵的古老器械外，更透露着台湾早年的文化、精神与传统手艺，让更多年轻人了解以前客家人生活的艰苦以及其不屈不饶的精神。在馆内，游客也可以亲手体验提炼精油、调制香水、天然护肤霜等美容品 DIY 课程。

农庄内住宿设施也非常有特点——精油城堡。房间设计非常现代化，原木床、精油泡澡浴缸以及落地景观窗台的设计使游客无论在床上休息或沐浴时都能随时欣赏风景。

有些房间更有大露台，除保存了原始农村风貌之外，还可远眺雪山美景，别有一番享受。城堡提供多种特色民宿，名称与布置不但具有浓浓的浪漫气息，更突出了花园农场的特色，如玫瑰花王后房、桐花房等等。利用这一特色，庄园还有承办"携手桐心"桐花婚礼的相关服务。

在饮食方面，园区所栽种的香草植物都能成为桌上佳肴，例如香水玫瑰餐、花草茶、有机菜等。餐厅建筑也别具一格，或坐落于鱼儿悠游的池畔旁，或坐落于充满馥郁花香的草地上。餐厅内的卫生间均设有一名为"二便文化概念馆"的小屋，二便即大便与小便——二便文化概念馆即使庄园内卫生间的别称。不过文化概念馆的确名副其实，男女卫生间的水龙头各用了象征智慧的猫头鹰及翩翩飞舞的蝴蝶造型，而男卫生间更是每个小便池都做成美丽的花朵造型，去小便就是去"浇花"。

1.4.4.2 案例启示

（1）在经营服务性旅游产业时，成功的关键是经营处本身具有特色，区别于竞争者的同质化服务。

（2）强化经营特色。例如，在经营香草花卉主题的农场时，景观设计、旅游活动、纪念品、食宿设施均时时刻刻呼应花卉主题。

（3）开展文化外延服务，例如提供举办婚礼的服务以及建设精油博物馆。

（4）规划建设时注重环境保护，尽可能将破坏降至最低，强调空间美学以及生活美学的融合，环境规划的创意性将使这种高品质美感长留游客心头。

（5）重视细节。除前文中所举的"二便文化馆"例子外，农场的室内装修和各种设施如路牌、垃圾筒等都很精美，也成为园区独特的景观。标识、解说牌等设施不仅能促进游客安全、避免意外伤害，还能相应提高游览质量，彰显农场的特殊文化风格，达到使用价值与审美价值的完美结合。

1.5 相关评价方法与技术

1.5.1 生态适宜性评价

生态适宜性的评价方法最早起源于英国，当时研究学者称为"筛网法"。研究人员用一系列的具有网眼结构的筛子，根据土地利用的需要，对同一块土地进行筛选。不断筛查出不符合需要的土地，直到最后筛查出全部符合土地利用特征要求的区域。随后，伊安·麦克哈格（Ian McHarg）在著作《设计结合自然》（Design with Nature）中，将前人关于土地利用适宜性评价的研究方法和流程进行了梳理和细化，从景观规划的角度，提出了基于景观生态学视角的土地适宜性评价方法体系。在麦克哈格的评价体系中，他集合了土壤、地质、气象、植物、水文等多方面的专家意见，将各类专家的意见进行综合分级分类，将分类结果作为开展景观规划的理论与实践基础。为了整合不同专家对相同区域土地的分级分类，提出了以因子分层分析和地图叠加技术为核心的规划方法论，被称之为"千层饼模式",使生态适宜性方法真正在景观生态规划中发挥作用。

生态适宜性分析的核心是根据区域内自然资源与环境特征的性能,根据发展要求与资源利用要求,划分资源与环境的适宜性等级。正因为生态适宜性分析在空间规划中的重要性,生态学者与空间规划学者均对生态适宜性分析方法进行了大量的探索,创立了许多方法。归纳起来可以分为整体法、因子叠合法、数学组合法、因子分析法及逻辑组合法五大类。

其中因子叠合法是由 McHarg(1969 年)首先在景观生态规划中应用并使其系统化的,其他方法多为针对这一方法的缺陷或不足,或根据规划目标与对象不同而发展的。

近年来,随着信息技术的发展,特别是 GIS、RS 技术的发展,以往的"千层饼模式"的网筛方法能够在 GIS 叠加分析中开展,使得生态适宜性分析的过程大大简化。定量地描述生态适宜性等级已成为生态适宜性评估的一个重要方向。

1.5.2 旅游环境质量评价

1.5.2.1 评估方法比较与优选

旅游生态环境系统本身具有复杂性、耦合性与动态性,各个因子之间相互影响关系紧密,各个子系统之间的关系很大程度上存在模糊性。根据近数十年的相关文献统计,69%的文献研究采用了模糊评价法。模糊综合评价法的在旅游环境质量评价的研究上应用也已较为成熟,因此运用此方法对严寒地区绿色村镇旅游环境质量评价更具科学性。如表 1-8 所示为旅游环境质量评价方法比较一览表。

表 1-8 旅游环境质量评价方法比较一览表

评价方法	特点	应用领域	参考文章
层次分析法	思路简单、需要的定量化数据较少,对问题的本质、问题所涉及的因素机器内在关系分析比较透彻	常被运用于多目标、多要素、多层次的非结构化的复杂地理决策问题	《基于层次分析法的生态旅游评价研究——以曾家山旅游景区为例》,于晓晓,2011
模糊综合评价法	适用于处理因素复杂,且因素之间没有明确的过度界限的各类系统	适用于地理区划、地理模式识别,资源、环境及生态评价,区域发展规划与决策等问题的研究	《模糊数学方法在旅游景区环境质量评价中的应用研究——以广东丹霞山为例》,罗莹华,2011
人工神经网络方法	具有自主学习功能、联想存贮功能、高速寻找最优解功能	特别适用于地理模式识别、地理过程模拟与预测、复杂地理系统的优化计算等问题的研究	《基于 BP 神经网络的城市旅游环境质量评价》,朱兵,2008
多目标决策法	可以解决决策的目标多于一个,各目标之间不可公度,且各目标之间存在矛盾的问题	广泛地应用于工艺过程、工艺设计、配方配比、水资源利用、能源、环境、人口、教育、经济管理等领域	《基于遗传算法的理想区间法在旅游环境质量评价中的应用》,王兆峰,2012
灰色关联度法	较为适合动态发展过程的量化分析,尤其是外延明确内涵不明确的情况	广泛应用于生态系统健康评价、城市生态安全评价、区域产业或企业竞争力评价中	《乡村旅游环境质量评价体系构建与实证研究》,郑文俊,2012
物元分析法	优点是有助于从变化的角度识别变化中事物,运算简便,物理意义明确,缺点是关联函数形式确定不能规范	对大气环境质量、地下水质量、土壤环境质量以及生态环境质量的综合评估	《基于物元分析法的旅游环境综合评价研究》,张广海等,2011

1.5.2.2 模糊综合评价法数学原理

1. 单层次模糊综合评价

解决单一层次的综合评判，通常设两个有限论域：

$$C=\{c_1,\ c_2,\ \cdots,\ c_n\}$$
$$V=\{v_1,\ v_2,\ \cdots,\ v_m\}$$

其中 C 为所有因素的集合，n 为因素的总个数，v 为评价等级的集合，共有 m 个评价等级。

如果第 i 个指标 C_i 的单独评价结论为 $R_i=[r_{i1},\ r_{i2},\ \cdots,\ r_{in}]$，则各个指标的评价决策矩阵为 $R=(r_{ij})_{nm}=(r$ 其中 r_{ij} 是 c_i 对于 v_i 的隶属度，每个 c_i 对应的向量是关于 γ 的特征指标向量，定义了 C 到 V 上的一个模糊关系。

如果各个评价指标的权重集合为 $W=\{w_1,\ w_2,\ \cdots,\ w_n\}$，进行模糊变换，可以得到论域 V 上的一个模糊子集，即综合评判结果：$B=W\times R$。

2. 多层次模糊综合评价

假如 n 的数值很大，则需要采用多层次模糊计算，操作如下：

首先，把评价指标集合 C 转换为 i 个子集，获得二级评价指标集合。

其次，对于每个子集中的评价指标，根据权重 W_i 和评价决策矩阵 R_i 按照单层次模糊综合评判的方法进行计算，得到第 i 个子集的结果 $B_i=W_i\times R_i$。

再次，对一级评价指标 U 进行评价，其评判决策矩阵为 $R=\{B_1,\ B_2,\ \cdots,\ B_n\}$。

最后，根据各个自己的权重分配情况 W，得到综合评价结果 $B=W\times R$。根据具体况，还可以接着计算，获得更多层次的模糊综合评价。

第2章 我国严寒地区村镇实态调研及分析

2.1 调研过程与内容

2.1.1 调研基本过程

本书前期调查研究工作采用了文献研究、实地调查，定量与定性方法相结合以及多学科融合的方法。

首先，通过查阅互联网信息、图书馆相关资料、地方市志等途径，收集村镇的现状基础资料。同时收集国内外对于严寒地区绿色村镇生态适宜性及观光产业发展决策评估等相关的研究成果、理论研究发展动态，为村镇调研的重点找到理论依据。

其次，通过实地调研，对村镇现状地形进行勘察。通过走访、拍照、发放调查问卷、与当地居民采访交流等形式对村镇现状的生态环境、观光产业发展现状进行了解。以村镇当地游客、景区游客及潜在游客为调研对象，进行问卷调查。主要是调研各种因素对游客旅游观光活动的影响以及村镇旅游观光产业在发展过程中需要注意的问题。

2.1.2 主要调查内容

（1）村镇基础资料。包含村镇的行政区划、地理区位、地形地貌、气象气候和水文、历史沿革、自然资源、经济发展概况、村镇生态规划及旅游规划说明书及图纸。

（2）镇域旅游资源资料。包含已开发建设的景区、景点的交通、住宿、客流量、年收入、适游期、景点类型与特征等资料。

（3）村镇旅游服务设施基础资料。包含村镇内旅游购物、住宿、餐饮、文化娱乐、交通以及旅游管理等部门的资料。

2.1.3 研究区域划分

根据建筑气候区划一般规定，严寒地区的区域Ⅰ是指 1 月平均气温≤-10℃，7 月平均气温≤25℃，7 月平均相对湿度≥50%的地区，所辖行政区范围具体是指黑龙江、吉林全境，辽宁大部，内蒙中、北部及陕西、山西、河北、北京北部的部分地区。本次调研区域主要集中在东北三省和内蒙古地区，调研村镇全部位于建筑热工设计分区的"严寒地区"。

在具体选取调研对象时,根据区位、规模、性质及村镇特色的不同确定各区域的典型村镇。调研村镇区位如图 2-1 所示。

图 2-1 调研村镇分布图

2.1.4 调研村镇名录

本次调研共走访 4 省区、13 个乡镇、27 个自然村。调研名录如表 2-1。

表 2-1 调研村镇名录

省(自治区、直辖市)名称	市(县)名称	镇(乡)名称	自然村名称
黑龙江省	铁力市	朗乡镇	迎春村、达理村
	双城市	联兴满族乡	永跃村、共团村
	海林市	新安朝鲜族镇	
	东宁县		
	五大连池市	双泉镇	龙泉村、青泉村、邻泉村、宝泉村、双泉村
	五大连池市	天龙山经营所	
	虎林市	虎头镇	月牙村、半站村
辽宁省	开原市	庆云堡镇	
	桓仁满族自治县	华来镇	铧尖子村、光复村
	康平县	郝官屯镇	钱家屯村、郝官屯镇、小塔子村、孙家屯村

续表

省（自治区、直辖市）名称	市（县）名称	镇（乡）名称	自然村名称
吉林省	长春市	齐家镇	永安村、长兴村
	桦甸市	红石镇	临江村、小红石村
内蒙古自治区	扎兰屯市	成吉思汗镇	奋斗村、领航村
	呼伦贝尔市	奋斗镇	友好村、友联村、和平村、富强村
合计	13	13	27

2.2　村镇总体概况

2.2.1　黑龙江省

1. 朗乡镇

朗乡镇位于黑龙江省小兴安岭南麓，地处黑龙江省铁力市。国铁绥佳线从镇内穿过，可直达省城哈尔滨以及长春、沈阳、天津直至首都北京，公路与伊春、佳木斯、哈尔滨相通，交通便利。朗乡总面积 26.4 万公顷，人口 6.5 万。属中温带，大陆性季风气候，森林经营总面积 264 696 公顷，森林覆盖率 83.5%，有红松等珍贵树种 120 多种，鸟类 200 多种，鱼类 70 多种，有 7 座海拨千米以上的高山，溪流近百条。

2. 联兴满族乡

联兴满族乡位于双城市东部，距市区 12.5 千米，双青、双周、双拉公路过境，总面积 116 平方千米。联兴乡属于中温带大陆性季风气候。四季分明，冬季漫长而寒冷，夏季短暂而炎热，冬季在极地大陆气团控制下，气候寒冷干燥，秋季降温剧烈，常有霜冻危害。联兴乡境内地势平坦，土壤肥沃，是双城市重点产粮区之一。全乡耕地面积 0.85 万公顷，主要农作物有玉米、大豆等。联兴满族乡满族人口占全乡总人口的 31.1%，具有良好的社会人文资源。

3. 新安朝鲜族镇

新安鲜族镇位于黑龙江省海林市西南部，隶属黑龙江省海林市管辖，总面积 131 平方公里，地理坐标为北纬 44°24′—44°、东经 129°01′—129°11′，在海浪河中上游的冲击平原上，北依山市镇，西南与长汀镇相邻，东与海林镇接壤，是海林市西部地区最繁华的乡镇之一，也是海林市重要的农产品生产基地之一。该镇属于温凉半湿润丘陵气候，年降雨量 525 毫米，年平均气温为 4℃。全镇共有朝鲜族、汉族、回族、满族、蒙古族等五个民族，是朝鲜族最多的乡镇之一，人口共计 2.1 万。全镇共有 17 个行政村，其中朝鲜族村 8 个。

4. 双泉镇

双泉镇位于五大连池市区以北 9 千米，是市区通往五大连池风景区的必经之地。辖区内有 9 个行政村，17 个自然屯，人口 1.7 万，耕地面积 0.8 万公顷。自然资源丰富，是远近闻名的"矿泉水之乡",是世界珍奇的三大冷矿泉之一。

5. 天龙山经营所

天龙山经营所建于 1968 年,距局址 37 千米,进入林区腹地的公路与森林铁路都经过此地,交通较为便利。经营所位于小兴安岭西坡,西、北部分别与五大连池市所属的三六九、原青山林场接壤,南接木构河经营所,东靠幸福经营所。施业区总面积 34 755 公顷,主要树种有桦树、山杨、榆树,人工林以落叶松为主。厂部南侧 300 米处就是天龙山水库,盛产鲤鱼、鲫鱼、鲢鱼等鱼种。经营所常住人口有汉、满、朝鲜三个民族,以汉族居多。2002 年总人口为 1286 人,其中汉族为 1270 人。

6. 虎头镇

虎头镇位于虎林市东部 65 千米处,西通庆丰农场,东连珍宝岛乡,与俄罗斯伊曼市隔江相望,全镇国土面积 960.17 平方公里,总人口 1.3 万,辖半站村、月牙村、卫疆村、山村、富路村、大王家村、虎头村、新岗村、新庆村、新兴村等十个行政村,境内有市属四场,月牙良种场、奶牛场、林场和渔场,1998 年,被国家正式批准为省级旅游经济贸易开发区。虎头镇的气候为中温带大陆性季风气候,冬季漫长而严寒,夏季温热多雨,春季升温快,多大风易旱;秋季降温迅速,多雨易涝,早霜。从总体上看,气候特点适宜于水稻、大豆、小麦、玉米和各类蔬菜瓜果等生长。虎头镇地处新虎涝区,地貌类型以滨江低平原为主,土壤类型以白浆土、沼泽土和河淤土等为主。

7. 东宁县

东宁县位于黑龙江省东南部地区,隶属黑龙江省牡丹江市。东宁县东部与俄罗斯接壤,边境线长 138 千米,南部与吉林省汪清县、珲春县相邻,西部与黑龙江省穆棱县相接,北部与黑龙江省绥芬河市相连。是绥芬河—满洲里国际经贸物流大通道上的重要交通枢纽。县域地理坐标:北纬 43°25′—44°19′,东经 130°—130°18′。县域总面积 7139 平方千米,2010 年全县辖 6 镇 102 个行政村,总人口 21.1 万。

2.2.2 辽宁省

1. 庆云堡镇

庆云堡镇位于辽宁省铁岭市开原市。东西长 13.507 千米,南北宽 15.182 千米,全镇区域面积 205 平方千米,辖河东村、河西村、高家村、西孤家子村、兴隆台村、五棵树村、西古城子村、双楼台村、老虎头村、西三台子村、谭相台村、后双楼台村、两家子村、王家屯村、朝光村、王家窝棚村等 16 个行政村。第五次人口普查数据显示全镇共 25 463 人。庆云堡镇属温带大陆性气候,雨热同季,日照充足,年平均气温 6.6℃,一月份最低,平均-14.5℃,绝对最低温度-35℃,七月份最高,平均 23.8℃,绝对最高温度 35.7℃。年均降水量 675 毫米,无霜期平均 156 天,相对湿度 65%,主要风向为西南风,主要农产品为水稻。

2. 华来镇

华来镇位于桓仁满族自治县西北部,距县城 31 千米,东经 125°06′,北纬 41°22′。

全镇幅员总面积 463 平方千米，耕地面积 3666.67 公顷，山林面积 2.98 公顷，东与桓仁镇搭界，北与黑沟、业主沟、新宾满族自治县红庙子乡接壤，西与新宾县平顶山镇毗连，南与普乐堡镇、八里甸子镇为邻。境内气候属常温带大陆型季风气候，四季分明，春干多风，夏热多雨，秋短晴朗，冬长寒冷。全年平均气温 5~6℃，年平均日照 2670 小时，年均降水量 780 毫米左右，相对湿度 55%，年平均无霜期 130 天。全镇为"七山一水二分田"的自然地貌，平均海拔 400 米，其中海拔 1325.3 米的佛顶山为最高点。

华来镇水资源：境内水利资源极为丰富，境内河流密如蛛网，铧尖子水库为桓仁县第二大水库，库容量为 600 万立方米，灌溉能力 4000 余亩。还有果松川水库容量为 22 万立方米，境内大小河流 7 条，最大河流富沙河贯穿全境。

华来镇土地资源：镇内耕地有 0.46 万公顷，土壤肥沃，是全县主要优质商品粮基地。

华来镇生态环境：境内山高林茂，林业资源丰富，森林覆盖率 73%，国家级动植物保护区老秃顶子自然保护区位于境内，植被古老，物种珍贵，有第四纪冰川幸存的世界稀有古化石植物紫杉、天女木兰、双蕊兰等 1683 种之多，2012 年川里村被评为全国国土绿化先进村。

3. 郝官屯镇

郝官屯镇位于辽宁省沈阳市康平县东南辽河西岸，距县府 15 千米。东与昌图县隔河相望，南与法库县毗邻，西与康平县东关乡、三台子农场接壤，北与两家子乡、胜利乡为邻。郝官屯镇总面积 143 平方千米，耕地 4800 余公顷，人口 2.2 万，辖 1174 个村民组个村委会。郝官屯镇地处辽河流域，年平均气温 6.9℃，主要以农业为主，农业的主栽品种是玉米、高粱、大豆。郝官屯镇现有乡、村、户企业 355 家，其中乡镇企业 8 家。主要产品有红砖、基建石等。

2.2.3　吉林省

1. 齐家镇

齐家镇地处长春市双阳区东北部，位于长春一小时经济圈的最佳地带，龙双公路贯穿南北，九开公路横亘东西，距长春市区 45 千米，距吉林市区 90 千米，距长春龙嘉国际机场 50 千米，距长双烟铁路 10 千米，交通网四通八达，辐射东北三省及全国各地。全镇耕地面积 7120 公顷，其中旱田 4846 公顷，农产品以玉米、水稻、香瓜、西瓜、大豆为主，还有一定的牧业基础。境内流经的两条河的周边是全镇的主要水稻产区，是全区的产粮大镇。齐家镇共 5.1 万人，其中农业人口 3.7 万人，有汉、满、回、朝鲜、蒙古等 5 个民族。

齐家镇有丰富的自然资源，地下水储藏量近 10 亿立方米，被确定为长春市第二水源；煤炭、油气资源储量十分可观，境内已开采的煤矿 4 家，年开采量达 50 万吨；有广袤的土地资源，土地平整，土质肥沃，是双阳区的农业大镇，年产粮食 13 万吨，年发展山黑猪 4 万头的吉林省精气神有限公司坐落在本镇，由此，齐家镇被区委、区政府在功能定位中确定为"粮仓、肉库"。

2. 红石镇

桦甸市红石砬子镇简称红石镇，位于吉林市东南部山区，是长白山麓松花江畔的一座发展中的村镇。全镇幅员面积 1298.8 平方千米，辖 15 个村，77 个村民组，3 个社区。人口有 6 万人，城市化率达到 66.2%。辖区森林覆盖率高，水域面积大，松花江流经镇域，自然风光独特。

2.2.4 内蒙古自治区

1. 成吉思汗镇

成吉思汗镇域位于扎兰屯市域西南部，地处东经 122.49′，北纬 47.45′，距离扎兰屯市区 28 千米，滨洲铁路纵贯全境，交通便利。成吉思汗镇南与黑龙江碾子山、甘南县毗邻，北与高台子办事处接壤，东与大河湾镇交界，西与蘑菇气镇相望。全镇总面积 1200 平方千米，总人口 7.5 万人。

成吉思汗镇域属中温带大陆性半湿润气候，春季多风少雨，夏季雨量充沛，秋季气温升降明显，冬季寒冷干燥，年平均气温 2.0℃以上，有效积温 2274.6~2819.3℃，无霜期年平均 128 天左右，年平均降水量 499.6 毫米。

全镇地貌类型属于丘陵地区，地势自西北向东南方向倾斜，海拔最低在 250 米左右。主要矿产资源有石英沙、黄粘土、灰粘土、花岗岩等。野生动物有野猪、狍子、山兔、野鸡等。镇域有大面积天然次生林，但全镇经济仍以农业为主，主要农作物有玉米、大豆、小麦、谷子、甜菜、葵花籽、豆类、马铃薯等。

2. 奋斗镇

奋斗镇是呼伦贝尔市政府驻地海拉尔区的一个行政建制镇，位于海拉尔区东南端，东经 119°32′—120°35′，北纬 49°06′—49°32′。北与胜利办事处、建设办事处为邻，南与鄂温克自治旗接界，东与哈克镇相连，西邻伊敏河。奋斗镇下辖胜利、奋斗、富强、和平、友好、友联六个行政村与蓝盾、学院、绿苑三个社区，辖区总面积 139.72 平方千米，其中耕地面积 5818 公顷，退耕还林面积 745 公顷，辖区总人口 34 263 人，其中农业人口 7174 人。奋斗镇毗邻市区，交通便利，地理位置得天独厚。

奋斗镇属中温带大陆性气候，总体气候特征是冬季寒冷漫长，夏季温热短促，春季干旱多大风，秋季降温迅速、霜冻早。年平均降水量 350.9 毫米，且降水年际间变化十分显著；全年平均蒸发量 1261.3 毫米，蒸发量为降水量的 3.6 倍。本地区近地层主导风向为南风，300 米高空主导风向为西、西北风，多年平均风速 2.24 米/秒。

2.3 村镇旅游资源现状

2.3.1 黑龙江省

2.3.1.1 朗乡镇

朗乡镇旅游资源现状情况如表 2-2 所示。目前，镇内旅游产业已经得到一定程度的开发，效果良好。未来发展潜力较大。成规模的景区景点主要有 10 余处，其中玉兔仙潭漂流景区和朗乡石林地质公园发展较为成熟，其他 8 处尚需进一步开发建设。

表 2-2　朗乡镇旅游资源现状情况

序号	景区名称	旅游资源类型	发展情况
1	玉兔仙潭漂流景区	水域风光类	开发较成熟
2	朗乡石林地质公园	地文景观类	开发较成熟
3	万松岩峡谷景区	地文景观类	待开发，待修缮
4	林中园红松原始森林	生物景观类	待开发，待修缮
5	大西北岔跑马场	娱乐活动类	待开发，待修缮
6	石猴山滑雪场	娱乐活动类	待开发，待修缮
7	龙乡湖水库景区	水域风光类	待开发，待修缮
8	巴兰河原始森林风景区	水域风光类	待开发，待修缮
9	东山公园	娱乐活动类	待开发，待修缮
10	抗联遗址	人文活动类	待开发，待修缮

玉兔仙潭（滚兔岭）漂流景区地处巴兰河，始建于 2001 年，占地面积 6 公顷，距离朗乡局址约 56 千米，伊春市知名漂流景区，相关服务及硬件设施比较完善，现为 AA 级。景区内自配住宿设施以及餐饮设施，最多可容纳 150 人住宿、200 人同时就餐。每年 7 月末到 9 月初是该景区旅游旺季，景区内主要提供漂流、登山、垂钓、植物园、浴场等娱乐项目（如图 2-2、图 2-3）。

图 2-2　玉兔仙潭漂流景区

图 2-3　玉兔仙潭山间别墅

朗乡省级花岗岩石林地质公园，建成于 2007 年五月，地处小兴安岭南麓，位于朗乡镇西部九公里处，达里村境内。地理坐标东经 128°46′、北纬 160°58′—46°59′，总面积约 50 平方千米。公园以天然石林景观为主，最高峰三羊开泰峰，海拔 792 米。拥有地质景观、森林体系、动物群落以及溪谷湿地，是我国北方少有的以花岗岩石林为主体的综合性自然景观（如图 2-4）。

图 2-4　朗乡石林地质公园

万松岩峡谷景区占地面积 100 多公顷，以峡谷景观为主，内有溪流、湖泊、奇松怪石及绿树掩映的阿拉伯风情蓝顶木制别墅、报春的冰凌花、杜鹃花、红柳等自然景观。到小兴安岭大峡谷游人可以尽享观石、赏树、荡舟、游泳、垂钓、野游、吟咏之乐。有四处抗联遗址都在万松岩风景区沿途两侧，分别是：中共北满临时省委机关驻地——张木营子遗址；李兆麟将军抗日密营遗址；东北抗日联军电讯学校遗址（如图 2-5）；东北抗日联军第三军被服厂遗址。黑龙江朗乡画家村也坐落于此，主要承办艺术院校风景写生教学和艺术家深入生活收集创作素材。万松岩景区是中国北方最具代表性和地域特色的采风、写生、创作的自然环境。画家村沿着新东河谷风光带依次兴建和创办了万松岩景区艺术创作基地、新东美术写生教学基地、巴兰河国际艺术产业园区，画家村是可同时接待 200 人能力的大型美术写生基地（如图 2-6）。

石猴山滑雪场始建于 1987 年，是黑龙江省 S 级滑雪场，占地面积约 15 万平方米，自然景观和人文景观相得益彰，距离朗乡局址约 3.5 千米。它交通便利，离林中园红松原始林 28 千米（如图 2-7、图 2-8）。

图 2-5　抗联遗址

图 2-6　朗乡画家村

图 2-7　石猴山滑雪场

　　朗乡林中园位于朗乡林业局址 28 千米处的一片原始森林中，主要树种有红松、冷杉、云杉和枫桦等，平均树龄 168 年，最老树龄达 500 年。林中园占地 22.4 公顷，林中甬道 4000 延长米。山顶建有 27 米高铁塔，以前作为防火瞭望塔使用，现已作为游客观光塔使用。登塔可俯瞰林中园全貌，与红松比高，赏红松林海之壮阔。入口处还摆放有小火车，是林业发展的代表性运输工具（如图 2-8）。停车场内还新建有伊春市法官认领红松石碑一尊，以示纪念。

图 2-8　朗乡林中园

大西北岔跑马场占地面积 2.18 平方千米，是一出集原始森林、生态湿地于一体的风景区，景区拟建设成为国家 AAA 级旅游景区、林间公路从中穿过，是一处天然的湿地公园。

龙乡湖水库建设是全市 2009 年十项重点工程建设之一，它不仅恩泽山城朗乡防汛、发电、供水、旅游等各项事业的快速发展，惠及数万职工群众的生产生活，而且也为朗乡周边区局的森林防火工作提供了可靠的水源保障，具有巨大的生态效益和社会效益（如图 2-9）。龙乡湖水库坝址以上集水面积 283 平方千米，朗乡林业局计划将水库及其周边建设成为集旅游观光，休闲度假，垂钓等为一体的旅游景区。景区附属设施包括库区周围建设休闲别墅区、沙滩浴场、环湖公路及桥梁、水上娱乐设施、相互辉映的湖心岛两个及五星级度假酒店一个。

图 2-9 龙乡湖水库

2.3.1.2 联兴满族乡

联兴满族乡周边无旅游游憩资源。联兴满族乡及周边行政村基本维持自然风貌，无河流水域等自然景观。调研的两个村庄范围内，只有兴团村有一座小型的基督教堂，为村庄信徒自发筹集资金建造，建筑形式单一，用于信徒做宗教活动所使用（如图 2-10）。镇内有俊峰牧场等趣味场所（如图 2-11），但未做旅游资源开发。

图 2-10 基督教堂

图 2-11 牧场饲养骆驼

2.3.1.3　新安朝鲜族镇

新安朝鲜族镇旅游资源现状情况如表 2-3 所示。当前水上乐园项目开发较成熟，未来发展潜力较大。民俗村游客不多，但尚有挖掘潜力。

表 2-3　新安朝鲜族镇旅游资源现状情况

序号	景区名称	旅游资源类型	发展情况
1	亿龙水上风情园	水域风光类	开发较成熟
2	海浪河欢乐谷水上乐园	水域风光类	开发较成熟
3	西安鲜族村	人文景观类	待开发，待修缮

亿龙水上风情园始建于 1996 年，占地面积 100 公顷，由个人投资，独家经营，依托横贯园内的海浪河和新安镇水利工程——山嘴子拦河大坝，建设了水上大世界，海浪河漂流观赏区、运动休闲区、餐饮住宿区，是集生态、观光、娱乐、休闲于一体的综合性旅游度假村（如图 2-12）。2013 年，晋升为国家 AAAA 级景区。院内设有民俗餐厅一个，可提供住宿床位 1500 个，位于海林市海长公路 36 公里处，交通便利，并有专门大巴接送客人。当前风情园年接待客流 110 万人次，其中 60%的游客来自牡丹江本市，35%来自外省，5%来自俄罗斯。每年 6 月至 9 月为风情园开园时期，营业期间内可提供 1100 处就业岗位。

图 2-12　亿龙水上风情园

海浪河欢乐谷水上乐园于 2012 年 7 月份开始对外开放，位于海林市海长公路 32 千米处，整个水上乐园占地面积 8.8 万平方米，是集水上乐园、生态休闲、海浪河漂流、演艺表演、龙舟竞技、特色餐饮、综合服务于一体的大型主题水上游乐园。园内设有住宿设施及特色水上餐厅，年接待游客约 20 万人次，每年 6 月至 9 月对外营业（如图 2-13）。

图 2 13　海浪河欢乐谷水上乐园

西安村（如图 2-14）是朝鲜族村位于新安镇 2.3 千米处，辖 2 个自然屯，村内 90%以上为朝鲜族，多数村民会汉语、朝鲜语两种语言。村内有一棵千年古榆树，已建立保护措施。民俗村内设有民俗饭店两家，其中一家正在营业，反响良好。住宿设施为传统的农家乐。

图 2-14　西安村

2.3.1.4　双泉镇

五大连池市域内有荣获世界地质公园、世界人与生物圈保护区两项世界级桂冠和十几项国家级荣誉的五大连池风景名胜区；以漂流、探险旅游闻名的大沽河国家森林公园，是我国最大的森林湿地；有被评为国家 AAA 级旅游区、国家水利风景区、省级自然保护区、省级风景名胜区、省级地质公园的山口湖风景区，具有原始、生态、自然的特点。

本次调研的双泉镇周边主要有南泉、北泉、翻花泉、二龙眼等多处水源（如图 2-15），还有磁疗晒场、神泉旧址、药泉科普展厅、泉湖瀑布、泉湖浴场、药泉湖、药泉公园等 27 处旅游景点，在这里可以划船垂钓，可尽情暇想神奇美丽的传说，可品饮世界名泉，能尽情享受天然热能理疗与火山全磁环境的理疗与保健，还可以登上药泉山鸟瞰风景区全貌，聆听钟灵禅寺的暮鼓晨钟。

图 2-15 双泉镇

2.3.1.5 天龙山经营所

沾河林业局辖区内有大沾河漂流观光区、连环湖景区、森林浴场、兴安爬松、森林小火车等多处游览景点，但天龙山经营所周边无景点，仅在经营所东南方向 8 千米处有天龙山水库，但水库处于未开发状态，没有食宿接待设施，没有观光游客（如图 2-16）。

图 2-16 天龙山经营所

2.3.1.6 虎头镇

虎头镇内旅游资源丰富，自然景观和人文景观共同构成了镇内游憩景观体系。虎头镇旅游资源现状情况如表 2-4 所示。

表 2-4   虎头镇旅游资源现状情况

序号	景区名称	旅游资源类型	发展情况
1	乌苏里江	水域风光类	开发较成熟
2	关帝庙	人文景观类	开发较成熟
3	天下第一虎	雕塑艺术类	开发较成熟
4	虎头山	自然景观类	待开发，待修缮
5	虎头要塞	人文活动类	开发较成熟
6	苏军烈士纪念碑	人文活动类	待开发，待修缮

虎头镇区内的旅游资源分布如图 2-17 所示，镇内现有景观多数开发建设较为成熟，但是森林植物园和乌苏里江湿地公园处于关闭状态，园内植物丛生，不能观赏景观空间。

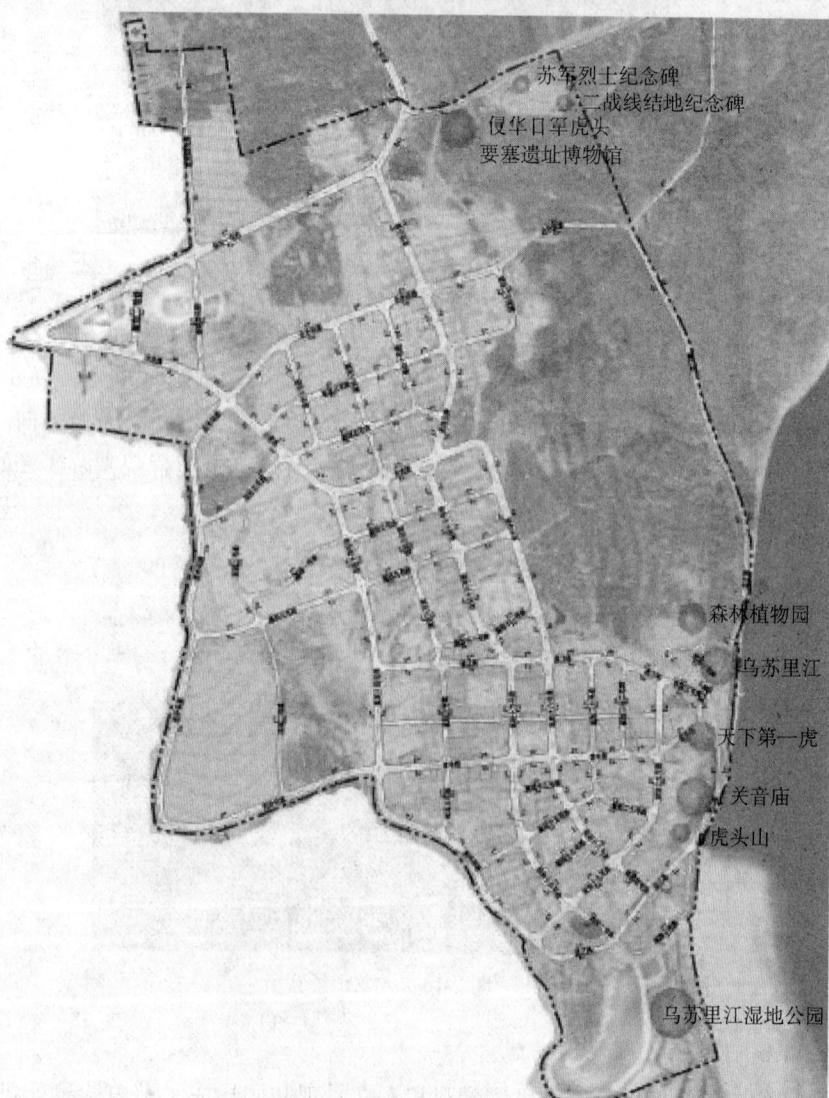

图 2-17   虎头镇旅游资源概况

　　乌苏里江发源于原为我国吉林东海滨的锡赫特山脉主峰南段西麓，靠近东海的石人沟。如图 2-18 所示，乌苏里江景色优美，景区内环境卫生状况良好，安全设施齐全。从调研的情况来看，乌苏里江的适游期在夏季，秋季和冬季的游人较少。

图 2-18　乌苏里江自然风光

　　如图 2-19 所示为乌苏里江的典型置石，是乌苏里江景区的标志性景点之一，从刻有"乌苏里江起点"的石头望去，水面宽阔平坦，对岸树木丛生，风景秀丽；同时，彰显界江的地理意义。

图 2-19　乌苏里江景石

　　江边的景点较多，如图 2-20 所示依次为胡耀邦游江纪念碑、侵华日军虎头军用码头遗址、虎头艇组，图 2-18 右一为艇组巡江。如图 2-21 所示为修建中的乌苏里江滨江浴场，该浴场由曲折的木质栈道搭建而成。

图 2-20　江边景点

图 2-21　乌苏里江滨江浴场

　　沿江景点较多，景观空间较少，主要是沿江设置栈道和游览道路。如图 2-22 所示为江边的景观空间之一，树阵广场围绕小型广场，营造自然式小园林的曲径通幽之意境。

图 2-22　江边景观空间（1）

　　如图 2-23 所示为以大型雕塑为中心的广场，广场正对虎头镇内的主要道路，广场呈下沉式，但是广场上景观形式单一。

图 2-23　江边景观空间（2）

　　乌苏里江游览景区设有可供游客在江上游览的游船，江边设有游船售票处，如图 2-24 所示，调研时由于处于旅游淡季，售票处关闭，与售票处并列在江边的游客服务亭，主要是出售食品以及旅游纪念品，调研时未营业。江边其他旅游用品商店处于营业中，江边的餐饮设施主要是以江鱼为特色的餐厅。

图 2-24　滨江餐饮与服务设施

乌苏里江边的堤岸有两种形式（如图 2-25），并且建有排水渠。江边沿路设有安全提示和其他基础设施（如图 2-26、图 2-27）。

虎头关帝庙位于乌苏里江畔虎头山下，是黑龙江省较早的一处庙宇建筑，始建于清雍正年间（1723~1735），至今已有近 300 年的历史，是鸡西地区唯一一座保存较为完整的历史建筑遗址，被誉为"东方第一庙"（如图 2-28）。1986 年被省政府批准为省级文物保护单位，已被列入《中国名胜词典》。关帝庙占地面积较小，观赏性较低，难以吸引游客。

图 2-25　堤岸形式及排水渠

图 2-26　安全提示

图 2-27　景区其他基础设施

图 2-28　虎头关帝庙

　　虎头山（如图 2-29）位于乌苏里江畔，该山海拔较低，尚无具体数据。游人由虎头山而上可到达"天下第一虎"景观，该虎始建于 1999 年，虎长 25 米，高 16 米，重 30.4 吨，基座 4.6 米，总高度为 20.60 米，占地面积 220 平方米。此虎全部用铜板锻制焊接而成，被载入《上海大世界吉尼斯大全》一书，堪称"天下第一虎"。

图 2-29　虎头山

　　该雕塑前广场被命名为十二生肖广场，是由十二生肖铜雕塑组成的。如图 2-30 所示，从左到右依次为"天下第一虎"大型雕塑、"十二生肖"广场和园内老虎雕塑。

图 2-30　天下第一虎

　　虎头要塞是侵华日军用近六年时间，强迫 1.2 万余名中国劳工和战俘修建的。该要塞易守难攻，被日军夸耀为"东方马其诺防线"、"北满永久要塞"。二战结束后，日本关东军第十五国境守备队凭虎头要塞顽抗，战斗多日，才被全部消灭。因此，虎头要塞让后来的国内外学者称为"第二次世界大战的终结地"。如图 2-31 所示为虎头要塞景区的入口、阵地遗址、虎头要塞地下工事、博物馆前广场。

图 2-31　虎头要塞

　　侵华日军虎头要塞遗址博物馆（如图 2-32）1999 年 4 月正式开工，2000 年 6 月开始进行布展装饰工程，2001 年 8 月正式对外开放。每年除了接待大量游客外，还有很多学生来参观，接受历史和爱国主义教育。博物馆分为两层展厅，一展厅主要展出东北沦陷、日伪统治下的虎头镇、虎头要塞概貌；二展厅展出劳工的血和泪、虎头要塞之战、历史呼唤和平及侵华日军和前苏联红军当时使用的枪支弹药、衣物、相关资料和图片等；博物馆地下还有当时虎头山地下遗址工事。

　　苏军烈士纪念塔（如图 2-33）建于 1945 年 10 月，由苏联驻军设计和指挥，当地居民出工，建成的苏军阵亡将士纪念碑，俗称"白塔"。碑高 9.7 米，上窄下宽，银白色的塔尖上缀有镰刀、斧头相辉映的红五星，四周 10 根水泥柱，铁链环绕为栏，铸铜板上有俄语碑文，大意是：光荣属于苏联斯大林大元帅。纪念远东第一方面军，摧毁日寇防区工事，解放虎头市。

图 2-32　侵华日军虎头要塞博物馆

图 2-33　苏军烈士纪念塔

2.3.1.7　东宁县

东宁县地处寒温带，以长白植物区系为主，兼有兴安植物系和华北植物区系植物。镇内山多林密，森林覆盖率达到 80%，1981 年农业区划调查时，粗略统计有 1200 多种，林木蓄储量达 500 万立方米，比较名贵的林木有红松、赤松、落叶松、樟子松、云杉、冷杉、柞树、桦树、胡桃楸、水曲柳、黄菠萝等；蜜源植物有椴、柳、胡枝子等 70 余种，可养蜂 12 000 多箱。

境内可利用的野生经济植物有 300 余种，中药材 200 余种，较名贵的有山参、黄芪、平贝、细辛等；山野菜有蕨菜、薇菜、黄花菜等，野生食用菌有黑木耳、蘑菇、元蘑、针松茸；还有山梨、山葡萄、草莓、山都柿等野果；可做饲牧草的有小叶樟、野古草、苔草、三棱草等。

2.3.2 辽宁省

2.3.2.1 庆云堡镇

庆云堡镇的主要景区景点为辽海湿地旅游区和锡伯族民俗文化相关旅游景区景点，如表 2-5 所示。

表 2-5 庆云堡镇旅游资源现状情况

序号	景区名称	旅游资源类型	发展情况
1	辽海湿地旅游区	水域风光类	待开发，待修缮
2	锡伯族民俗村	人文景观类	待开发，待修缮

辽海湿地旅游区（如图 2-34、图 2-35）西接沈阳市法库县，南接调兵山市、铁岭县，东接开原市区、清河区，北接昌图县，全辖辽河流域开原市境内的庆云堡、八宝屯、三家子、业民、金沟子五个乡镇，核心区为辽河开原精品段，面积 1500 平方千米。庆云堡镇内的西孤家子村、兴隆台村、五棵树村临近辽海湿地。辽海湿地位于辽海草原旅游区的核心区域，是辽北罕有的湿地景观。这里芦苇荡漾，水草茂盛，鸳鸯、野鸭等水鸟栖息在岸边，整个景区水系蜿蜒曲回，植被繁茂，形成了辽海湿地独特的景致。辽海湿地正在保护建设中，人工痕迹较少，活动内容有限，少有游客到此，没有食宿服务设施。

图 2-34 辽海湿地旅游区

图 2-35 辽海湿地旅游区芦苇

　　锡伯族民俗村（即老虎头村，如图 2-36）位于开原市庆云堡镇西南部，全村区域面积 4.73 平方千米，锡伯族人口 1642 人，达 90%，是全国锡伯族人口高度聚居的村屯。老虎头村历史悠久，具有三百多年村史，人口相对聚居，民风淳朴。原有锡伯家庙已拆，锡伯族文化传统和生活习俗保留情况一般，如锡伯族传统饮食的面酒、鞑子粥等，渔猎生活的辽河捕鱼等，传统服饰及锡伯族关氏家谱等有一定的传承。此地旅游资源尚未得到开发，几乎没有游客来此观光。

图 2-36　锡伯族民俗村

2.3.2.2　华来镇

　　华来镇境内旅游资源十丰富，开发潜力很大，旅游资源现状如表 2-6 所示。

表 2-6　华来镇旅游资源现状情况

序号	景区名称	旅游资源类型	发展情况
1	高丽墓民俗博物馆	人文景观类	正在开发
2	铧尖子水库	水域风光类	开发较成熟
3	佛顶山	自然风光类	待开发，待修缮

　　高丽墓民俗博物馆（如图 2-37）建设地址在华来镇柳林子村高丽墓，柳林子村距华来镇西南方向约 6.3 千米处，驾车 10 分钟可达，没有公共交通设施。由沈阳客商投资，总投资 700 万元，一期工程在山上已建设完工大小博物园 5 处，建筑面积 3000 平方米，收集民俗品 3000 余件；二期工程在山下新建面积 3000 平方米民俗村，目前基础设施基本完成，逐步完善附属配套设施建设。

图 2-37　高丽墓民俗博物馆

钎尖子水库（如图 2-38）水源充足，库容 600 万立方米的桓仁第三大水库—钎尖子水库，库容 22 万立方米的果松川水库均座落在境内。另外，境内地下溶洞较多，地下水资源丰富，水质较好。水库在华来镇西北方向约 12 千米，驾车 20 分钟内可达。主要游客为附近村民、镇民。

图 2-38 钎尖子水库

佛顶山（如图 2-39）在 1998 年被列为国家级自然保护区，总面积 15 万公顷，主峰海拔 1367.63 米，因植物物种丰富，群落组成复杂，垂直分布带谱比较明显，被称为东北"小长白"。佛顶山，区划面积 10 万余亩，主峰海拔 1325.3 米，山势磅礴，云海茫茫，山间草荣树茂，保持原生态森林系统，有闻名国内外的天女木兰花和世界稀有的双蕊兰。佛顶山在华来镇西北方向约 33 千米处，驾车 50 分钟内可达，主要为科研用自然保护区。

图 2-39 佛顶山

2.3.2.3 郝官屯镇

郝官屯镇的主要景区景点如表 2-7 所示。

表 2-7 郝官屯镇旅游资源现状情况

序号	景区名称	旅游资源类型	发展情况
1	辽河口湿地	水域风光类	待开发，待修缮
2	辽代古塔	人文景观类	待开发，待修缮

镇域内，从刘家屯村到小塔子村有一段辽河湿地。目前有部分修葺开发，湿地植有树木、花卉，夏季景色较为宜人（如图 2-40、图 2-41）。在湿地附近立有"河口湿地"字样的巨石。紧邻其有石材建造的凉亭一座，石柱雕刻精细，在石亭内可观赏辽河湿地景色。少有游客到此，没有食宿服务设施。

图 2-40 辽河口湿地

图 2-41 辽河口湿地夏天景色（当地政府提供照片）

东部小塔子村，解放前曾有一处大寺院，称宝塔寺，现已全毁，只余辽代佛塔一座，矗立于辽河西岸，为市级文物保护单位（如图 2-42）。塔后有旧城址，据文献记载，为辽代庆云县、祺州治所。这座砖塔高 30 米，为八角十三级实心密檐式构建。塔基座围长 30.96 米，基座高 2.3 米。佛塔塔身的佛龛、坐佛、协侍、飞天、斗拱、小壁塔等砖雕艺术，虽经千年风剥雨蚀，但状貌神态仍栩栩如生。塔东 50 米有辽代祺州城址，相互佐证，考古学家认定古塔为辽代建筑遗构，故称辽代佛塔。

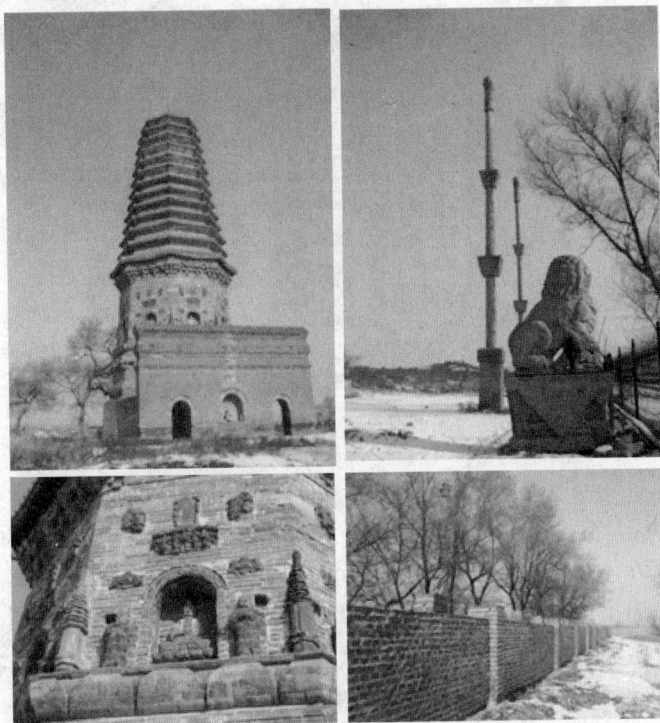

图 2-42 辽代佛塔

2.3.3 吉林省

2.3.3.1 齐家镇

齐家镇内旅游资源较多，但开发程度有限，部分景点自身吸引力也极其有限，如表 2-8 所示。

表 2-8 齐家镇旅游资源现状情况

序号	景区名称	旅游资源类型	发展情况
1	礼拜堂	人文景观类	待开发，待修缮
2	御龙温泉	休闲娱乐类	开发较成熟
3	长兴村（待建）水库	水域风光类	待开发，待修缮
4	拦河坝	水域风光类	待开发，待修缮

齐家镇内基督教堂（如图 2-43）位于镇区中部，建筑形式及色彩上有明显宗教风格，用于信徒做宗教活动所使用，为镇区主要的文化区。只针对当地居民，无游客，无食宿接待设施。

图 2-43　基督教堂

御龙温泉度假村（如图 2-44）位于长春市南花园双阳区的杨家村，距长春市区 37 千米，距齐家镇 5.8 千米。温泉以其特有的"南国风光"著称于温泉业，总占地面积 8 万平方米。有举架 26 米高的巨大重钢结构阳光暖棚，用钢材量超过长春龙嘉机场，堪称东北地区"鸟巢"，为室内温泉全国之最。但御龙温泉提供住宿服务，可同时满足 1400 人住宿，五星级标准，同时提供高标准的餐饮服务。御龙温泉为长春市著名度假点，主要吸引周边地区自驾游客，以及提供会议、会所等服务。

图 2-44　御龙温泉度假村

长兴村水库（如图 2-45）正在修建，紧邻浩兴牧业和蔬菜大棚。浩兴牧业主要养殖牧牛、奶牛，畜牧的粪便作为沼气发电，并作为玉米、水果等主要作物的绿色有机肥料，年产量 5~7 万头幼牛。蔬菜大棚生产草莓、芹菜、西红柿作物，主要用于销售，将来有计划开发农业观光、采摘。可将水库观光与有机农牧业结合开发农业特色旅游，具有一定开发潜力。

图 2-45　长兴村水库

拦河坝（如图 2-46）位于北大桥村的双阳河上。景色单一，开发价值较小。无游客，无食宿服务设施。

图 2-46　拦河坝

2.3.3.2　红石镇

红石镇内旅游资源较多，但开发程度有限，部分景点自身吸引力也极其有限，如表 2-9 所示。

表 2-9　齐家镇旅游资源现状情况

序号	景区名称	旅游资源类型	发展情况
1	红石湖风景区	水域风光类	开发较成熟
2	色洛河漂流	水域风光类	开发较成熟

红石湖风景区位于红石水电站大坝上游，全长 38 千米，西岸高山连绵，清秀婀娜。该湖集水面积为 20 300 平方千米，湖面一年四季碧波荡漾，冬季仍可白雾升腾，形成奇特

景观。高兴湖风景区、位于红石湖上游东北部,长大公路、烟白铁路均经此地,是水陆畅通的旅游地。高兴湖水域面积 75 公顷,水深处 32 米,平均水深 7.8 米。湖中岛和周围山峰有许多古老传说。该景区周围有凌璧山庄与如意休闲娱乐山庄(如图 2-47),提供饮食住宿服务。

图 2-47　凌璧山庄与如意休闲娱乐山庄

漂流区设立在红石镇色洛河村色洛河社至高兴村南甸子社(如图 2-48)。漂流距离16 千米,2010 年修建后投入使用,漂流以橡皮筏子为主,总占地面积 13 000 平方米,建筑面积 900 平方米,其中 3 层楼房一座,旅游客船 3 艘,总投资 3800 万元,是一个高兴湖旅游观光、色洛河漂流、餐饮娱乐、会议商务、各种培训融为一体的休闲农庄。

图 2-48　色洛河漂流

2.3.4　内蒙古自治区

2.3.4.1　成吉思汗镇

成吉思汗镇有三处旅游资源,如表 2-10 所示。

表 2-10　成吉思汗镇旅游资源现状情况

序号	景区名称	旅游资源类型	发展情况
1	成吉思汗金界壕景区	人文景观类	待开发,待修缮
2	红光朝鲜族梧琼花旅游度假民俗村	休闲娱乐类	开发较成熟
3	成吉思汗断桥	水域风光类	待开发,待修缮

　　成吉思汗金界壕景区距离扎兰屯市南部 31 公里，位于成吉思汗镇境内（如图 2-49）。在扎兰屯市境内这段"界壕"是金长城东端起点部分，全都是单墙单壕，城墙绝大多数湮没在沙草之中，残址一般高 2 米，高处有 8 米左右，墙外 15~20 米处为壕堑，宽为 2~6 米之间不等，深为 3~4 米，墙内每隔 10 公里左右，设有一个戎堡为夯土板筑成，周边长为 180 米，呈正方形状，似城廓模样（主建筑已不存在），折马面（箭垛）开两个门，格局大体一样。滨州铁路、扎碾公路、111 国道及各乡镇公路直通该景区，交通可达性较好，但该景区附近无住宿餐饮设施。

图 2-49　金东北路界壕边堡遗址

　　梧琼花旅游度假民俗村位于扎兰屯市成吉思汗镇南部的红光朝鲜族村，有着独具特色的民俗文化。度假村内有小规模的私人旅馆以及朝鲜族特色餐馆。

　　依据扎兰屯旅游局 2009 年统计，整个扎兰屯客流量大约每年为 91 万人次，财政收入完成 790 万元，农民人均纯收入 11 726 元，与旅游相关联的行业超过 110 个，直接有关联的部门有 29 个。

2.3.4.2　奋斗镇

　　呼伦贝尔市内旅游资源丰富，有呼伦贝尔草原、额尔古纳、呼伦湖等景点，但奋斗镇内没有景点。

2.4　村镇旅游服务设施现状

2.4.1　黑龙江省

2.4.1.1　朗乡镇

　　道路交通方面，朗乡火车站是绥佳线上的一个重要车站，是滨绥线上的一个三等车站，站内设有站台 2 个，朗乡火车站每天有几十对客货运列车通过。朗乡镇区对外道路交通主要由两条道路承担，现有对外公路沿镇区边缘围绕，即朗乡—依兰、朗乡—南岔，现状主要问题是道路等级低影响通行能力。镇区有长途汽车站 1 处，位于翠花大街与学富路交叉口。近几年来，朗乡镇域的铁路、公路交通运输基本形成镇域综合交通网络，主干线构成交通骨架，连接了朗乡与各村、林场所。绥佳铁路横跨镇域东西，初步形成了交通网站、运输通道和综合交通运输体系。

朗乡镇区整体镇容镇貌情况较好。绿化方面，在朗乡镇区、迎春村与达理村三处地点，道路两侧绿化普遍建设情况较好，尤其主路两侧，能够做到乔木、灌木与花卉的交叉布置，达到立体绿化的效果，且四季均成景色。卫生方面，距离朗乡镇区约 4km 处设有一座垃圾场，镇内道路两旁设有垃圾箱。

在朗乡镇区内，住宿旅店 36 家，其中最具特色的为朗乡宾馆，为三星级宾馆，设有床位 120 个。特色饭店 100 余家，其中以千禧饭店最具特色，以东北菜为主。

朗乡镇的特色产品主要为木制品，其中以木质挂钟及根雕作品最富盛名。朗乡山区有各种美味土特产有松子、猴腿等。朗乡镇的特色产品可以到镇内商店购买，部分食物类特产可在景区采摘园购买。朗乡镇主要购物商店有中心大街商场、朗乡一百和亚曼花都，分布在镇内中心大街两侧。

2.4.1.2 联兴满族乡

联兴满族乡内没有专门的旅游购物场所，只有小卖部，也不出售特殊的旅游纪念品。镇内也没有住宿接待设施，餐厅都是家庭型小型餐馆，没有特色菜。镇内无过境交通，道路体系不够完善，道路等级不明确。主要道路以水泥路面为主，基本可以满足出行需求，两侧种植有少量的行道树，多为落叶树，冬季绿化性较弱。

2.4.1.3 新安朝鲜族镇

新安镇三处旅游景点内均设有旅游购物处，而镇内并无专门的而旅游购物场所，也没有专门的旅游纪念品。但镇内堆放大量的玉米杆，可以考虑加工工艺品出售。镇内无住宿设施，但西安村内有农家乐，可以接待住宿。镇区内餐饮服务设施均为小型餐饮，无特色菜。镇区主干道为柏油路面，次干道为水泥路面，其他等级道路以及村路为砂石路面，较为整洁，人行道铺有步道板。

2.4.1.4 双泉镇

双泉镇内五村均无专门的旅游购物区，也不销售特殊的旅游纪念品。青泉村有蜂房，产蜂蜜，宝泉、双泉村产矿泉啤酒。邻泉村有一兄弟农家院，双人标间，约有 30 张床位，可临时加床，其他四村无住宿设施。餐饮等公共设施较集中，例如青泉村餐饮设施主要集中在村内一条东西向干道上，饭店若干家，特色菜主要为铁锅炖、原汤羊台台转等。各个村之间有公共巴士，行驶时间不定。有固定车站，设在村东侧的矿泉路上。村内未见明显公交站点。主要车行道为柏油路，人行道为水泥路，较为干净平坦。

2.4.1.5 天龙山经营所

经营所内无旅游购物场所，无旅游纪念品。经营所内有私人旅店三家，约 39 张床位。餐饮服务设施以私人餐馆为主，主要为家常菜。山上交通以森铁客车为主，局址交通主要以四轮车和冈田或面包为主。经营所内主要道路为水泥路面，路面宽敞，适宜机动车行驶，有宽敞的停车场。

2.4.1.6 虎头镇

虎林市旅游产品展销中心位于虎头镇。该中心管理人员为当地农民，室内旅游产品几乎没有，房屋使用用途被改变。镇内主要的旅游购物场所位于江边商亭、旅游纪念品商店以及部分餐馆，均为私人运营。虎头镇旅游购物纪念品以俄罗斯特色商品为主，包括俄罗斯套娃、军工制品、巧克力、酒、镜子、望远镜等。所调研的区域以捕鱼和种植水稻为主，特产是江鱼和水稻。虎林市区和虎头景区共计宾馆 20 家，提供标间、三人间和商务间，共计 2258 张床位。虎头镇内特色餐饮以江鱼和东北菜为主。镇内交通主要是步行、自行车、计程车和往返于虎林市的客车，镇内主要道路平坦，道路两侧绿化为乔木—灌木、乔木—草本形式，排水良好。虎头镇设有旅游管理中心，该旅游管理中心隶属于虎林市旅游局，并被旅游专项规划——《黑龙江省虎林市湖头镇总体规划（2012—2030）》所涵盖。

调研自然村内无旅游纪念品及销售场所，当地特产为水稻、大豆、小麦、玉米和各类蔬菜瓜果。村内无住宿设施，餐厅均为家庭型餐馆，无特色菜。主要道路为砂石路，部分二级道路为土路，排水沟正在休整。

2.4.1.7 东宁县

目前东宁县各镇村虽然积极加快各项基础设施建设，但由于资金短缺等问题，其基础设施建设仍不够完善。许多村之间的交通联系仍靠土路，交通联系不便，致使乡村之间仍保持着相对的封闭状态。尤其是老黑山的黄泥河村，地处深山，交通极其不便。

2.4.2 辽宁省

2.4.2.1 庆云堡镇

庆云堡镇特产为绿色大米以及鸡、鸭、猪等养殖产品。特色餐饮主要是以锡伯族民族特色为主的面酒、靰子粥等，发展迅速，风味小吃已经发展到 6 家（其中一家已经停业）。主要道路为砂石路面，干净整洁，路边有绿化，有边沟，道路情况良好。

2.4.2.2 华来镇

华来镇内没有专门的旅游购物场所，只有小卖部，针对当地居民服务，没有旅游纪念品售卖。当地特产为食用菌、西洋参（该项目正在投建中）。镇内住宿接待设施较少，规模较小，自然村以及镇区共有四家小型旅店。华来镇无特色饭店，餐饮设施为家庭型小餐馆。华来镇设有客运站，各个村之间有公共巴士，道路建设情况良好。主要车行道为柏油路，人行道为水泥路，部分人行路铺有步道板，较为干净平坦。但村内通往村民宅的路均为土路。

2.4.2.3 郝官屯镇

郝官屯镇内没有专门的旅游购物场所，只有小卖部，针对当地居民服务，没有旅游纪念品售卖。当地农业产品以玉米为主（玉米、高粱、大豆），大棚种植以西红柿、豆角为主，品种较为单一。镇内无住宿接待设施。饭店主要集中在郝官屯内，特色饭店一家，名为郝记饭店，以本地鸡鸭、野生鱼为主打菜品。各个村之间交通工具以公共巴士为主，行车时间不定，行车次数少，无固定站点，交通极为不便。镇区主干道及次干道为柏油路面，较为平整，其他道路为砂石路面，也较为平整。村内道路为砂石路面以及裸土路面，状况较差。

2.4.3 吉林省

2.4.3.1 齐家镇

齐家镇内没有专门的旅游购物场所，只有小卖部，针对当地居民服务，没有旅游纪念品售卖。镇内无住宿接待设施。各个村之间无固定交通工具，交通极为不便捷，主要车行道为柏油路，人行道为水泥路，较为干净平坦。但通往村内民宅的路均为土路，道路状况非常不好，扬尘很大。

2.4.3.2 红石镇

红石镇主要特产是贝母、黑木耳、林蛙、野猪，无旅游购物场所。镇区内共计宾馆13家，提供标间、三人间和商务间，约有600张床位。餐饮服务设施数量较多，以私家小馆为主，特色菜品为江鱼和东北菜。

下属村内有一处旅游购物场所，以销售木制工艺品为主。有旅店9家，约350张床位。餐饮服务设施以家庭型餐馆为主，主要菜品是东北菜和江鱼。

2.4.4 内蒙古自治区

2.4.4.1 成吉思汗镇

镇内主要的旅游购物场所位于镇的中心商业区，但旅游产品极少，均为私人运营，旅游产品多为蒙古族传统食品和装饰物。当地特产为水稻、牛羊肉和乳制品。镇内有旅店9家，共约为147张床位。餐饮设施中私人小馆较多，约63家，特色菜以牛羊肉为主。镇内主要交通方式是步行、自行车、计程车和往返于扎兰屯市的客车。镇内主要道路平坦，道路两侧绿化为乔木-灌木、乔木-草本形式，排水良好。

下属村内无旅游购物场所，无旅游纪念品。特产为水稻、大豆、玉米。村内无住宿设施，仅有一家家庭型餐馆，以家常菜为主。主要道路为砂石路，部分二级道路为土路，排水沟正在休整。

2.4.4.2 奋斗镇

奋斗镇为迁址新建镇，计划结合当地农贸市场建设规模较大的旅游购物场所，贩卖蒙古特色食品、工艺品。原镇内无住宿接待设施，无特色餐饮设施。各个村之间无固定交通工具，交通较为不便。

2.5　村镇旅游资源开发及服务设施建设现状

2.5.1　旅游资源总体开发情况

总体来讲，在调研的村镇中，绝大多数村镇（11 个）拥有"旅游资源"，但在 31 处独立旅游景点、1 处大型景区（双泉镇周边的五大连池景区）以及 1 处密集旅游景点集群（奋斗镇）当中（景点集群及景区内具体景点数量均多于其余村镇旅游资源数量，故统计中将这两处村镇旅游资源统一按 10 计算），众多旅游点开发程度可谓良莠不齐。

在调研对象中，除去双泉镇、奋斗镇外，朗乡镇的可开发旅游资源最为丰富，共有 8 处，联兴满族乡以及天龙山经营所没有可开发旅游资源，其余村镇可开发旅游资源较为平均，均为 2~4 处。

就开发成熟度而言，新安朝鲜族镇、双泉镇、虎头、红石镇以及奋斗镇周边、境内旅游景点发展情况较好，开发较成熟的景点所占比例较高。朗乡镇有两处景点运营、开发情况较好，但其余 6 处发展情况一般。详细信息如图 2-50 所示。

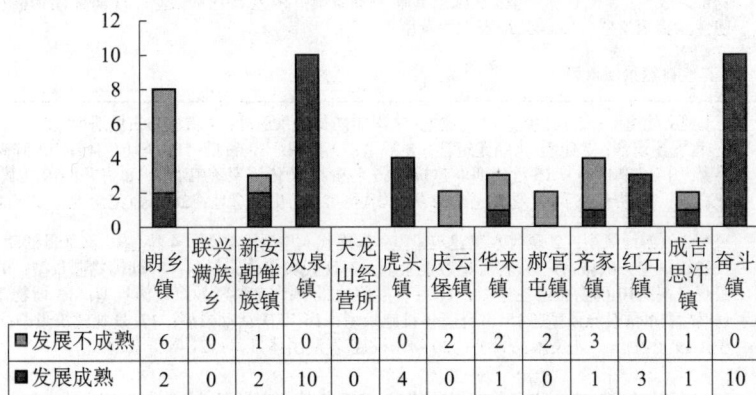

	朗乡镇	联兴满族乡	新安朝鲜族镇	双泉镇	天龙山经营所	虎头镇	庆云堡镇	华来镇	郝官屯镇	齐家镇	红石镇	成吉思汗镇	奋斗镇
发展不成熟	6	0	1	0	0	0	2	2	2	3	0	1	0
发展成熟	2	0	2	10	0	4	0	1	0	1	3	1	10

图 2-50　严寒地区村镇旅游景点发展程度

根据中国旅游资源分类系统，我国旅游资源类型主要可以分为 3 大景系，细分为 10 大景类以及 98 景型，如表 2-11 所示。

调研景区共 33 处，分为 3 个景系，包括自然景观 18 处，人文景观 13 处，以及服务景观 2 处。其中可细分为 7 个景类：地文景观（3 处）、水文景观（11 处）、气候生物（4 处）、历史遗产（4 处）、现代人文吸引物（7 处）、抽象人文吸引物（2 处）以及旅游服务（2 处）。景点比例如图 2-51 以及图 2-52 所示。

调研村镇中，自然景系景点共 18 个，占景点总数的 55%，其中又以水文景观景类景点居多。大多数水文景观景类的景点主要是水库、漂流项目等。人文景系景点占景点总数的 39%，其中现代人文吸引物景类景点发展较好，例如石猴山滑雪场、水上乐园等。历史遗产景类普遍存在服务设施不完善、吸引力不足等问题。调研中两处民俗村属于抽象人文吸引物景类景点，均存在设施较差、吸引力较弱的问题。

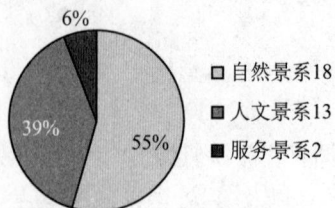

图 2-51　景点景系比例

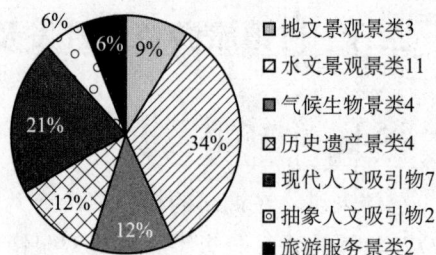

图 2-52　景点景类比例

表 2-11　中国旅游资源分类系统[53]

景系	景类	景型
自然景系	地文景观景类	1 地质现象景型；2 山岳景区景型；3 探险山地景型；4 火山景型；5 丹霞景型；6 地表岩溶景型；7 峡谷景型；8 土林/沙林景型；9 黄土景型；10 雅丹景型；11 沙地/砾地景型；12 海岸景型；13 岛屿景型；14 洞穴景型；15 探险/徒步旅游地景型；16 自然灾变遗迹景型
	水文景观景类	1 海面景型；2 非峡谷风景河流景型；3 湖泊/水库景型；4 河口潮汐景型；5 瀑布景型；6 泉景型；7 现代冰川景型
	气候生物景类	1 天文/气象景观景型；2 日照景型；3 空气景型；4 冰雪景型；5 雾/雾凇景型；6 气候景型；7 原始植物群落景型；8 风景林景型；9 风景草原/草甸景型；10 观赏花草景型；11 野生动物栖息地景型；12 游憩性渔猎地景型；13 构景地表土壤景型
	其他	1 其他自然景观景型
人文景系	历史遗产景类	1 人类文化遗址；2 社会经济文化遗址；3 军事防御体系遗址；4 古城与古城遗址；5 帝陵名人陵墓；6 皇室/官署建筑群；7 宗教/礼制建筑群；8 殿堂；9 楼阁；10 古塔；11 牌坊/门楼；12 碑碣；13 传统建筑小品；14 古典园林；15 近代西洋建筑；16 名桥；17 传统聚落/田园；18 古井；19 古民居；20 石窟/摩崖石刻；21 古代水利/交通工程；22 历史街区；23 历史纪念地；24 革命纪念地
	现代人文吸引物景类	1 产业旅游地景型；2 现代水工建筑景型；3 现代大型桥梁景型；4 特色聚落/平日活动景型；5 城市现代建筑景型；6 城市广场/客流集散地景型；7 现代城市公园景型；8 动植物园景型；9 主题公园/人造景观景型；10 购物旅游地景型；11 疗养度假地景型；12 科学教育设施景型；13 博物馆/展览馆景型；14 体育/军体设施景型；15 健身康体设施景型；16 节庆活动景型；17 景观建筑景型；18 人工喷泉景型；19 土特产/工艺美术品景型；20 娱乐设施/表演团体景型；21 雕塑景型
	抽象人文吸引物景类	1 民间传说景型；2 山水文学作品景型；3 名胜志/地方志景型；4 戏曲/民间文艺景型；5 少数民族文化景型；6 特色民俗景型；7 历史寻踪景
	其他	1 其他人文景观景型
服务景系	旅游服务景类	1 旅游住宿设施景型；2 旅游餐饮场所景型；3 旅行社景型；4 旅游交通设施/机构景型；5 旅游教育/科研机构景型；6 旅游管理机构景型；7 特种劳务/服务场所景型
	其他	1 其他服务景型

2.5.2　景点适游期分布

根据景点适游期统计，严寒地区村镇旅游资源适游期分布主要集中在五月到九月这段时间。这段时间内包含五一、十一两个法定假期，并且覆盖各学校暑假时间，也是游人出行较为集中的时段。然而作为严寒地区村镇，这些出游时段并不能让游人体会到严寒地区村镇的特征与风情。全年型旅游景点分别为新安朝鲜族镇的西安鲜族村、庆云堡镇的锡箔民族村、华来镇的高丽民俗博物馆、齐家镇的礼拜堂与御龙温泉、朗乡镇石猴山滑雪场以及五大连池景区的温泉疗养项目。这些项目虽然也适宜冬季游览，但大多数项目严寒地区特征仍不明显，冬季出游相较夏季出游没有明显的竞争力（例如民俗村）。在众多项目中，唯独朗乡镇石猴山滑雪场弥补了严寒地区村镇冬季特色旅游的空白，五大连池景区的温泉疗养项目以及齐家镇的御龙温泉在冬季也具有一定的竞争优势。

对应时间轴与上节旅游资源分类来看，导致严寒地区村镇旅游时段集中的主要原因在于旅游资源类型过于集中。

在所调研的景点中，34%为水文景观景类，结合严寒地区夏季短促、冬季漫长的气候特征，必然导致这类景观可观赏时段极为有限。与之类似的还有气候生物景类，占12%。值得一提的是，调研村镇中，有很多村镇拥非常具有寒地特征的、丰富的野生动植物资源，而这些景点的可观赏、游玩时段仍然只局限于夏季。

人文景系、服务景系在调研景点中共占 45%，但由于景区开发不到位、服务设施的质量、数量有限，导致其缺乏在冬季提供服务的能力，或者难以在冬季与夏季提供相当质量的服务。这一点在民俗村中体现最为明显。

2.5.3　旅游资源可达性

调研各镇到达各自周边景点的交通时间与交通方式统计见"严寒地区村镇旅游资源概况"。其中，朗乡镇石猴山滑雪场、新安朝鲜族镇亿龙水上风情园以及奋斗镇倚托的呼伦贝尔景区均有公交车或旅游专车往返景区与镇区，而从其他景点往返镇区只能依靠计程车、租车或自驾形式。调研的 33 处景区中，可通过公共交通到达的景区仅占 9%，比例较低。

调研中，虎头镇系列景点均位于镇区内，齐家镇礼拜堂位于齐家镇内，其他景点则位于镇区附近（奋斗镇、双泉镇）或镇域范围内。其中距离较远的景区为朗乡镇巴兰河新村（68.5 千米，驾车约 120 分钟）以及红石镇白山湖风景区（80 千米，驾车约 126 分钟），其余景区到镇区的距离相对较集中，主要分布在 50 分钟至 80 分钟以及 20 分钟以内两个区间。

2.5.4　景区客源、客流量、经济收入

在整理景区客源构成的数据时，将游客来源划分为周边乡镇、省内、国内以及国际游客四个等级，如果来自最远地区的游客在该景区全体游客中可以占到相当的比例，就将该景区作为有能力吸引这一范围游客的景区。例如，新安朝鲜族镇亿龙水上风情乐园景区，客源数据中显示有 5%来自俄罗斯，则将该景区视为可以吸引国际游客的景区；又如虎头镇乌苏里江景区，客源数据显示有 34.1%来自外省，则将该景区视为可以吸引国内游客的景区。以此类推，所得比例如图 2-53 所示。在统计某一村镇的客源构成数据时，将其中所有景点可吸引的最远客源当做该村镇的客源范围。例如，新安朝鲜族镇除亿龙水上风情园外的景点均只能吸引周边游客，我们仍将新安朝鲜族镇视为可吸引国际游客的严寒地区村镇。据此列表，相关数据如表 2-12 所示。村镇内所有旅游资源年客流量总和比例如图 2-54 所示。

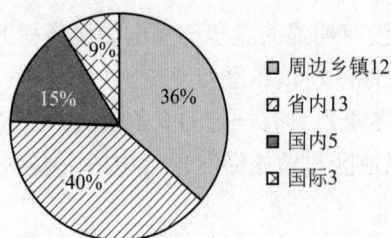

图 2-53 景点吸引游客范围

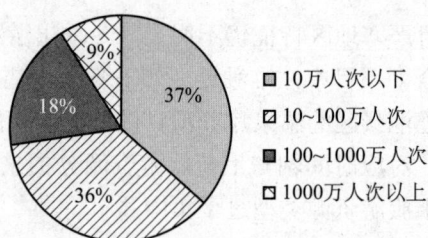

图 2-54 村镇年客流量比例

表 2-12 客流量、年收入统计

项目	朗乡镇	新安朝鲜族镇	双泉镇	虎头镇	庆云堡镇	华来镇	郝官屯镇	齐家镇	红石镇	成吉思汗镇	奋斗镇
年客流量	2.3万人	130万人	72.5万人	150万人	0.28万人	0.54万人	0.1万人	32万人	59.2万人	13.7万人	1140.52万人
景区收入	0.11亿元	1.95亿元	0.72亿元	4.8亿元	—	—	—	0.54亿元	0.75亿元	0.33亿元	278.8亿元
人均消费	482.6元	150元	99.3元	320元	—	—	—	168.8元	126.7元	241.3元	2444.8元
来源	国内	国际	国际	国内	周边	省内	周边	省内	省内	国内	国际

从景区年收入来看，各景区差距很大。例如，五大连池景区年收入为 7168 万元，虎林市旅游年收入为 4.8 亿元，呼伦贝尔市旅游年收入 278.83 亿元，而其他开发不完善的小景区则难以统计旅游收入，甚至在调研中发现部分景区鲜有游客踏足，旅游收入很少。

对比上述图表，年客流量 1000 万人次以上的村镇为可以吸引国际客源的村镇，100 万至 1000 万人次以上的村镇为可以吸引国内及国际客源的村镇。毋庸置疑，游客来源的范围与客流量有密切的联系。

从旅游人均消费项目与严寒地区村镇旅游景点发展程度方面分析，建设良好的基础设施将直接影响游客的消费欲望。

2.5.5　村镇食宿设施

调研村镇镇区以及自然村食宿设施数量如表 2-13 及图 2-55 所示。由于奋斗镇为迁址新建镇，因此没有对镇区内食宿设施现状进行统计。

表 2-13 调研小城镇食宿设施数量

设施		黑龙江省						辽宁省			吉林省		内蒙古自治区	
		朗乡镇	联兴满族乡	新安朝鲜族镇	双泉镇	沾河林区	虎头镇	庆云堡镇	华来镇	郝官屯镇	齐家镇	红石镇	成吉思汗镇	奋斗镇
住宿设施	数量	36	0	1	2		20					13	9	—
	床位	120余	0	5余	50余	39	2258	5余	15	0	0	600	147	
餐饮设施	数量	60余	7	23	14	3	50余	24	19	13	14	50余	63	—
	特色菜	东北菜	—	朝鲜族特色菜	矿泉鱼	—	江鱼	锡伯族特色菜	—	野生鱼	—	江鱼	牛羊肉	牛羊肉

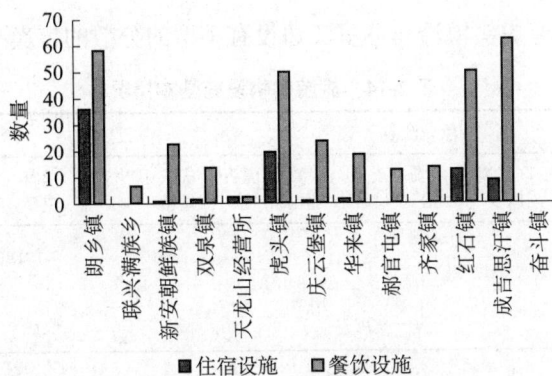

图 2-55　村镇食宿设施数量分析

值得注意的是，郝官屯镇的旅游景点同样位于镇区附近，新安鲜族镇的亿龙水上风情园、海浪河欢乐谷水上乐园与齐家镇的御龙温泉也是众多景区中发展较为出色、经济效益良好的景区代表，而这三个村镇无论在住宿接待设施还是在餐饮服务设施方面都远远落后于其他严寒地区村镇。具体原因可以从以下两个方面考虑：

（1）旅游景区的开发程度是否足够为村镇吸引客源并带来经济效益。

（2）该景区的性质与开发模式是否会导致景区发展过于独立，并未给村镇带来协同发展的机会。

在上述三个村镇中，郝官屯镇属于第一种情况，由于湿地与辽代古塔的开发，严寒地区村镇旅游购物设施的相关调查结果（如表 2-14）显示，只有虎头镇沿乌苏里江有相对完善的旅游购物设施，无法带来充足客源，郝官屯镇无法借力旅游村镇的发展模式，第三产业经济效益低下。新安朝鲜族镇以及齐家镇属于上述第二种情况，由于水上乐园、温泉度假区等产业配备完善的餐饮住宿设施，自身即可消化游客群体的食宿购物需求，因此即便景区与村镇的距离在 20 分钟车程之内，景区发展趋势良好，也无法为村镇带来额外的旅游经济效益。

可见，不能仅从某一村镇住宿设施的数量判断该村镇的住宿接待能力，因为不同种类住宿设施可以提供的最大床位数相差较大。在收集到的相关政府资料中，一些统计部门将住宿设施划分为"市属"以及"社会资源"，市属主要是指政府机关部门提供的招待所、接待处等类型的住宿设施；社会资源主要是指私人或企业所有的住宿设施，其规模下至农家乐（仅可提供 5 张床位/户），上至度假酒店、疗养中心（可提供千余张床位）。在本次调研中，83%的住宿设施属于社会资源，这些住宿设施提供了 77%的可利用床位。同时，大部分村镇都可以提供较为具有吸引力的、有地方特色的美食。

2.5.6　村镇旅游购物设施

寒地村镇旅游购物设施的相关调查结果（表 2-14）显示，13 个村镇中，仅有 4 个村镇有特定的旅游购物场所，占总数的 31%（如图 2-56）；在所列 7 个门类的旅游购物类型中，拥有购物场所的各镇所销售的产品只占所有门类的 43%（如图 2-57），销售方式以集中销售为主，只有虎头镇沿乌苏里江边设有小型的分散的售卖亭。

表 2-14　旅游购物设施基本情况

调查项目		黑龙江省						辽宁省			吉林省		内蒙古自治区	
		朗乡镇	联兴满族乡	新安镇	双泉镇	沾河林区	虎头镇	庆云堡镇	华来镇	郝官屯镇	齐家镇	红石镇	成吉思汗镇	奋斗镇
旅游购物场所	集中经营	✓					✓						✓	
	分散经营						✓							
	无		✓	✓	✓	✓		✓	✓	✓	✓			✓
纪念品类型	初级农作物	✓												
	畜牧产品												✓	
	新鲜果蔬													
	深加工产品						✓						✓	
	手工艺品	✓					✓						✓	
	服装													
	其他													

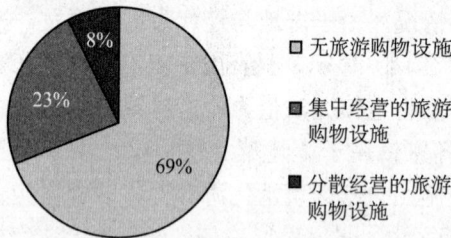

图 2-56　旅游购物场所类型

8%
23%
69%
■ 无旅游购物设施
■ 集中经营的旅游购物设施
■ 分散经营的旅游购物设施

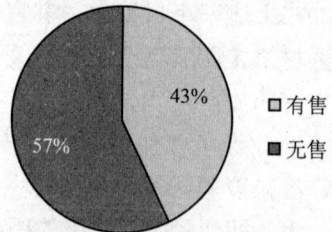

图 2-57　旅游购物品类销售情况

43%
57%
□ 有售
■ 无售

　　贾兆颖在《旅游纪念品的再设计分析研究》一文中提出，我国旅游纪念品市场存在"品种结构单一，缺乏市场吸引力"、"质量差、性价比不高"、"缺乏拳头产品"等问题，旅游纪念品也应具有一定的经济价值、美学价值以及文化价值，而在有旅游纪念品销售的村镇中，其在售纪念品大都存在款式类似、缺乏地方性特色、包装简陋、不易携带等不同种类的问题。严寒地区村镇旅游购物方面反映出的上述问题也较为突出。

2.5.7　村镇交通设施

　　村镇镇区交通设施调研结果统计如表 2-15 所示。

　　镇区主要道路为水泥路面。路面质量较好的是朗乡镇、天龙山经营所、虎头镇、华来镇、郝官屯镇、红石镇以及奋斗镇。其余各镇压层情况一般，主要体现在水泥路面的道路偏少，村道基本为裸土路面，扬尘较大，雨后泥泞。

表 2-15　交通设施基本情况

调查项目		朗乡镇	联兴满族乡	新安鲜族镇	双泉镇	沾河林区	虎头镇	庆云堡镇	华来镇	郝官屯镇	齐家镇	红石镇	成吉思汗镇	奋斗镇
主要交通工具	公交车	✓			✓	✓	✓		✓	✓		✓		
	计程车	✓					✓				✓	✓	✓	
	冈田车					✓								
	私家车				✓	✓	✓							
	自行车		✓	✓				✓	✓		✓	✓		✓
	步行	✓						✓	✓		✓	✓		
路面情况	排水设施	◎	◎	◎	○	○	●	◎	●	◎	◎	◎		●
	行道树	●	●	○	○	○	●	○	○	◎	●	●	◎	●
	人行道	●	●	◎	◎	◎	◎	◎	◎	◎	◎	●	○	●
	路面压层	●	◎	◎	◎	◎	●	○	○	●	◎	●	◎	●

备注：√表示该种方式是该小城镇的主要交通方式之一

○表示该项质量较差，◎表示质量一般，●表示质量较好

道路绿化程度较好，各级道路两侧均有质量较好的绿色植物。

路面排水设施只有虎头镇、华来镇以及奋斗镇较为完整。设有排水管道以及井盖，雨后路面积水较少，没有因积水产生的异味。而双泉镇、齐家镇等排水情况不良的村镇，主要依靠路侧明沟排水，异味较大，容易滋生蚊虫，影响美观及卫生环境。

村镇中人行道质量普遍较好，路面铺装以及路面宽度都可以满足居民的日常出行需求。个别村镇人行道质量不好，主要体现在设置缺乏连续性、宽度过窄以及铺装破坏较严重等方面。

在交通方式的数据统计中，以该种交通方式在居民的日常出行中所占比例来确定该村镇的主要交通方式，若一个村镇有多种主要交通方式，则这些交通方式不存在重要性的比较，即一个村镇可以有多种主要交通方式。在这样的统计原则下，调研的 13 个村镇中，以公交车为主要交通方式的有 7 个村镇，以计程车为主要交通方式的有 5 个，以冈田车为主要交通方式的有 1 个，以私家车为主要交通方式的有 3 个，以自行车为主要交通方式的有 7 个，步行在全部 13 个村镇中都占有主要的地位（如图 2-58）。

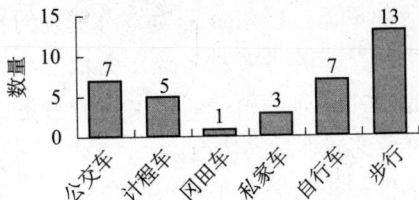

图 2-58　镇区主要交通方式

从以上数据可以得出以下结论：

（1）村镇公共交通系统并不完善，只有 50%的村镇拥有公共交通系统，而在这些村镇中，绝大多数村镇没有设立固定的公交站台，没有固定的发车时间，这样的公交系统给外地游客带来极大的不便。

（2）自行车和步行是大多数村镇主要的交通方式，一方面是道路情况所限，部分乡道无路面铺装，不适宜机动车行驶，另一方面体现出村镇规模较小，日常生活出行依赖步行以及自行车即可满足。

2.5.8　村镇旅游规划编制与实施

在调研村镇中，只有 6 个村镇编制了旅游专项规划，占全部村镇的 46%。在所有旅游规划及相关规划中，除 6 个村镇编制了旅游专项规划，其他村镇旅游规划皆反映在村镇总体规划的相关章节中。

在调研村镇中，规划编制均在 2012 年左右，近期规划年限在 2015~2017 年左右，远期规划年限均为 2030 年。而从实际情况来看，各个村镇均未达到规划中要求的近期发展目标，规划与实施情况存有较大差距（如表 2-16）。

表 2-16　严寒地区村镇旅游专项规划编制情况

规划情况	黑龙江省						辽宁省			吉林省		内蒙古自治区	
	朗乡镇	联兴满族乡	新安朝鲜族镇	双泉镇	沿河林区	虎头镇	庆云堡镇	华来镇	郝官屯镇	齐家镇	红石镇	成吉思汗镇	奋斗镇
专项规划	●			●		●		●		●			●
规划年限				2012—2030	2012—2030		2013—2030						2014—2030

备注：●表示有专项规划

2.5.9　现状及存在的主要问题

经过村镇实态调研与对调研成果分析整理，总结我国严寒地区村镇旅游资源开发与服务设施现状，普遍存在的问题如下：

（1）村镇旅游资源较多，但开发不成系统，各自为营，难以形成规模效应。

（2）有些旅游资源并不具有吸引力，也不具备开发潜力。在这样的情况下，欲发展旅游产业的村镇应进行产业转型。

（3）旅游形式单一、活动单调。以水资源为旅游基础的村镇发展情况较好，水上活动包括漂流、水上乐园、垂钓、疗养等多种形式，而依靠林业资源、地文资源的景区旅游活动普遍以漫步、参观为主，趣味性稍差。人文资源普遍以博物馆形式进行开发，存在明显的经验不足、文化内涵挖掘不足的情况。

（4）从适游期来看，多数村镇旅游旺季短促且集中，呈现明显的单峰形式。部分项目适游期虽跨越冬季，但这些项目缺乏明显的严寒地区特征，在冬季与其他地区的旅游资源相比缺乏竞争力。

（5）没有形成完善的交通网络。虽然大部分旅游资源与镇区的距离适中，但专用的旅游车线路或公交线路缺乏，导致镇区、自然村及景区之间没有直接有效的沟通方式。

（6）景区基础设施配套建设不够完善。景区基础设施建设程度与游客的平均消费有密切的联系，基础设施建设良好的景点人均消费也较高。

（7）部分村镇与其周边景点并未实现良好的互动，景区游客未能被吸引到镇区，一些情况是由于在总体规划中没有考虑景区与村镇协同发展，导致各产业发展脱节。

（8）景区以及村镇销售的旅游纪念品普遍存在款式类似、缺乏地方性特色、包装简陋、不易携带等不同种类的问题。

（9）规划编制与实施之间存在差距，部分规划不切实际，导致规划目标难以实现。

第二部分

严寒地区绿色村镇
生态适宜性研究

第3章　严寒地区绿色村镇生态适宜性评价分析

3.1　绿色村镇生态适宜性评价原则

影响生态适宜性评价的因素很多，如海拔、植被、土壤、地质等，生态系统中所有的生态因子都会不同程度地具有或影响生态适宜性，他们均可作为生态适宜性因子，但是不同情况下各生态因子与生态适宜性的关联度不同。由于评价对象所处的地理环境不同，人为干预程度不同，其选择很难进行标准化规范，所以，我们在进行评价时，需要遵循以下一般性的原则：

（1）全面性原则。应考虑自然生态环境和重要特色资源的保护、人类活动干扰、"生态—经济—社会"相互作用关系等因素。

（2）现实性原则。应考虑基础数据可获得性和全面性。

（3）客观性原则。选择的指标需真实、可信，优先选择科学性和可信度高的指标作为敏感因子。

（4）互补性原则。所选指标不存在逻辑上的重复，是互补的指标。

（5）针对性原则。根据区域与城市可持续发展的需要考虑最重要的指标。

3.2　绿色村镇生态适宜性评价体系构建

目前，生态适宜性分析的一般程序（如图 3-1）包括：研究区内现有生态资源的统计；根据土地开发的目的选择对地域环境有影响的生态因子，建立评价子集；主要是由地区的水文、土壤、地形、地质、生物、经济、人文等特征所决定的土地对特定、持续用途的适宜程度进行分类分级；根据单因子分级评分绘制单因子评分分析图。筛选评价因子、构建评价指标体系、建立评价模型；利用 GIS 技术的空间叠加分析、层次分析法等方法确定相关影响因子的所占权重，将单因子评分结果进行归一化处理；专家评估与检验，根据评估结果确定生态适宜度分级标准，绘制生态适宜度分析地图；根据综合评估得分确定区域土地开发、生态保护与生产生活的适宜空间布局与发展方向。

```
┌─────────────────────────────┐
│  研究区生态资源调查与整理  │
└─────────────────────────────┘
              ↓
┌─────────────────────────────┐
│ 生态资源要素的数字化与数据库构建 │
└─────────────────────────────┘
              ↓
┌─────────────────────────────┐
│  构建生态适宜性评价指标体系  │
└─────────────────────────────┘
              ↓
┌─────────────────────────────┐
│  单因子评价，生成单因子评价图  │
└─────────────────────────────┘
              ↓
┌─────────────────────────────┐
│      构建综合评价模型      │
└─────────────────────────────┘
              ↓
┌─────────────────────────────┐
│  生成多因子生态适宜性评价图  │
└─────────────────────────────┘
              ↓
┌─────────────────────────────┐
│ 专家检验与评估生态适宜性评价结果 │
└─────────────────────────────┘
              ↓
┌─────────────────────────────┐
│ 基于生态适宜性评价的空间发展建议 │
└─────────────────────────────┘
```

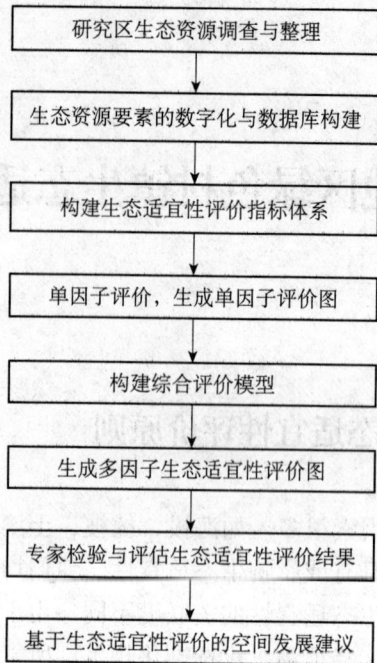

图 3-1　生态适宜性评价的一般流程

3.2.1　生态资源调查与整理

生态资源的调查与整理的目的是收集影响研究地区关于生态适宜性发展的相关要素的信息。作为生态系统的众多构成要素，影响生态适宜性的自然、人文、社会、经济等方面因素很多。如果构建大而全的评估体系，一方面各类资料的收集非常困难，另一方面某些影响要素对研究区生态变化的影响表现较为微弱的影响，则可以忽略其要素。因此，如何从众多的影响要素中进行筛选，平衡生态适宜性评估的科学性与实施工作效率，就需要在有关专家的指导下选取一定的主导因素及主导因子。根据生态适宜性的评估目的和数据的可获取性，适当选择其影响过程和影响强度在一定时期内趋于稳定、均衡和持久的影响，能够准确地反映研究区内的生态适宜性特征，对生态适宜性影响较大的影响因子。专家意见在评价过程中起到非常重要的作用。在专家组的构成中，应体现生态适宜性评估的主要学科体系，需要选择多种学科背景的专家，如生态学、植物学、土壤、水文、地质、城乡规划、历史保护等方面的专家与地方专业人员。在确定研究区的主要生态适宜性影响因子时，要与各类专家的意见相结合。同时还要根据不同区域的土地利用现状、生态发展特点、未来开发目标、开发性质等方面进行综合选择。

3.2.2　GIS 数据库的建立

现代生态适宜性评估已经充分的发挥了 GIS、RS 等现代信息技术在数据获取、空间统计与分析以及地图可视化表达等方面优势，通过构建 GIS 数据库来对各类生态影响因子进行分类整理与数字化，构建生态适宜性评价的 GIS 数据库。在综合专家意见的基础上，收集研究区的相关的数据，并将各类收集到的数据进行数字化整理与分类入库。根据数据的类型，一般的 GIS 数据库主要包括文本与统计数据、栅格数据以及矢量数据等类型。文本与统计数据主要包括研究区的发展概况、社会经济发展资料等。栅格数据主要包括研究的遥感影像、DEM 图、各类扫描、照片等栅格格式的土地利用现状图、植被分布图、土壤类型图等。矢量数据主要包括由其他数据库转换、二次分析与提取以及数字化制作的由点、线、面构成的矢量格式数据集。

3.2.3 构建指标体系

生态适宜性指标体系的构成需要根据生态适宜性评估的目标而进行较为严格的系统性、科学性与合理性选择。完整的生态适宜性评估指标体系能够将影响研究区生态适宜性变化的多数影响因子进行综合考虑，从众多方面对研究区的生态适宜性进行较为全面、综合和深入的考察评估。在构建指标体系的过程中，应满足以下内容。

（1）整体系统性与层次性。生态系统是众多自然要素与复杂人类活动要素长期共同相互作用的结果。因此进行生态适宜性评价时不仅要考虑影响其发展和变化的自然因素，也应综合考虑人类活动的影响因素，确保评价指标的综合全面。在综合考虑自然与人类活动对生态变化的影响过程中，也应该同时考虑，在不同的地区，自然系统与人类活动系统对生态系统的影响强度、影响范围以及影响时效性存在着较大差异。所以，在选取评价指标时，还应从研究区的实际生态特征出发，选择影响生态适宜性较为突出的自然因素与人文因素植被。坚持自然生态系统与人类生态系统的统筹考虑、综合选择，使评价结果既符合研究当前的生态发展特征条件，又能够针对主要影响要素进行深入比较与分析，提高评估的科学性与实效性。

（2）生态共性与地方特性相结合。对生态系统的复杂性的考察，一方面要考虑生态系统的共性问题，如自然生态系统主要是气象、水文、土壤、植被、地质、地形等影响要素构成了生态适宜性评价的共性影响因素；另一方面，研究区的地方特性也应根据影响的强弱进行综合考虑，例如微气候特点、地质灾害特征、环境问题、人类开发活动影响等具有地方特性明显的影响要素也应进行综合考虑与选择。

（3）长期动态与近期静态相结合。生态系统的相互影响既可以是长期缓慢的影响，也可以是受外界影响或达到生态荷载阈值后的短期剧烈的影响。因此在生态适宜性指标选择时，应根据研究区的地方生态特点，除了注意选择能够反应目前生态系统现状的长期稳定的动态变化影响因子外，也应充分考虑生态系统的近期静态变化影响因素以及人类活动影响及潜在影响的变化等，选取能反应研究区生态系统的现状特点和发展趋势的指标。

（4）宏观与微观相结合的空间性。生态系统一方面受到气候、气象、地质、海洋、季风等宏观因素的影响。同时也会受到研究区自身的土壤、微生物以及植被、水文及生物活动的影响。评估过程中，就要从宏观与微观影响要素两方面入手，结合专家意见，对研究区的生态系统影响因素进行甄别与筛选。找到宏观、微观两方面的空间视角，研究对研究区生态系统影响较为显著、作用过程较为持续的影响因素。从较大的空间范围与较微观的空间视角相结合，评价结果落实到每一个评估单元与土地板块中，尽量地实现生态适宜性评价的定量与定位化。

（5）可操作性。由于生态适宜性评估所涉及的数据类型多样。而数据获取的可入手性与评估的实用性则影响评估的过程。因此所选取的生态适宜性评估指标应在数据收集和分析成果表现上具有可操作性，即数据能够被准确收集并数字化，具有一定的数据统计资料、可比性和可测性，便于使用定量化、电子化的各类评估模型进行量化分析，分析成果便于以图表等可视化的系列图形来表现。应尽量选取能够量化的指标，以减少主观成分对评价结果的影响。

（6）因地制宜。生态适宜性评估更多的是为未来的土地利用与空间发展提供分析依据与建议。针对不同的研究区域具有不同地理条件和社会经济发展条件，指标的设置要考虑其适用范围和研究区的社会经济发展阶段特征。因此，在指标选取过程中，应因地制宜，选择适合当地未来土地利用与空间发展相关要求的生态适宜性的评价指标构成，通过适宜性评估为未来的空间发展提供科学发展的理性依据与重要的政策建议。

3.2.4　生成单因子评价图

在确定评价指标体系的基础上，落实到具体的生态适宜性评价过程中，对每一个评价指标的评估都必须落到一定的地块或实体上，这些基本的地块或实体单位即土地评价单元。土地评价单元是指土地自然性状比较一致的独立的土地单元，是土地质量评价和级别划分的基本空间单位，划分评价单元的目的是客观地反映土地质量的空间差异性，使得分析研究得以落实到一定的地域，对地域进行鉴定和评价，为评价单元进行单位面积适宜的等级划分提供依据。评价单元的划分对土地评价工作的实施至关重要，直接决定土地评价工作量的大小、评价结果的精度及成果的可应用性，划分时各评价单元要尽可能保证单元内土地质量、土地属性的相对一致性，不同评价单元之间既有差异性，又有可比性。

目前土地评价单元的划分方法基本上可以概括为两种：

（1）栅格法。该方法来源于景观规划中的"网格筛选"法。是对研究区进行逐点的综合评价而发展形成的。通过对研究区评估精度的预估和研究区相关影响因子的最小空间斑块面积，在研究区内划分出大小一致的规则栅格，将每个栅格作为一个最小的基本评价单元，并将栅格内的要素进行均值计算，视为一个均质体。最后按每一类影响要素的栅格数值的空间变化进行综合评价。栅格法采用的点对点的运算，可以在相对位置保持相对不变的情况下，对栅格进行加、减、乘、除等运算[54]。该方法的优点是：易于图形的相互叠加和模型运算，利用计算机的高速计算技术、空间分析技术，能快速的计算评价单元的分值，如果评价单元出现过于粗放或者过于精细冗长等划分不合理情况，只需要计算机重新划分评价单元网格并计算分值，从而提高评估的精度与效率，实现较为理想客观的评价结果。缺点主要包括：单元栅格的面积和大小的选择不好把握，栅格太小虽然提高了精度，但会造成评价单元数目太多，使得运算增加；但如果栅格太大，评价单元数目变少，运算简单，但会降低精度[55]。

（2）叠置法。叠置法主要是将同比例尺的相关影响因子的矢量化图纸进行叠加，通过相交叠加形成封闭的细分图斑，并对过于细小面积的图斑进行合并，得到评价单元。就生态适宜性评价而言，评价单元划分的具体方法根据使用的基础图件的不同，一般的类型包括：①以土壤类型图的图斑为评价单元。这样可以保证各评价单元的土壤类型的一致性，但是在气候、地形、水文等方面的一致性却无法保证。②以土地类型单元作为评价单元。基于土地类型图的图斑综合考虑了气候、地形、土壤、水文等因素，但却缺少了土地利用因素，而生态适宜性评价恰是针对土地特定用途展开的，显然单纯以土地类型作为评价单元也不尽科学。③以土地利用类型为评价单元。这种划分单元的方法综合考虑了上述诸多因素，同时也保证了评价单元的边界在地面上与地块完全一致，但是一些大面积的耕地、林地、园地等内部差异较大，只能保证其利用类型的一致性，而图斑内部的土地特殊信息量不足，影响评价的精度。④以生产地段或地块作为评价单元，即依据底图上明显的地物界线或权属界线，将评价因素相对均一的地块划成一个评价单元。这种划分方法适用于大多数地区，且资料易获取，操作简单，结果可行性好，但需要进行大量的调查，其准确性决定于调查结果是否真实，尤其地形复杂的地区，划分单元的精度较低。以上四种划分方法的共同点是：都是基于矢量数据模型进行划分的，便于表现地理实体的完整信息，便于面向对象的数据表示，但使用叠置法形成的图斑单元形状不规则，而且面积相差悬殊，适宜性类精度难以保证，尤其是在土地利用现状、地貌类型单一的地区，适用性较差，局限性较大，而且分析计算较为复杂[56]。

基于以上栅格与叠加两种分析方法都存在着相互影响的优缺点，一般的生态适宜性评价会根据数据来源的类型以及数据分析的客观要求，结合栅格与矢量分析的数据结构特点进行综合选择。

3.2.5　构建综合评价模型

3.2.5.1　权重确定

在生态适宜性分析中，由于各相关影响因子对生态系统的影响是多方面的，往往在影响时间、影响空间以及影响强度等方面存在着较大的差异。并且随着生态适宜性评价的目的不同，对指标体系中的各类影响因子的重视程度也不同。因此在生态适宜性分析的过程中，根据影响因子的影响程度和重要性程度，要对各类影响因子的各个指标赋予不同的权重。但由于各方面专家以及评估的目的不同，对指标权重认识和理解都不尽相同，因此生态适宜性评价指标体系的影响因子权重设置问题成为评估过程中需要认真对待、反复讨论和斟酌处理的问题之一。

一般而言，权重的确定首先要选择能够充分体现指标体系与决策或评价问题之间重要性关系的因素，即确定权重的依据，也称定权因素。权重的确定受评估目的、发展目标、专家意见以及政府管理机构的政策观点等方面影响，因此指标体系中各类指标的权重也会随之变化和调整。即使是同一指标，如果定权因素不同，其权重也是不一样的。

常用的确定指标体系权重的方法有德尔菲法专家打分法、层次分析法、模糊层次分析法、因子分析法、主成分分析法、综合加权分析法等。

3.2.5.2 评价模型

根据单因子评价的结果，逐一给每一因子图中的图形单元打分，得到单因子适宜性评价图。在单因子适宜性评价结果的基础上，我们需要根据综合评价指标体系，对于各生态影响因子进行综合适宜性评估。一般采用多因素综合评价模型进行综合评价。

$$S = \sum_{k=1}^{n} B_k \cdot W_k \tag{3-1}$$

式中，S 为生态适宜性评价的综合评价值；k 为影响土地适宜性的评价因子编号；n 为影响生态适宜性的评价因子总数；W_k 为权重值，且 $W_1+W_2+W_3+\cdots+W_n=1$；B_k 为生态适宜性的第 K 个评价因子的适宜性评价值。

通过分析评价指标体系内各个影响因子的评价值以及相关权重，最后得到生态系统总体适宜性综合效应的影响评估值。根据 S 值来进一步制定生态适宜性等级分类图，根据需要一般划分为生态适宜地区、较适宜地区、一般适宜地区、较不适宜地区、不适宜地区、生态脆弱地区等类型。并根据划分的生态适宜性等级，为未来的土地开发与地区社会经济发展提供决策依据。

3.2.6 专家检验与评估生态适宜性评价结果

由于生态系统的复杂性，生态适宜性评估中指标体系的选取大多借鉴专家学者的意见。并在专家意见的基础上，构建较为合理和完整的指标体系。并在层次分析法、因子分析法、主成分分析法等权重确定方法基础上，完成对研究区生态适宜性评估的计算与统计。最终形成生态适宜性评价分析图。但是对于特定研究地区特点、特定的发展时期、特定生态问题、特定未来决策方向等方面，还需要在生态适宜性评估完成后，进一步由专家来检验和验证生态适宜性评估的合理性。即完全定量的评估计算要与专家系统的综合检验相一致，并通过专家系统的检验。若定量计算与评估的结果与专家系统的意见差异较大，则还需要进行讨论找到定量评估与专家系统意见的差异性原因与处理方法，并根据原因进一步完善和修改生态适宜性评估的指标体系。

3.3 绿色村镇生态适宜性优化对策

3.3.1 自然资源环境保护

1. 整体生态管控

对严寒地区绿色村镇的整体生态管控，有利于从宏观方面控制整体生态格局。要将村镇的生态适宜性依据城镇未来发展的模式进行划分。首先依据生态功能来界定生态敏感区，严格控制开发，耕地、林地等需要保护的区域应高要求限制开发，适用于城市发展建设的区域应按照不同的情况将其划分类别，避免肆意开发。形成以外围较大面积林体作为村镇可持续发展的保障，以山地、水体和林体作为城市建设用地的依托。从而构建村镇"山、水、林、城"相间的良好生态格局，以及整个区域的生态网络体系。

2. 资源整体保护

对于严寒地区绿色村镇内不同的自然资源体系应该进行相对应的保护措施，不能一概而论。针对于不同的村镇以不同的资源为中心进行重点保护，有效合理地对自然资源进行保护与利用。

3.3.2　社会环境质量提升

1. 基础设施

根据实地调研和评价结果分析，严寒地区绿色村镇社会环境方面，基础设施目前相对质量较差，需要重点建设加强。根据村镇对给排水的需求，给水工程供水体制可采用生产、生活、消防共用系统。应在村镇内建设一定数量与规模的污水处理厂，避免污水直接排放如河流。村镇范围内建设形成以防洪供水、发电、旅游等一体化的水资源综合开发利用模式，从根本上解决村镇的供水、洪、涝、旱问题，发展生态旅游。采取独立供暖，对原始的采暖设施，如火炕、火墙等，可作为特色保留。

2. 民风建设

民风建设主要表现为社会治安情况与居民友好度，有多方面影响因素。良好的民风主要取决于居民精神文明状态。全面提升村镇的民风建设，需要丰富居民生活，组织集体活动，增强邻里交流，提升居民对精神文明的认识。

3. 镇容镇貌

根据住建部《城镇环境卫生设施设置标准》中规定的指标，结合严寒地区绿色村镇总体规划布局，本着布局合理、美化环境、方便实用、整洁卫生和有利于环境卫生作业的原则，进行环境卫生设施规划。包括公共厕所、垃圾箱及垃圾中转站点等的布置、规划。

此外，完善村镇绿地系统。沿主要街道种植行道树，沿河湖水系规划滨水景观带和滨水公园，丰富村镇绿地形式。对村镇街道进行整治，包括街道的畅通、硬化和广告牌改造，根据实际需求进行夜景照明规划。

3.3.3　旅游项目开发

1. 旅游产品开发

从目前严寒地区绿色村镇已开发的旅游项目来看还存在一些问题。例如部分景区旅游活动内容相似性很高，不能突出自身独有的特色，对游客的吸引力没有产生有效差别，使游客容易产生选择其一体验即可的感受。独特性是增强旅游体验感受的关键要素，严寒地区绿色村镇旅游区的每个景区都应该有相应定位及主打方面，形成独特的吸引点，让游客游览每个景区的时候都能产生不同的体验感受，并乐于选择多个景区作为组合。

2. 配套村落（农场）开发

根据严寒地区绿色村镇游环境质量评价结果来看，气候较为具有吸引力，且其原汁原味的东北村镇生活是较为重要的旅游资源，从目前严寒地区绿色村镇旅游开发来看，这一资源并未得到充分的重视。未来的严寒地区绿色村镇旅游规划可将这两部分结合起来，将旅游核心区周边辐射范围内的乡村适当开发，与旅游景区结合，提供特色东北村镇生活体验的同时，为景区疏解客流，提供食、宿、购、娱等方面的服务，延长游客停留时间。

3.3.4　旅游服务环境及配套设施建设

1. 旅游交通

完善严寒地区绿色村镇火车站客运设施，扩大站前广场规模。将火车站打造成为村镇具有代表性的节点。考虑村镇旅游以自然风景取胜，应重视公路沿线景观建设，沿路禁止乱搭乱建，尽量保留原生态景观，统一车站、候车亭的模式。设立旅游专用公共交通，绕景观环线行驶。旅游公共交通也可作为村镇居民的日常公共交通使用。游客量大或者有大型旅游团对车辆有较大需求时，可临时借调其他公共交通车辆。全面提高旅游交通效率，从旅游接待中心到达各个景区时间在 60 分钟以内为宜。另外可考虑特色的交通工具，例如林场、村屯特色的马车、牛车等，增加游客的游览兴趣。

2. 旅游食宿

旅游食宿环境质量优化对策应着重考虑三种因素：一是考虑结合旅游行业环境，适当增加旅游食宿设施数量；二是分析村镇旅游资源吸引客源半径的大小，考虑食宿设施的规模；三是分析客流的构成特点以及逗留时间等，考虑餐饮设施与住宿设施的档次与结合。

3. 旅游餐饮

优化对策考虑高档餐饮设施主要集中在镇区内，旅游景区及周边乡村设置普通饭店及特色饭店，解决部分餐饮问题，号召周边配套服务村落农场开设家庭体验式饭店，由农户在自己家里提供特色家常菜肴。所有餐饮地都应符合国家饭馆卫生标准。旅游餐饮以当地特色山野菜、农家菜为主，菜系以东北菜系为主，应强烈的地域性、民族性、民俗性等人文特性。

4. 旅游住宿

应针对游客的不同需求设置多种住宿设施。宾馆在规模、服务质量、建筑设备及管理水平方面应符合标准要求。林区别墅应体现地域特色，多采用木质，注意冬季保暖，配套设施齐全。民宿应具有东北林区乡村特色，以东北大炕为主打元素，注意干净整洁。

5. 旅游购物

严寒地区绿色村镇旅游购物环境应立足于市场需求来开发，突出生态旅游商品，从而达到以点带面，充分体现地方特色，且能够将实用性与生态性相结合。不同种类旅游商品应进行统一的包装设计与制作，定向开发，避免破坏环境的过度包装，形成品牌效应。工艺品类旅游商品可与村镇不同旅游景区特色有机结合。

6. 旅游安全与医疗设施

针对严寒地区绿色村镇旅游情况，应在旅游接待中心镇区配有相应级别的中心医院，各个旅游景区做好安全措施，尤其登山项目，应在危险地区做出明显标志，设置栏杆等有效引导游客的设施，涉水项目应配有看护人员，保证游客落水时及时发现解救。各景区应配有医疗室和医护人员，医疗室应能够及时有效的解决蚊虫叮咬、跌打损伤等情况。

7. 旅游公共设施

旅游公共设施包括休憩设施、小品、公共厕所及旅游标识等。旅游公共设施的完备合理能够从多个方面增强旅游地的生态性。同时旅游设施的风格及质量间接的代表了旅游地的质量。

8. 生态旅游宣传

旅游宣传要有生态意识，从宏观上要变零乱分散为集中强化，形成一个完整、统一、具有感染力的严寒地区绿色村镇品牌与形象，在微观上，搞好建设的同时，提高服务质量，充分利用旅游产业中没一个从业人员成为严寒地区绿色村镇形象的传播者，每一个满意而归的游客都成为绿色村镇的生态名片。

3.4　东宁县生态适宜性评价实证研究

3.4.1　东宁县环境现状

3.4.1.1　自然条件概况

1. 地形地貌

东宁的地形为南北狭长，地貌比例约为：九山半水半分田。东宁县北部为太平岭，西、南部为老爷岭，中部为绥芬河河谷盆地，构成三面高山环绕，中间低的马蹄形地势。北、西、南三面都是平均海拔 500 米以上的山地。境内山峦起伏，沟壑纵横，地貌、土壤、水热等都有明显的地域差异和过渡性变化。既有海拔千米以上的通沟岭，也有不足百米的东宁盆地。全县的最高峰是通沟岭位于县城中北部，海拔 1102 米，切割深度 400~800 米，属中低山区，通沟岭在大小绥芬河交汇处北侧，连接万鹿沟以北的完达山余脉，相邻着道河镇东南方向的峻岭，构成东宁盆地的环型屏障。东宁盆地西起东宁县城向东延伸，一直到瑚布图河，都是冲积平川。气候温和，景色宜人。

2. 地质

东宁县域大地构造位置是兴凯湖——不列亚山地块的张广才岭边缘隆起带中的太平岭隆起和老黑山断陷。中生代侏罗纪早期（大约距今 2 亿年前），属滨太平洋构造域，晚印支运动（距今 2 亿年前后）结束，同黑龙江省一起进入滨太平洋大陆边缘活动带。冻土开始于 10 月，稳定在 11 月中旬。年平均冻土日 170 天，最长 177 天。高寒山区平均冻土 2 米，最深 2.5 米，多在 4 月上中旬；暖区平均冻土 1.4 米，最深只有 1.8 米。由于冻土深度不同，解冻时间差异很大，暖区在 5 月中旬化冻，寒区须到 6 月上旬才能化冻。

3. 气候

东宁县地处中纬度寒温带，属大陆性季风气候区，但由于周围群山环抱，西北有太平岭做天然屏障，东南距日本海较近，经常受海上气候的调节，使大陆性气候特点减弱。夏季多海洋北上暖湿的东南风，冬季多大陆南下干旱的西北风。春秋两季为冷暖过渡期，仍以西北风占优势。春旱秋涝，雨热同季，冬长夏短。县域内因地形高低和河谷走向的不同，受热条件差异很大，形成西冷东暖、南温北寒的不同气候。其特点是冬季漫长不冷，夏季短促不热，冬、春大干旱，夏季暴雨集中的独特气候。

东宁县气候温和、土质肥沃、物产丰富，素有塞北"小江南"的美誉。县域年平均气温 6.0℃，气温极值最高 39.0℃（97 年），气温极值零下 30.2℃（87 年），最低无霜期 150 天左右，年有效积温 2990℃。17 米/秒以上大风年平均有 23 天，极大风速 30 秒/米，多出现在 2~5 月。24 小时最大降水量 115.9 毫米，年最大降水量 826.8 毫米（2000年），历年平均降水量 530 毫米。

4. 水文

东宁县境内水系众多，有大绥芬河、小绥芬河、瑚布图河等大小河流 160 余条，流域面积在 30 平方公里以上的河流 75 条，其中绥芬河是黑龙江省五大水系之一，水量充沛，在县内流径长 160 千米，流域面积 7208 平方米公里，水量充沛。河流多年平均径流深 145.7 毫米，多年平均径流量 13.33 立方米/秒，年平均流量 41.18 立方米/秒。

绥芬河自西向东流经道河、东宁，在三岔口镇东北部流入俄罗斯滨海边区，向东南注入日本海，其主要支流有大绥芬河（南支流）、小绥芬河（北支流）及瑚布图河（中、俄界河）；西部为穆棱河，呈北东向自西南而东北流经共和，属乌苏里江水系。全县总径流面积 9579.1 公顷，另有九佛沟、新城子沟两座水库。

东宁镇既面临着绥芬河、瑚布图河河洪之患，也面临着周边山洪之害。绥芬河城区段现构筑有单侧（南岸）浆砌片石防护砌体，原设计标准为 30 年一遇洪水设计；瑚布图河作为界河，沿互市贸易区一侧筑有片石防护砌体，原设计标准为 20 年一遇洪水设计。

5. 土壤

境内土壤类型主要有七个土类：即暗棕壤、白浆土、草甸土、沼泽土、泥炭土、河淤土和水稻土等。

6. 矿产资源

东宁县金属、非金属和燃料矿产都较为丰富，已发现 36 种矿产，查明储量的有 19 种，共有矿产地 9 处。已探明的矿产有煤炭、石灰石、石英、叶腊石、黄金等 20 多种。其中煤炭储量达 2.8 亿吨，石灰石储量达 4 亿吨。是全国 100 个重点煤炭生产基地之一。另外，在东宁县境内发现了储量 10 亿吨的油页岩矿，平均含油率 12.8%，具有较好的成矿条件和开采条件。截止到 2012 年，东宁县已探明矿产有煤炭、石灰石、石英、大理石、粘土、叶腊石、沸石、石墨、铁、锌、黄金、铜等 20 多种，许多矿种储量大品位高。其中，煤炭精查储量 2.8 亿吨，远景储量 14 亿吨，石灰石储量 80 亿吨，石英石储量 3000 万吨，叶腊石储量 1000 万吨，黏土 600 万吨。

7. 植物资源

东宁县地处寒温带，以长白植物区系为主。兼有兴安植物区系和华北植物区系植物。镇内山多林密，森林覆盖北达到 80%，1981 年农业区划调查时，粗略统计有 1200 多种，林木蓄储量达 500 万立方米，比较名贵的林木有红松、赤松、落叶松、樟子松、云杉、冷杉、柞树、桦树、胡桃楸、水曲柳、黄菠萝等；蜜源植物有椴、柳、胡枝子等 70 余种，可养蜂 12 000 多箱。

境内可利用的野生经济植物有 300 余种，中药材 200 余种，较名贵的有山参、黄芪、平贝、细辛等；山野菜有蕨菜、薇菜、黄花菜等，野生食用菌有黑木耳、蘑菇、元蘑、针松茸；还有山梨、山葡萄、草莓、山都柿等野果；可做饲牧草的有小叶樟、野古草、苔草、三棱草等。

8. 动物资源

东宁县内森林资源丰富，生态环境较好，孕育着较为丰富的动物资源。野生动物包括虎、豹、黑熊、野猪、狍子、獾子、野兔、鹿、水獭、狐狸、狼等。飞禽动物包括啄木鸟、燕子、麻雀、猫头鹰、雉鸡、飞龙、沙半鸡等。爬行类动物包括蛇、晰蜴、蚰蜒、钱串子、甲鱼等动物。

3.4.1.2 行政概况

东宁县（如图 3-2）现辖 6 个镇，包括东宁镇、三岔口镇、大肚川镇、老黑山镇、道河镇、绥阳镇。此外县内还有绥阳林业局。2010 年，东宁县总人口为 210 962 人，其中非农业人口为 101 183 人，非农化水平为 47.96%（如表 3-1）。

表 3-1 东宁县乡镇基本情况统计表

城镇名称	总人口（人）	总用地（平方千米）	行政村（个）	自然屯（个）	村屯密度（个/百平方千米）
东宁镇	78 997	513	17	18	7
三岔口镇	29 431	243	13	14	10
绥阳镇	17 800	1 236	24	20	4
大肚川镇	23 070	1 182	14	9	2
老黑山镇	14 279	2 220	16	11	1
道河镇	18 696	1 745	18	9	2
合计	182 273	7 139	102	81	3

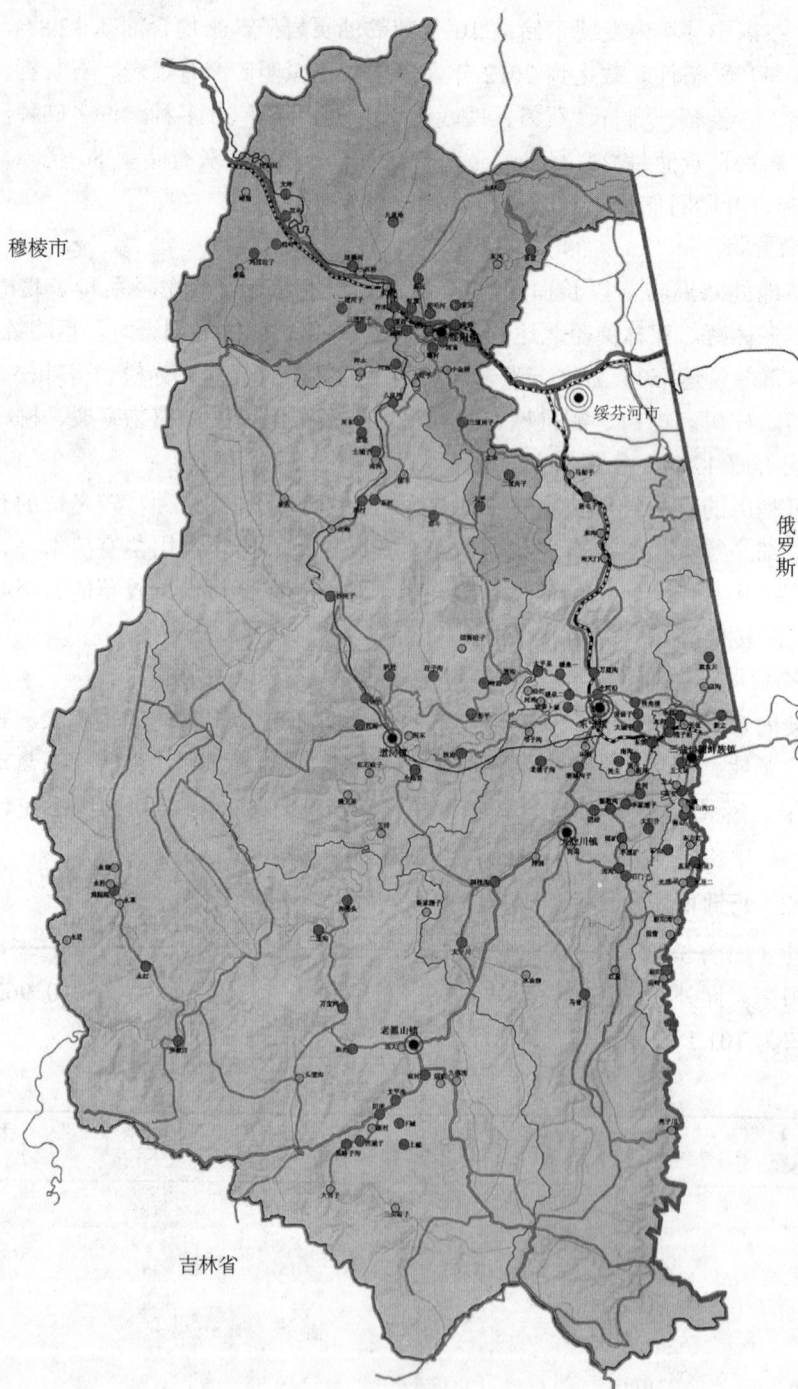

图 3-2 东宁县行政区划示意图

3.4.1.3 经济概况

2010 年东宁县地区生产总值实现 900 218 万元，按可比价格计算比上年增长 27.9%。整体经济继续在较高的增长平台运行。"十一五"时期地区生产总值年均递增 23.2%。其中，第一产业增加值 210 913 万元，比上年增长 11.2%；第二产业增加值 230 986 万元，比上年增长 44.3%；第三产业增加值 458 319 万元，比上年增长 29.6%。三次产业结构由上年的 26.0∶22.8∶51.2 调整为 23.4∶25.7∶50.9。全县人均生产总值达到 42 438 元，比上年增长 35.7%，全县财政收入 7.1 亿元，5 年年均分别增长 21.9%和 22.1%。2010 年，全县农民人均纯收入 11741 元，居全省第一位；城镇居民人均可支配收入 19 050 元，居全省前列。城乡储蓄存款余额 61 亿元，人均超 2.9 万元。

由图 3-3、图 3-4 可以看出，2001 到 2010 年之间，东宁县生产总值稳步提升，2010 年 GDP 是十年前的四倍多；十年间，东宁县 GDP 增长率变化比较曲折，但生产总值还是不断提高的；东宁县第三产业产值一直远高于第一、第二产业甚至多过两者总和，但第二产业发展还不足，从事农业活动的人口比例逐渐减少。

从经济发展的产业构成（如图 3-5）来看，依托东宁县优越的边境区位优势和自然资源丰富的优势，近年来东宁县的第三产业和第二产业取得了较好的发展，2010 年东宁县

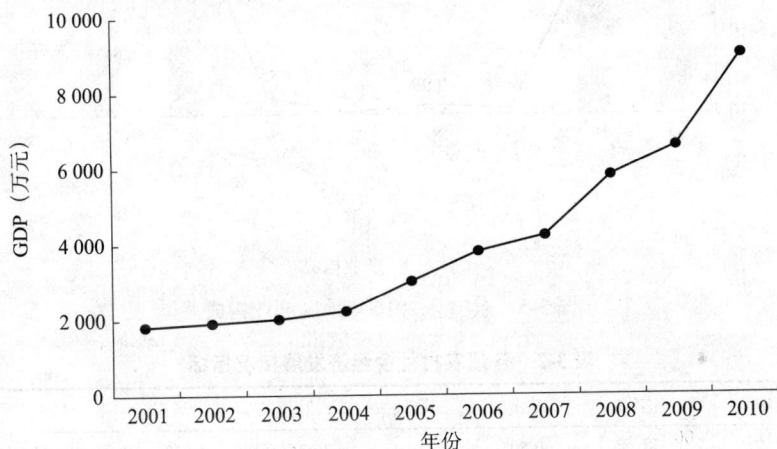

图 3-3　2001~2010 年东宁县历年生产总值统计

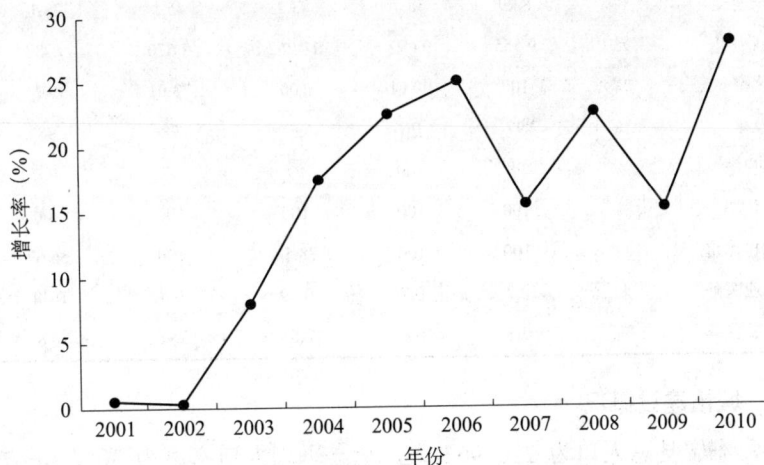

图 3-4　2001~2010 年东宁县历年生产总值增长率变化统计

的第三产业占国内生产总值的 47.98%，第二产业的比例为 27.19%，第一产业的比例为 24.83%。总的来说，东宁县经济结构调整取得了良好成果（如表 3-2），为未来镇村居民点的空间调整以及农业人口向非农产业转移提供了良好的产业基础。

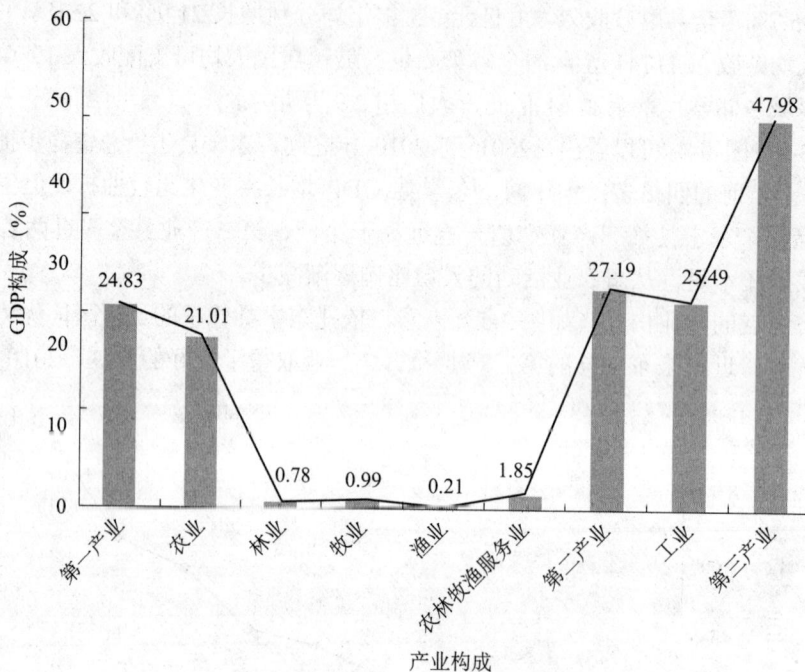

图 3-5 东宁县 2010 年地区产业构成

表 3-2 各镇农村社会经济发展情况指标

指标	单位	东宁	三岔口	大肚川	老黑山	道河	绥阳
农村经济总收入	万元	40 595	23 910	36 764	40 121	40 617	133 300
财政收入	万元	2 062	779	1 231	1 107	1 143	3 217
财政收入增长速度	%	83.9	58.7	83.2	45.1	28.1	66
农民人均纯收入	元	9 555	9 692	11 262	9 670	9 333	10 372
住房砖瓦化率	%	100	99.81	100	73.01	99.24	100
自来水普及率	%	97	96	96	98	98	83
有线电视入户率	%	98	100	97	97	100	100
通村公路硬化率	%	100	100	100	100	100	100
垃圾集中处理村比重	%	100	100	78.57	100	66.67	100
每千人拥有执业医师	人	2.2	0.7	0.39	0.6	0.44	1.43
基本养老保险参保率	%	2.8	6.6	8.85	3.96	6.8	3.68

3.4.1.4 城镇建设概况

2010 年，东宁县总人口为 210 962 人，全县平均人口密度为 30 人/平方千米。东宁镇总人口为 78 997 人（不含流动人口），占全县总人口的 37.45%，是人口最多的乡镇。

东宁县各乡镇内居民点密度都相对较小，其中密度最高的为三岔口镇，密度为 0.053 个/平方千米，最低的为老黑山镇，密度为 0.007 个/平方千米，全县密度均远低于 0.081 个/平方千米的黑龙江省全省指标。从居民点的分布密度来看，东宁县县域内的居民点分布绝大多数处于 0.01~0.03 个/平方千米的区间内。东宁县域土地面积 7139 平方千米，共有行政村 102 个，自然屯 81 个，平均每百平方千米 3 个村，数量较少。属多山地区，镇村布局受地形、地势、环境等自然条件影响较大，东宁、绥阳、大肚川镇村分布的密度较大；而在山区众多的老黑山、道河镇村分布的密度较小。其中三岔口最高比最低的老黑山高出 10 倍。

东宁县镇村居民点的空间分布特征受山地、丘陵等地形地貌等自然条件所限制，镇村居民点在空间分布上具有不均衡性，总体呈现出东部东宁镇地区镇村分布较为密集，北部绥芬河西部地区镇村分布相对密集，南部老黑山镇地区沿公路交通轴线分布特征明显。

从各城镇的人口密度情况来看，东宁镇人口密度最大，达到了 154 人/平方千米，三岔口镇为 121 人/平方千米，而其他地区的人口则在 20 人/平方千米左右，最小的老黑山镇则为 6 人/平方千米。各乡镇的人口密度差距较大。从空间分布特征来看，人口密度以东宁镇为中心逐渐向外围降低，西北方向的城镇人口密度较高，而西南方向的城镇人口密度较低。

3.4.1.5 区域发展存在问题

1. 村屯居民点分布不均衡

东宁县域土地面积 7139 平方公里，共有行政村 102 个，自然屯 81 个，平均每百平方公里 3 个村，数量较少。属多山地区，镇村布局受地形、地势、环境等自然条件影响较大，东宁、绥阳、大肚川镇村分布的密度较大；而在山区众多的老黑山、道河镇村分布的密度较小。

2. 耕地资源较少

东宁地貌类型复杂，土地利用模式多种多样全县农用地面积为 691 840 公顷，占全县土地总面积的 97.2%。其中耕地 84 564 公顷，占土地总面积的 11.9%；园地 3753 公顷，占土地总面积的 0.5%；林地 598 519 公顷，占土地总面积的 84.1%；牧草地 39 公顷，比重很小；其他农用地 4965 公顷，占土地总面积的 0.7%。在土地利用结构上，林业用地比重大。东宁县有山地、丘陵、平原等地貌类型。大部分土地为多宜性，加之区域差异明显，有利于农、林、牧、副、渔业生产的全面发展，形成了不同的土地利用模式。

3. 保护方式粗放，生态压力凸显

东宁县正处于推进城镇化、工业化的关键时期，这一时期各项建设用地增加将是刚性的，建设用地增加必然挤占具有生态功能的农用地和未利用地，其直接结果是造成生态用地数量的减少，带来资源消耗和废物排放的大量增加。加大东宁县生态环境压力。尽管近年来与东宁县类似的县城镇大力发展旅游业和林下产业，当地经济仍然无法摆脱原有结构的束缚。虽然国家推行了天然林保护工程，全面禁止采伐，仍有大量居民私自

上山采伐获取燃料等，对林业生态造成破坏。

4. 村镇基础设施建设有待完善

目前东宁县各镇村虽然积极加快各项基础设施建设，但由于资金短缺等问题，其基础设施建设仍不够完善。许多村之间的交通联系仍靠土路，交通联系不便，致使乡村之间仍保持着相对的封闭状态。尤其是老黑山的黄泥河村，地处深山，交通极其不便。

5. 村容村貌环境较差

长期以来，村镇尤其农村公共基础设施建设投资匮乏，农村居民住房设施配套不完善、卫生标准差、室外环境脏乱差的现象还相当普遍。粪便无害化处理率也很低，农村废物垃圾得不到及时处理。根据问卷统计调查，全县 90%以上的村无垃圾处理，暴露于室外，环境质量差。

3.4.2 东宁县生态适宜性评价

对东宁县生态适宜性评价体系层次进行设计，将其纵向细分形成了目标层、要素层和指标层三个层次的评价体系（如表 3-3）。

表 3-3 东宁县生态适宜性评价体系

总体目标	目标层	要素层	指标层
生态适宜性	稳定度	地形	坡度
			坡向
			地形平面曲率
			地形剖面曲率
			相对高程
		地貌	地表起伏度
			地表粗糙度
		地质	水土流失敏感性
			湿度指数
		水文	河流水系缓冲区
			DEM 高程水文
	恢复度	生境耐受性	森林覆盖趋势
		基质脆弱性	交通缓冲区影响
		生物多样性	物种丰富程度

（1）目标层。将总体目标按照生态学原理分解成两个子目标，即生态稳定度和生态恢复度。

（2）要素层。是生态适宜性因子的中观层面，是敏感性指标的生态因子分类，生态因子的分类方法有多种，稳定度因子包含的要素以对生态环境有影响的自然要素为主，恢复度因子包括生物多样性要素、基质脆弱性要素、生境耐受性要素等。

（3）指标层。在东宁县适宜性指标库的基础上对指标进行重新分类，将一个生态单元的各种生态属性按照分级赋值的方法进行量化打分，并按照不同指标的权重进行叠加计算。

确定生态适宜性因子权重的常用方法有 AHP 法、德菲尔法、模糊评价法等等。基于研究时间和程度的限制，最终确定运用专家打分法来对东宁县县域的生态适宜性进行评价。根据查阅的国内外相关案例，再结合东宁县现状生态环境的状况，确定各项因子的权重。

3.4.2.1 东宁县生态适宜性因子的确定

生态系统是一个庞大而复杂的系统，对生态适宜性产生影响的因子很多，由于样本量的限制，不适宜用主成分分析法等统计学方法进行，通常通过经验判断，以及大量的相似案例查询来进行因子选取。

参考国内外相关研究与实践，整理各研究中进行生态适宜性评价所选取的生态敏感因子指标层各因素，建立初选因子库。如表 3-4 所示，各相关研究所选敏感性因子中均包含一些基础生态因子，是作为生态适宜性评价不可缺少的，且多数研究的评价因子中均含有针对研究区域的特殊的因子。

表 3-4 国内外相关研究所建立的初选因子库

生态因子种类	张治华《生态敏感区划分指标体系研究》	刘爱华《GIS 技术在山地城市生态适宜性分析中的应用》	沈清基《城市生态敏感区评价的新探索》	夏新丰《基于 GIS 和模糊数学方法的生态适宜性评价研究》	朱占强《基于空间信息技术城市景观生态格局规划研究》	宾夕法尼亚大学《美国波托马克河流域生态规划》
气候因子	SO₂ 浓度、酸雨频度		月平均降水量，湿润指数，春冬季大风天数		城市热环境	
地形因子	沙化程度		土壤质地，土壤侵蚀，盐渍化			土壤类型
土壤因子	坡耕地坡度	高程、坡度	坡度，相对高程	高程，坡度，坡向	综合地形	地形图
水文因子	水功能区类型、水域面积、水源地	所在流域距离丹江口水库的距离	地下水深度，河流水质	河流水系缓冲区	河流水系缓冲区，水源地保护等级	水资源示意图
大陆因子	卡斯特地貌离散程度、地质断裂带分布程度、海洋功能区	土地利用类型	地貌类型，是否特殊地貌，地震断裂带		地质断层，地质灾害，山洪海潮，土地覆被类型	地质类型，矿物资源图
植物因子	林种，红树林生长区，耕地类型	植被覆盖	植被覆盖，物种丰度，网络联系度	植被覆盖度	植被覆盖度，植物群落，城市氧源绿地	植被类型，森林树种分布类型
动物因子			物种丰度，网络联系度，濒危物种		鹰、蝮蛇、豹猫	
人为因子	自然保护区		圣境保护，采掘场范围		旅游景点，文物景观资源，乡土文化景观资源	自然和文化资源图

最终，根据现实性原则与互补性原则，得到东宁县可用于生态适宜性评价的因子库
（如表 3-5）。

表 3-5　东宁县生态适宜性因子库

因子种类	指标内容
水文因子	河流水系缓冲区，水源保护等级，DEM 高程水文
地形因子	坡度，坡向，相对高程，地形平面曲率，地形剖面曲率
地质因子	湿度指数，水土流失敏感性
人为因子	交通缓冲区影响，生态环境保护措施
地貌因子	地表粗糙度，起伏度
植物和动物因子	农田现状，森林覆盖趋势

3.4.2.2　因子适宜性等级划分

区域生态系统的适宜性评价目标，是基于各种影响因子的空间分布按照指标权重叠加，从而得到生态适宜性区划，将生态系统中脆弱或难以恢复的区域辨识并加以保护利用，为区域空间绿色发展提供依据。因此，需要对敏感性程度进行量化分析。

指标层因子在运用 GIS 进行分析之后，会显示出层次变化。再运用 GIS 中栅格重分类的功能，将其分别划分成五个等级：极稳定（极易恢复）、高度稳定（高度易恢复）、中度稳定（中度易恢复）、轻度稳定（轻度易恢复）、不稳定（不易恢复）。

下面以地形因子的坡度和坡向为例，展示一下 GIS 的分析过程（如表 3-6）。

表 3-6　指标因子评价表

指标	极稳定	高度稳定	中度稳定	轻度稳定	不稳定
坡度（°）	0~20	20~38	38~52	52~66	66~85
起伏度（米）	0~8	8~16	16~25	25~38	38~150

本书中东宁县地形因子的高程数据来源为中国地理空间数据云开放下载资源，精度为 30 米的东宁县县域 TM 栅格文件，投影坐标系为 Beijing1954。

将栅格数据文件在 GIS 中进行处理，转换成 TIN 高程图（即山体阴影分析图），利用 GIS 中表面分析工具，通过高程栅格派生百分比坡度栅格，坡度范围为 0°~85°。坡度越低则越适合动植物生存，故在这一区间范围将坡度因子划分成五级，对栅格数据进行重新分类处理。同理得出起伏度的分析图（如图 3-6、图 3-7）。

由此，对指标层每个因子分别进行分析图绘制。

通过专家打分法，结合东宁县现状，得到评价指标权重表。

指标表（如表 3-7）体现了各指标对于生态适宜性评价的重要性和贡献度，通过对指标权重的统计可以得到对东宁县生态适宜性影响因子的初步认识。但就本书而言，稳定

度要远远大于恢复度，由于基础资料的缺失，无法在继续深入研究更多有影响的恢复度因子，一般来说，稳定度指标和恢复度指标的权重应该是相差不大的，比例应该近似1：1，这样才能确保两方面生态因素的均衡。

图例

	极稳定
	高度稳定
	中度稳定
	轻度稳定
	不稳定

图 3-6　坡度分析

图例
极稳定
高度稳定
中度稳定
轻度稳定
不稳定

图 3-7 起伏度分析

　　结合评价指标的权重和各指标等级划分指导下的各生态要素专题分析图,可以叠加出东宁县敏感区划。

　　首先,将敏感性指标分级标准分别赋值以 5、4、3、2、1 分值,在 GIS 中将栅格地图按照分值属性进行重分类操作,统一栅格图像的运算图层。

表 3-7 东宁县县域生态适宜性评价指标表

目标层	权重（%）	要素层	权重（%）	指标层	权重（%）
稳定度	72.62	地形	32.01	坡度	6.65
				坡向	6.07
				地形平面曲率	6.23
				地形剖面曲率	6.23
				相对高程	6.83
		地貌	12.9	地表起伏度	6.54
				地表粗糙度	6.36
		地质	13.55	水土流失敏感性	6.94
				湿度指数	6.61
		水文	14.16	河流水系缓冲区	7.04
				DEM 高程水文	7.12
恢复度	27.38	生境耐受性	9.47	森林覆盖趋势	9.47
		基质脆弱性	8.72	交通缓冲区影响	8.72
		生物多样性	9.19	物种丰富程度	9.19

其次，利用 GIS 加权叠加工具，首先对全部指标按照权重值进行叠加，得到东宁县生态适宜性栅格分布，地图按照叠加的结果进行重新分类。将敏感区划分等级数量定为四级，分别为高敏感区，中敏感区，低敏感区，非敏感区，从而得到东宁县生态适宜性区划图。

3.4.3 东宁县环境评价结果分析

敏感性区划图是生态规划中重要的依据，规划时间中通常据此便可进行生态功能区的划分，并提出生态保护策略。根据东宁县生态敏感区划图，可以总结出东宁县生态空间的若干特征。

3.4.3.1 各级敏感区之间的空间特征

首先，东宁县生态空间可以分为三个部分，绥阳镇以北生态敏感区集中，不敏感的比例相对较少，南部和西部有着相对分散的敏感性区域，不敏感区域存在，但是比重很小，从东宁县县域村镇分布现状图可以看出这个分析是正确的，西部无村屯存在。中东部俄罗斯边境区则为低敏感区，发展条件较好，聚集人口较多。造成这种生态特征一方面与东宁县人类活动的强度分布有关系，另一方面则与东宁县三面高山环绕，中间低的马蹄形地势有关。

其次，根据分析图可以看出，各级敏感区的空间关系基本形成了层级模式，生态高敏感区包裹在中敏感区和低敏感区之中，非敏感区作为基质分布在最外围，如果将生态敏感区视为生态核心，可以看出其产生的涟漪效应，敏感区周围的生态空间环境敏感度逐渐降低，形成缓冲。

3.4.3.2 各级敏感区的形态特征

敏感区的形态特征比较集中，彼此形成几个组团，空间链接不紧密，体现了人类活动的强烈干扰。中度敏感区不均匀的分散在整个县域，分别包围生态敏感区域，并将敏感区联系起来，这是因为中度敏感区受到人类活动和自然环境的双重作用，与非敏感区之间界限模糊，处在相互影响和转换的过程当中。

通过对东宁县县域深入调查研究，以 GIS 为平台，分析了东宁县县域的生态适宜性。通过相关理论研究和实地调研，构建了适用于东宁县的生态适宜性评价指标体系，提出了生态适宜性的评价方法，为下一步规划打好基础。

第4章 严寒地区绿色村镇旅游季节适应性研究

4.1 季节性对旅游依托型村镇的影响

4.1.1 旅游服务设施利用率低

旅游服务设施是指以满足旅游活动为目的的服务设施和基础设施，包括地面交通服务设施、餐饮、旅馆、娱乐设施等。不完善的服务设施条件会影响景区的综合竞争力。作为旅游依托型村镇，旅游产业的发展在很大程度上依赖于景区的游客需求。若景区的旅游呈现明显的季节性特征，则旅游依托型村镇的旅游设施服务的需求也体现为明显的季节波动性。在旅游淡季，由于景区缺乏特色旅游项目，旅游依托型村镇接待的游客量变少，服务设施的效益就会降低。与此同时，受服务设施转变功能的意识不强等影响，在旅游淡季期间从业人员会选择离开，致使经济效益大打折扣。体现服务设施使用率的重要指标是淡旺季期间床位利用状况，例如在旺季期间，五大连池景区轩煌酒店入住率为 95%，但在旅游淡季，包括星级酒店在内的多数住宿服务单位会歇业。经营者只能在旅游旺季的时间段内平衡全年的收益。这会导致经济秩序混乱、旺季物价飞涨，显然是不合理的，而旅游市场的冷热不均也对旅游经济发展的冲击较大。

4.1.2 旅游服务机制不健全

健全的旅游服务机制是旅游地健康运作的保障。然而，作为旅游依托型村镇，客流主要来自景区，旺季期间可以正常运作甚至是超额运作，淡季期间由于客源稀少，旅行社甚至是管理部门为节省开支都会不同程度的减员。一方面造成这些员工系统性的工作经验不足，以致影响工作质量和水平，另一方面也不利于工作人员的职业发展与整个旅游链的健康发展。

4.1.3 旅游环境与生态景观遭到破坏

自然生态系统虽具有一定的自我调节能力，但本身比较脆弱。如果受到严重的破坏就难以在短时间内恢复。五大连池景区与双泉镇处于温带与寒带交接的气候区域，对生态环境的敏感度较高。服务设施的格局不仅会对村镇环境与建设内容带来直接影响，而且还会对周边自然山水带来间接影响，譬如大量的建设活动会阻隔村镇与周边山水的视线通廊。在旅游旺季，涌入的大量旅游人流在带来了经济效益的同时，也带来了难以消化的垃圾及废弃物等。这都降低了村镇自然景观环境的观赏性与异质性。

在旅游高峰期，季节性的旅游给旅游地带来了明显的经济效益。对于旅游依托型村镇而言，相当多的管理层缺乏统筹规划的策略，只注重当下的经济利益，这在某种程度上给予了只追求利益最大化的企业获得土地的便利性。这些企业以追求经济效益为目的，建设各式各样的服务设施。这种缺乏统一规划的开发模式不仅破坏了原有的生态环境平衡，也使得这些地区出现明显的人工化与地产化。此外由于部分政府缺乏对当地特色旅游市场的深入理解，以短期收益为目的，套用现有的规划模式，这不仅破坏了原有的居民生活模式与出行习惯，而且还降低并破坏了旅游地的生态质量与传统的文化氛围。

4.2 村镇旅游季节性表现及特征

4.2.1 季节性表现

旅游季节性本身具有一定的表现形态，国外学者主要是从时间序列长度对其进行了描述并归纳分类，比较有代表性的是朗德托普与巴特勒等人的研究。

朗德托普对多种旅游季节类型进行分析，主要包括年度季节性、月内季节性、周内季节性与公共节假日季节性等类型[57]。此外，在公共节假日期间，一周的时间段和每天的时间段也会出现游客高峰期和低谷期，从而体现其季节性。

4.2.2 特征分析

村镇的旅游服务是依托于景区开发的。若无特色的旅游项目及固定的游客人群，则由于其服务产业完全依靠景区的人流量带动，景区的旅游季节性特征也将直接反映到村镇的旅游服务上。通过景区的旅游季节性表现形态可推测村镇的旅游季节性表现形态。

巴特勒把不同时间段尺度的旅游类型在形态上分为三类：

（1）单峰型。对于旅游地而言，单峰型是指旅游目的地的季节性吸引力与客源地的季节性需求相吻合，从而产生的这种极端的旅游季节性现象。（如图4-1）

（2）双峰型。双峰型是指年度旅游出现两个或多个峰值，说明旅游目的地有两个或多个季节存在较强的吸引力。如果旅游客源地也在两个或多个季节内有旅游需求，那么也会呈现双峰型。（如图4-2）

（3）无峰型。无峰型旅游主要存在于大都市区旅游，游客的月度变化不明显，游客量分布较均衡。（如图4-3）

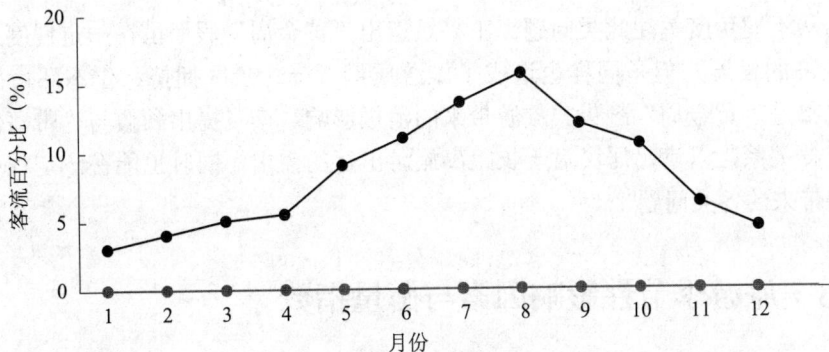

图 4-1　单峰型

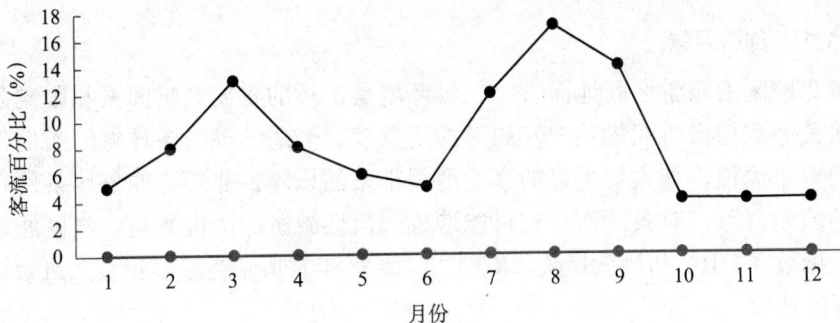

图 4-2　双峰型

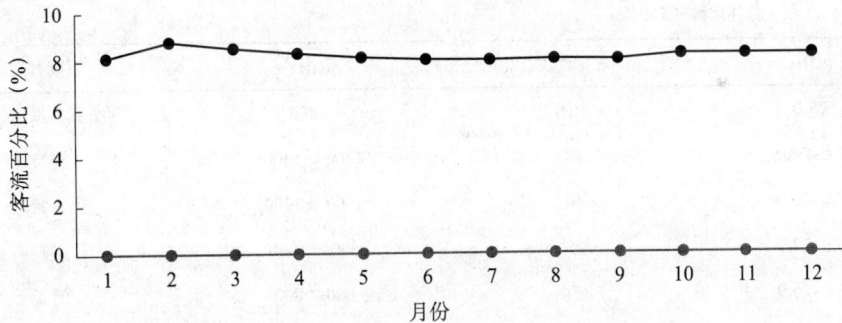

图 4-3　无峰型

　　旅游季节性的类型具有动态变化性，并不是一成不变的。一个旅游目的地如果受到外界影响或者其自身因素发生了变化，也可能会由一种类型变为另一种类型。

　　在国内，钟静等采用季节性强度指数与基尼系数对西递与周庄景区进行分析，指出在描述旅游季节性特征时，基尼系数 G 要优于季节性强度指数。并总结西递景区旅游季节性人流呈"三峰型"，5 月、8 月、10 月为峰值。周庄为双峰型，5 月、10 月两月为峰值[58]。陆林、宣国富等对各地景区的旅游客流量分布曲线进行了归纳总结，指出九华山与三亚分别表现为"双峰双谷型"与"三峰两谷型"，普陀山与北海均表现为"三峰三谷型"[59]。

　　由于我国特殊的节假日休憩制度，黄金周成为了旅游者集中出游的时间段，国内的学者开始从不同角度关注此类问题。王兴斌指出"黄金周"假期虽在一定程度上促进了节假日经济的发展，但是同样也造成了旅游质量下降、景区拥挤、生态环境破坏等问题，这些都是"黄金周"赶集式旅游带来的消极影响。李飞提出长假与"带薪假期"应该形成互补关系，以满足居民对于长距离旅游出行的需求，同时也能在一定程度上减少集中出游带来的各类问题[60]。

4.3　旅游季节性影响因素与衡量指数

4.3.1　影响因素

4.3.1.1　自然因素

就东北地区的旅游名胜地而言，气候环境是出行的重要影响因素和限制条件。因为它直接关系到旅游时间的长短和旅游的适宜度。舒适的气候条件能给人们带来精神与感官的双重愉悦，使人们更好的享受度假带来的乐趣。非舒适的气候条件有可能破坏人们的旅游兴致，对景区而言有可能造成一次性旅游的消极影响。气候舒适度主要包括湿温指数（THI）与风效指数（K）[61]。如表 4-1 所示为温湿指数、风效指数与人的感知程度体验。

表 4-1　气候舒适度的等级划分表

温湿指数（THI）		风效（K）	
范围	感觉程度	范围	感觉程度
>28.0	炎热	<-1400	外露皮肤冻伤
27.0~20.0	热	-1200~-1400	酷冷
25.0~26.9	暖	-1000~-1200	寒冷
17.0~24.9	舒适	-800~-1000	冷
15.0~16.9	凉爽	-600~-800	冷凉
<15.0	冷	-300~-600	凉爽
—	—	-200~-300	舒适
—	—	-50~-200	暖
—	—	80~-50	暖热
—	—	160~80	热 30<T<32.8
—	—	160~80	炎热 T>32.8
—	—	>160	酷热 T>35.6

旅游资源的构成因素对旅游季节性的形成也具有一定的影响。自然资源与人文资源构成了旅游地的景观资源，而不同的景观资源吸引着不同层次的旅游人群。在罗马召开的联合国国际旅游会议中，将旅游者分为三种类型：差旅型、消遣型、家庭或个人事务

型。其中对旅游季节性要求相对较低的是事务型和差旅型旅游。以消遣为目的的休闲度假旅游对旅游地气候环境的要求相对较高，因而体现明显的淡旺季。五大连池景区的游览服务对象主要是消遣型消费者，因而旅游者的季节性浮动比较明显。

4.3.1.2　社会体制因素

人作为旅游活动的主体，其出行行为与习惯也决定了旅游季节性的产生。度假区的旅游市场是由人的三个基本愿望决定：改变现有生活节奏，摆脱熟悉的生活环境；满足个人兴趣爱好；体验时空或者地域差异[62]。

旅游的愿望是人们进行旅游活动的始发点。人们出游意愿的加强致使游客量剧增。在反应群体意愿时，就会以节假日、节庆活动等政策或法规的形式展现出来。这种社会活动的制定并不是一成不变的，而是呈现一定的波动性。在上述研究基础上，巴特勒又增加了社会时尚、体育季节、旅游惯性。社会时尚是指人们在一年的某个时段到某一旅游地从事特定的旅游活动。体育活动可以体现为夏季游泳与冬季滑雪。旅游惯性是指游客每年都会在旅游旺季到旅游区度假，已经形成习惯，很难改变。

4.3.1.3　旅游地发展阶段

巴特勒在旅游地生命周期理论中指出，旅游地的发展在不同的生命周期内表现出不同的规律和特点，分为探查、参与、发展、巩固、停滞、衰落或复苏六个不同的阶段。在旅游地发展的不同阶段，其服务市场也会体现出不同的特征变化。从五大连池景区发展的历程来看，有研究认为其正处于生命周期的巩固阶段。这一阶段的形成使得景区的旅游季节性表现出相应特征：游客增长率下降但游客数目持续增加，地方经济活动与旅游业紧密联系。

4.3.2　衡量指数

旅游季节性衡量指数，是指根据统计学的原理，利用方差、标准差等公式来衡量变量的波动性或不均匀的指标。此类衡量指数的优点在于能对旅游季节性变化的大小进行量化，并能对各旅游地之间进行横向比较。

4.3.2.1　淡旺季差或淡旺季比

旅游季节性淡旺季差实质是描述游客离散程度的极差指标，其计算方法为旅游最旺季月份游客量所占的百分比减去最淡季月份游客量所占的百分比。

旅游淡旺季比也常用来反应某旅游地的季节性变化差异程度，在时间上以各月为尺度，即一年当中旅游地的最淡季月份与最旺季月份的客流量之比。其计算公式为[63]：

$$T=\text{最淡季月份游客流量}/\text{最旺季月份游客流量} \qquad (4\text{-}1)$$

淡旺季比的取值范围在（0，1），越趋向于 0，表明旅游地的季节性强度越强；越趋向于 1，表明旅游地的季节性强度越弱，游客的季节性变化不明显，分布均衡。

4.3.2.2　季节性强度指数

季节性强度指数是指用统计学当中的标准差来衡量某一个变量离开其均值的偏离程度。旅游者季节性分布的标准差指的是每个月的游客量占全年游客百分比的标准差，计算公式为[63]：

$$R = \sqrt{\frac{1}{12}\sum_{i=1}^{12}\left(X_i - 8.33\right)^2}$$

(4-2)

如果规定一年的时间为计算范围，则 n 表示全年的月数，i=1、2、3…12，X_i 表示第 i 个月份的客流量占全年客流量的百分比。R 的值越趋向于 0，旅游客流的月分配越平均；R 值越大，说明旅游客流的每月变化越大，旅游淡旺季差异变化越明显。

4.4 严寒地区村镇旅游季节适应性规划对策

4.4.1 构建宜居稳定的生态环境

稳定的生态环境是旅游依托型村镇发展的重要前提与基础。合理的旅游设施规模与游客量能保证生态环境的可持续发展，同时也是旅游依托型村镇缓解季节性问题的最基本要求。只有规模合理量化，才能实现功能与布局的完整统一。合理的服务设施规模既能满足旅游旺季的游客需求，也能在淡季时避免大量的闲置浪费。在规划过程中，一方面要将旅游服务设施的产业效益发挥到最大，另一方面也应考虑环境本身的人口承载力度。在不超过环境的旅游承载力的同时满足足够的旅游人口需求，将经济效益发挥到最大化。

4.4.2 开拓寒地特色多元产业市场

随着景区的不断发展，其客源类型逐渐体现出明显变化。对旅游市场进行细分，研究不同的游客类型，满足其服务需求，这样才能在季节性旅游的策略上做到有的放矢，促进村镇旅游的可持续发展。

本书前期对客源市场的研究主要包括两个部分，一是对于客源地游客市场的研究，二是针对游客类型的细分研究。根据客源市场的空间分布调查，分区域进行研究，将客源市场划分至每个地区，分为有潜力开发区、游客发展区、游客成熟区，深入挖掘景区的旅游特色，在淡旺季对景区进行宣传，对景区的旅游内容进行重新定位，吸引潜在的游客。

旅游产品应以市场为导向，依托于严寒地区现有资源，突出严寒地区休闲主题：农家乐为主题的特色乡村服务，包括农家乐餐饮、农家采摘、滨水餐饮；休闲度假为主的休闲主题；健康养生为主的绿色主题，利用境内的火山矿泉，突出冬季温泉疗养，夏季泡冷泉等项目内容，以及游泳馆与水上乐园等；民俗风情体验主题，包括冰雪文化旅游体验、火山文化体验等特色项目。

4.4.3 针对旺淡季旅游需求完善旅游功能

在目前的景区现状中，由于缺乏对环境承载力的测算，部分景区游客量的规模远远大于景区的接待能力。在这种情况下，就要采取相应的措施降低游客规模，如分流旺季游客等。分流游客又包括两种方法：在时间上，控制旺季游客量，发展淡季游客；在空间上引导客流到其他地区。

随着旅游需求和游客收入水平的提高，观光游览已经不再是人们唯一的旅游出行目的，于是满足特殊需求的旅游方式及市场应运而生，每一种游客市场都有其特殊需求，在旅游中针对不同的游客提出不同的旅游策略，不仅能满足游客的旅游，而且也能有针对性的挖掘旅游地的淡旺季资源，展现多样的旅游项目服务，缓解季节性差异带来的矛盾，促进旅游地的可持续发展。

旅游功能是旅游依托型村镇针对景区服务的核心内容。复合多样的功能不仅能塑造多样化的服务空间，而且还给游客带来多种旅游选择，缓解旅游季节性的矛盾，使服务设施的效益最大化。针对目前镇区旅游功能单一的问题，在规划中考虑将文化资源与当地特色结合，进行多元化、多层次的开发。

4.4.4　建立均衡有序的空间布局

旅游服务建筑的功能涵盖范围较多，包括商业商务、旅游接待、餐饮娱乐、售票服务等，分散式布局相对于集中式布局而言，其优势主要体现在分区明确以及分散人流效应明显。分散布置不仅能够使得各个功能空间保持独立的运作，而且保证了其与室外环境的贯通与交流。商业、接待、餐饮与票务中心各自发挥相应的功能，彼此之间能减少相互间的干扰。比如商业设施与娱乐设施会在比较热闹的街市或嘈杂的地段，这样就会给旅馆住宿设施形成噪音影响，如果采用建筑分散的布局形式，将人流进行分散，尤其是在旅游人数众多的旺季或高峰期间，能够避免游客多集中于一处而造成拥挤，在疏散人流的同时也保证了室内外空间的结合利用。

此外，分散式格局将建筑体块分为多个部分，减少聚集在一处造成的强烈感官冲击。在美国的国家公园与小镇内，各类服务设施的布局大都采用分散式，常常会出现独立的餐饮服务、管理中心以及博物馆等，其中作为住宿单位的小木屋，往往会以组团的形式布置成聚落形态，给人以"与自然环境协调共生"的感觉，具有可持续性。

在分散式布局时，应当注意以下问题：如果旅游服务设施的布局过度分散，就会造成"各自为政"的布局形式，这包括两种层面的意义：第一，建筑布局的形式。当建筑彼此之间有一定距离时，会出现形式不统一的问题。作为旅游服务建筑而言，不管距离相距多远，其与村镇所处的自然环境都应是一个整体。因此，建筑形式之间的统一性是设计中应当着重考虑的部分。第二，在功能层面上，建筑的分散布局应该具有合理性，避免距离过大，增加游客使用的不便。另外，由于分散式布局占用环境范围较大，对环境的影响也较为分散。所以，在设施进行布局时，要考虑对环境的保护，可以参照野餐露营区的做法，交替使用备用区域，以便于周围环境进行自我修复。

4.4.5　合理调控旺淡季旅游价格

旅游是一种非基本的需求，受市场及外部环境影响大，具有较大的价格弹性。旅游需求规律指出：随着旅游价格提高，旅游客流量会相应减少，反之会增大。根据市场需求规律，充分发挥价格杠杆的调控作用。季节性的价格差异是最常用的引导重新分配的措施，针对旅游淡旺季，制定相应的折扣措施。通过降低门票价格、推出组团游（农家乐餐饮—冰雪文化体验游览）等服务类型，吸引那些在旅游旺季没有时间、或者经济收入水平较低的游客。即通过淡旺季差价，引导潜在的旅游需求，转换为实际的旅游活动。但其弊端在于淡季的削价会导致利润的亏损。旺季期间疏散游客能有效缓解由于人流量过多带来的种种问题，其解决对策有交通疏散、双向与双中心假日旅游（一周在乡村，另一周在海滨，套餐价格实行优惠策略），做到互补性的游客分流。

4.5 双泉镇旅游季节适应性规划实证研究

4.5.1 双泉镇现状分析

4.5.1.1 自然资源分析

双泉镇地处中温带，属于寒温带大陆性季风气候。受地形、纬度、植被的影响，四季气候表现为：春季风大干旱，夏季炎热多雷雨，秋凉霜期早，冬长寒冷干燥，年平均温度 0.7℃。

由于地处五大连池火山群熔岩台地绵延地区，境内有多处火山熔岩台地、矿泉群等旅游资源，有很大的开发潜力。双泉镇矿泉水资源非常丰富，镇区北部有两处矿泉泉眼群，自然裸露的火山矿泉有大小泉眼数百余个，均为自涌泉，并形成多处矿泉群，储量十分丰富，旺季日出水量达 8 万吨以上，是五大连池市矿泉水资源主要储藏地，有较大的开发利用潜力。

4.5.1.2 产业状况分析

2006~2010 年，双泉镇第一产业始终占据着较高的比重，镇域产业结构以第一产业为主，第二、第三产业相对较弱，产业结构类型基本为"一、三、二"型（如图 4-4）。

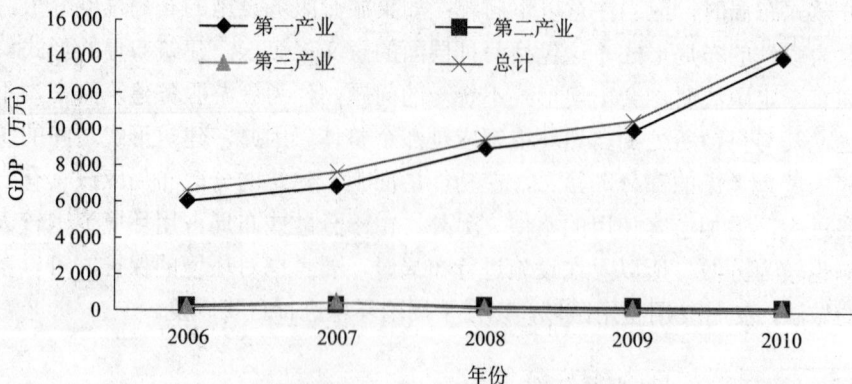

图 4-4 双泉镇各项产业发展情况

　　当前的农业产业化水平仍然比较低，农产品的加工程度有待进一步提高，市场发育不健全。农产品加工企业虽然有一定数量，但是规模偏小，多为低水平的初加工，技术后劲不足，产品缺乏市场竞争力，加之农产品市场发育不健全，尚未形成有一定影响的农产品批发市场，难以适应迅速变化的市场行情。

　　双泉镇旅游资源十分丰富，但旅游起步较晚，没有形成一定的规模。第三产业现状以低层次的商业、餐饮、住宿等传统行业为基础，交通、邮电、市政服务等基础产业较滞后，直接导致有很大发展潜力的旅游业没有发挥应有的成效。近年来，第三产业增加值变化波动较大，比重整体偏低，最高值是 2009 年，仅 3.4%，仍属于低层次发展阶段（如图 4-5）。从另一角度来看，随着服务设施的建立与发展，人们对物质及精神生活有更高层次的需求，必将促进旅游业的快速发展。

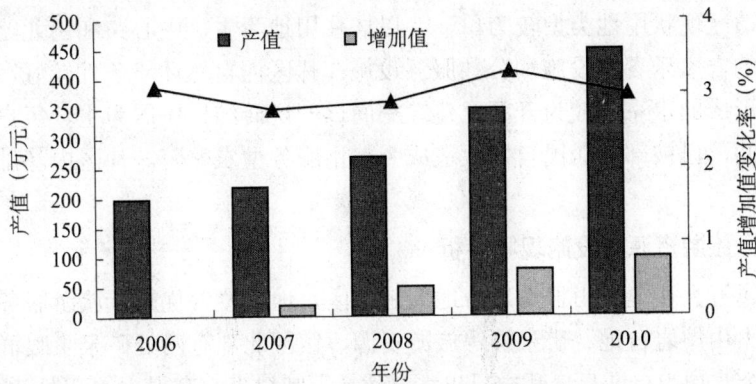

图 4-5　双泉镇第三产业产值及产值增加值变化

4.5.1.3　功能结构分析

　　双泉镇镇区现状总用地面积为 300.85 公顷，其中建设用地面积 214.11 公顷。人均建设用地面积 369.16 平方米。（如表 4-2）

表 4-2　双泉镇现状各项用地占建设用地比例

用地类型		面积（公顷）	占城镇用地（%）	人均用地（平方米）
居住用地（一类）		136.15	63.59	234.74
公共管理与公共服务设施	行政办公	3.36	5.17	19.10
	商业金融	4.15		
	教育科研	3.10		
	医疗保健	0.47		
工业用地		31.86	14.88	54.93
道路与交通设施用地		28.49	13.31	49.12
绿地		6.32	2.95	10.09
市政公用设施		0.21	0.10	0.36
总用地		214.11	100	369.16

现状镇区居住用地以一类居住用地为主。

镇区现状公共管理与公共服务用地主要集中分布在主要道路两侧。行政办公用地主要为双泉镇镇政府用地。教育科研用地主要为位于双泉村东部的双泉镇中心小学。镇区内商业金融用地主要分布在镇区主要道路两侧与在部分居住组团内。

双泉镇区现状工业企业主要分布在双泉村北侧和宝泉村南侧及主要道路两侧区域，以矿泉水、矿泉酒生产为主。

镇区道路与交通设施用地主要为道路用地，镇区现状无广场和停车场。

绿地主要为分布在北五公路两侧的防护绿地。

公用设施用地包括一处变电所与一处电信局。

4.5.1.4 空间布局现状分析

双泉镇镇区现状用地类型较为单一，以居住用地为主，中心路和南北路两侧有较为分散的少量的农家乐餐饮设施和公共服务设施；片区内自然环境条件较好，地势平坦，有泉水自涌形成的水系，较为开阔。建筑空间以一层砖结构民居为主，每户均有较为狭长的院落空间，已被部分居民自发改造成为自由服务型农家院。片区内基础设施极不完善，环境保护差。

4.5.1.5 旅游资源与设施现状分析

双泉镇属五大连池火山群熔岩台地绵延地区，地理位置优越，旅游服务功能明显。境内有多处火山熔岩台地、矿泉群等旅游资源，镇区北部有两处矿泉泉眼群，据统计泉眼数量百余个，均为自涌泉，旺季日出水量达 8 万吨以上，有很大的开发潜力。

根据双泉镇的地理位置及资源优势，在确定的双泉镇旅游资源中，旅游服务资源所占比重最大，其次为自然旅游资源。以餐饮为主的旅游服务产业已经初具规模，且发展潜力较好。

就景区吸引物来说，双泉镇现状还没有形成真正意义上的旅游景点，极具开发价值的矿泉泉眼群处于尚未开发状态。

旅游产业不健全，没有旅行社，没有专业导游等问题，严重的制约景区的发展，特别是旅游宣传方面；另外，旅游接待设施较差，没有旅游定点饭店，这同样也制约了旅游业的发展。

4.5.1.6 双泉镇问卷调研

本次问卷调查主要针对在双泉镇旅游的游客，目的在于调研游客旅游的出行方式、目的以及出游时间的分布。对双泉镇下一步的功能定位以及产业发展提出相应的措施意见。本次发放 100 份问卷，实际回收 90 份。

1. 旅游出行结构与旅游信息获知

在旅行方式的调研中，有 66.7%的人是单位组织来双泉镇旅游，以体验农家乐为主，其次为家庭组织，占总数的 22.2%。两者比例占 88.9%（如图 4-6）。独自游玩与其他旅游出行占比例少，为 5.6%。在双泉镇旅游信息的获知上，他人推荐的比例为 88.9%，可见，双泉镇的宣传信息以及宣传渠道比较单一（如图 4-7）。

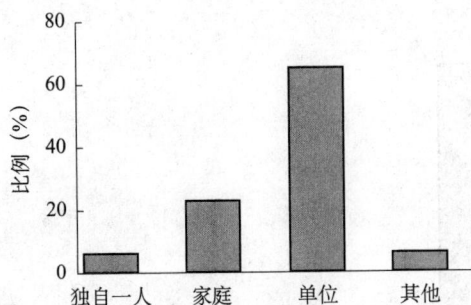

图 4-6　双泉镇旅游出行结构

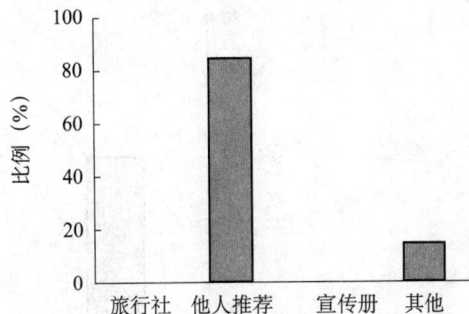

图 4-7　双泉镇旅游信息获取方式

2. 双泉镇旅游目的与潜力产业发展

在双泉镇旅游目的的调研中，来体验农家乐餐饮的游客量占总量的 84.4%，可知农家乐餐饮服务在双泉镇的旅游服务中所占首位度较高，其他服务相对滞后（如图 4-8）。在双泉镇潜力产业的调研中，有 70.0%的人认为双泉镇有机遇与条件发展矿泉产业，51.1%的人认为温泉洗浴项目会吸引游客前来，47.8%的人认为作为五大连池景区的旅游依托型村镇，双泉镇在发展酒店住宿业方面有良好的前景（如图 4-9）。

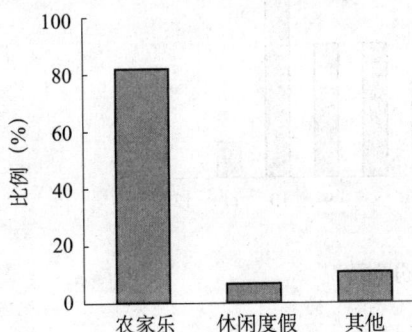

图 4-8　双泉镇旅游目的

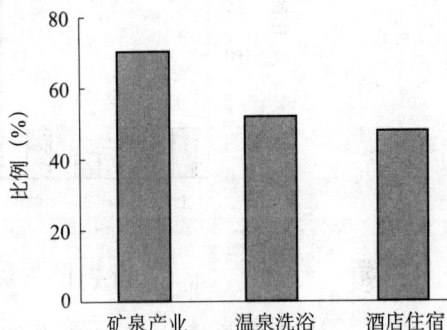

图 4-9　双泉镇潜力产业发展预期

3. 双泉镇旅游住宿天数与季节性感知

在双泉镇游客留宿天数的调研中，有 53.3%的游客会选择在农家乐住宿或从景区回来选择住宿，一般只为一天（如图 4-10）。由于受"五一"与"十一"假期的旅游影响，在旅游人流分布中，5 月份与 10 月份的人流较多（如图 4-11）。其旅游淡旺季体现的峰型与"M"型峰型相符合，但具体的峰值月份又有差异，主要原因是：在五大连池景区的旅游中，适宜的气候及环境是影响旅游最重要的因素，7、8 月份是观赏游览景区的最佳时期，因而选择游览的游客较多。在五一假期，也会呈现旅游高峰。但在双泉镇的游客量月度分布调研中，5 月份与 10 月份是峰值，说明在双泉镇实际的旅游过程中，五一假期与十一假期出行的游客较多，这批游客并非一定以景区游览为主要目的，部分游客主要选择农家乐旅游活动。由此说明双泉镇在吸引游客方面与景区体现一定的差异。

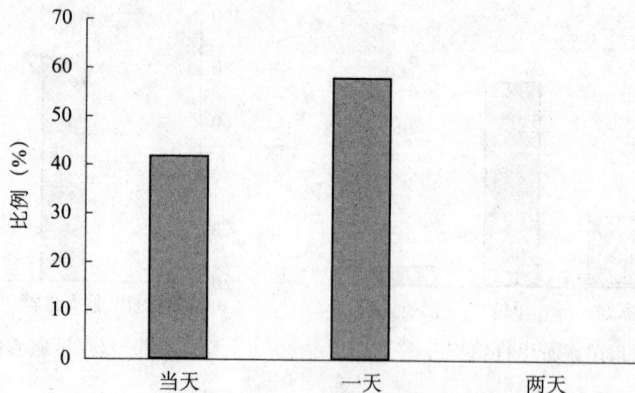

图 4-10 双泉镇旅游住宿时长分布

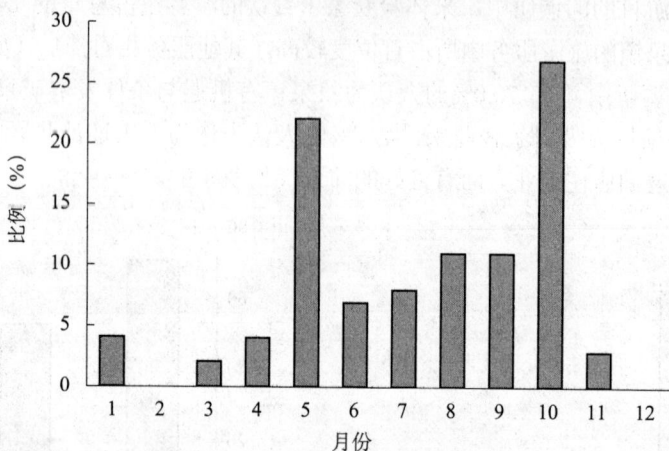

图 4-11 双泉镇旅游客流分布情况

4.5.2 基于季节适应性的双泉镇现状问题探析

4.5.2.1 生态环境质量下降

自然生态系统具有多样性、原始性和平衡性，一旦受到人为的破坏与干扰在短时间内就难以恢复。

在旅游旺季，骤增的游客意味着交通设备的增加，由此而带来大量的汽车尾气、噪音给景区以及周边的环境带来严重的污染。由于景区环境的承载力有限，大量游客的进入会产生形形色色的旅游垃圾以及废弃物，这对于土地、水体以及森林等自然生态环境资源都会造成过度的损耗。

双泉镇作为依托于景区发展的旅游服务型村镇，与景区共处一个自然生态体系，其性质决定了要发展旅游服务业必然会受到季节性涌入的游客的影响。双泉镇地处火山绵延区，矿泉资源丰富，生态环境脆弱，不合理的开发会造成环境失衡与污染。在旅游高峰期带来可观的经济效益的同时，也带来了大量的污染环境的废弃物，降低了水域、矿泉、山体等旅游资源的价值。为追求更大的经济效益，餐饮等服务建筑规模与体量变大，阻隔了旅游地与火山体之间的视线廊道，使景观的异质性降低，降低了游览效果。

4.5.2.2　产业市场缺乏衔接

双泉镇的产业市场差异较大，第一产业比重大，第二、第三产业薄弱。双泉镇目前依托于景区旅游形成的产业发展思路较分散，主要是依靠火山矿泉形成的特色品牌，包括矿泉浴、矿泉水、矿泉泥、矿泉豆腐、矿泉鱼等。

旅游旺季期间，以矿泉浴为例，五大连池矿泉享有"圣水"之誉，可饮可浴，且有治疗皮肤病的功效。矿泉洗浴成为景区发展的特色服务，是人们体验洗浴生活的另一种方式。

而到旅游淡季，由于旅游人流稀少，矿泉结冰，并且缺乏有规模的企业入驻开发，形成洗浴服务的断裂。

此外矿泉水、矿泉泥等产业是旅游旺季的人流带动发展，到了旅游淡季，由于缺少服务人群，产量骤减，造成产业带的破坏。

4.5.2.3　服务功能单一不均衡

双泉镇作为依托于五大连池风景区发展的服务型村镇，应该配备多功能旅游服务，以满足游客需求。

旅游旺季时，以家庭兼营农家乐餐饮服务为主，功能过于单一。这种农家乐家庭经营的方式虽然在一定程度上会降低经营风险，但也会造成"跟风"，形成利益竞争。在旺季时基本能够满足旅游服务需求，但在淡季，由于缺乏人气，造成大量的资源闲置、消耗，并且主要的服务设施集中布置于北五路以西，北五路以东的服务设施规模小，东西发展不均。因而，在双泉镇下一步的发展中，应该以服务产业链的形式进行调整，促进旅游服务功能全面发展。

4.5.2.4　空间布局零散单调

旅游依托型村镇的建设以科学有序的规划作指导，才能达到可持续发展。双泉镇目前处于发展初期，项目建设缺乏对整个镇区的统筹规划。现状街区以居住建筑为主，自东到西布局风格较统一，但建筑样式凌乱。基础设施离居民生活中心较远，如医院布置在街区最南端等。

旅游旺季时，所有的游客均集中于中心路大街，单调的布局造成交通拥堵与较差的景观环境，给当地居民的生活带来了不便。以红色区域为代表的农家乐餐饮服务区基本沿街布置，数量比较多，重复建设，利用率低；整个街区缺乏开敞游乐空间，水系自北向南穿过街区，但由于缺乏有效的利用，并未形成良好的河道休闲景观；居民生活垃圾直接倒进排水沟，严重污染了街区环境。（如图4-12）。

旅游淡季时，重复建设的单一功能服务设施造成资源浪费。零散、缺乏紧密空间联系的设施布局影响社区文化的恢复。

4.5.2.5　旅游服务设施利用率低

旅游服务设施是景区的有机组成部分，是以满足旅游活动为目的的服务设施与基础设施，包括餐饮、娱乐、旅馆与地面交通服务等。双泉镇旅游服务设施的建设尚处于起步阶段，并未建立起完善的"食、住、行、游、购、娱"的服务体系。从目前双泉镇旅游服务设施的利用情况来看，季节性问题明显，主要集中在餐饮服务方面。

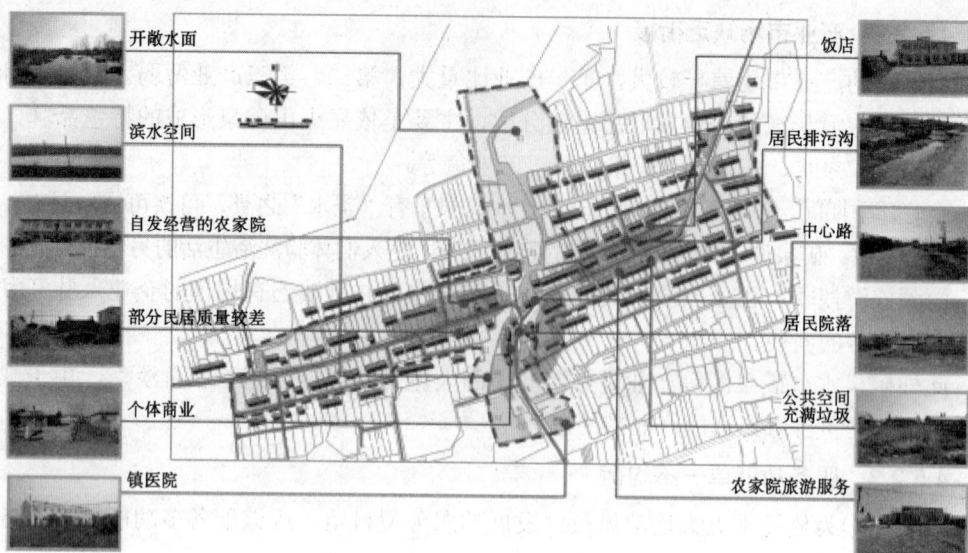

开敞水面

滨水空间

自发经营的农家院

部分民居质量较差

个体商业

镇医院

饭店

居民排污沟

中心路

居民院落

公共空间
充满垃圾

农家院旅游服务

图 4-12　双泉镇中心路街区现状

图 4-13　农家杀猪菜餐馆

图 4-14　福运泉农家院餐馆

现状双泉镇农家乐菜馆有 12 户，建筑多为 1~2 层，每户面积约为 200 平方米，效益较好的有农家杀猪菜、福运泉农家院等（如图 4-13、图 4-14），每户接待能力 30~50 人次。服务旺季为 5~9 月份，每户日均接待 50 人左右，服务对象主要为景区游客，基本满足需求。而淡季大都处于歇业状态，只有 4 家营业，服务对象为零散的组团游等。供需特点明确，淡旺季差异也造成了服务设施的浪费。

4.5.2.6　问题总结

从旅游季节性角度分析，双泉镇在发展过程中所面对的主要问题有：自然资源如何利用以及如何防止环境质量下降；产业市场不完善，产业链对接不紧密；镇区旅游服务功能分散，统一性不强；布局单调，不能体现当地特色；服务设施利用率低等。

（1）政府层面——双泉镇目前对自身的定位与发展关系不明确。现状双泉镇镇区的发展空间受到局限，即使有着景区良好的区位条件，也不能进行有效的利用。因而，双泉镇委托哈尔滨工业大学设计研究院进行新的规划编制，明确景区与双泉镇的发展关系，并在规模、功能与空间布局方面提出新的发展对策。

（2）旅游服务市场层面——现状发展思路是旅游市场不细分，统一进行服务。这样的发展容易忽略特色，不能满足各个年龄段的人群需求与淡旺季的需求。

（3）居民生活状态层面——在居民生活中，应最大限度的保证社区居民社会文化的延续与恢复。由于五大连池景区旅游客流具有明显的淡旺季差异性，作为旅游依托型村镇，其发展过程也会受到明显影响。延长旅游旺季与在淡季增加客流的做法应该以居民的意愿为主，比如在对新西兰北岛地区的案例分析中，居民没有把旅游业作为一种谋生手段，而只是一种生活状态，并不想改变现有的旅游淡旺季。

4.5.3　基于季节适应性的双泉镇规划对策

4.5.3.1　双泉镇旅游环境容量的测算

旅游环境容量是指在生态环境不退化与旅游资源质量不下降的前提下满足游客安全、舒适、方便等需求，并在一定时间和空间范围内，允许容纳游客的最大承载力度。其测算原则包括可持续发展、舒适与安全卫生原则。测算方法有面积法、线路法与卡口法三种，本文引用面积容量法对双泉镇旅游服务设施的环境容量进行测算。

旅游日环境容量的计算公式为[64]：

$$C=D \times A/a \tag{4-3}$$

式中，C 为旅游日环境容量，单位为人次；a 为每位游客应占有的合理游览面积，单位为平方米/人；A 为可游览面积；D 为游客周转率（D=景区开放时间 8 小时/游览景点所需时间）。

此计算方法由于忽略自然资源的差异性、过分强调游客的心理感受能力，且最重要的一点是忽视了季节性的影响，势必会加大旅游区在旺季的超负荷运转[46, 61]，官金华认为，应对此公式进行修订，根据不同的旅游地环境类型分配系数 P（如表 4-3）。

表4-3　旅游环境类型系数 P 的分布

旅游环境类型	生态脆弱区	自然保护区	风景名胜区	一般旅游区	城市旅游区
P	0~0.4	0.4~0.7	0.7~0.9	0.9~1.2	1.2~2.0

修正后的旅游区的日环境容量计算公式为[64]：

$$C=P\times P\times D\times A/a \tag{4-4}$$

式中，双泉镇作为一般旅游区，P 应取 0.9；根据《风景区名胜区规范》，a 取值 100 平方米/人；双泉镇中心路大街与新区游览面积 A 取值 101.04 公顷；游览双泉景区所需时间为 4 小时，因而周转率为 2。

因此，$C=0.9\times0.9\times2\times1010400/100=16\ 368$（人次）。即旅游环境日容量约为 1.6 万人次。

在服务设施规模的预测中，需要结合现状常住人口与游客人口进行预测。常住人口由自然增长与机械增长两部分构成。由于现状双泉镇旅游服务设施的局限性，旅游人口需要借助于五大连池景区对镇区的旅游季节性效应影响进行估算。

本书使用增长率换算法对双泉镇的旅游设施服务规模进行测算。

在双泉镇现状调研中，有 12 户农家乐餐饮设施，每户接待能力 30~50 人次，服务旺季为 5~9 月份。以旅游服务最旺季 8 月份计算，每户日均接待 3 次，日均每户平均接待能力为 150 人，农家乐每天接待总量为 1800 人，整个 8 月份接待量为 55 800 人。而据双泉镇政府部门相关数据统计，双泉镇 2012 年客流量约为 18.3 万人次，即旅游最旺季月份占全年旅游客流量总数的 30.49%。

以目前双泉镇的游客量为基础，结合我国近十年的游客量增长率，推算 2030 年时双泉镇接待的总游客量。

如图 4-15 所示，2002~2012 年期间，除 2003 年"非典"与 2008 年的"金融危机"事件影响，每年国内旅游游客量的增长幅度都在 10%以上。而在"十二五"规划，提出国内旅游年均增长率为 9%。在远景规划中，考虑旅游人数的趋于饱和，因而在计算 2030 年双泉镇的游客选取 9%较合适。即，2030 年游客量=18.3×（1+9%）×18=86.32（万人次）。

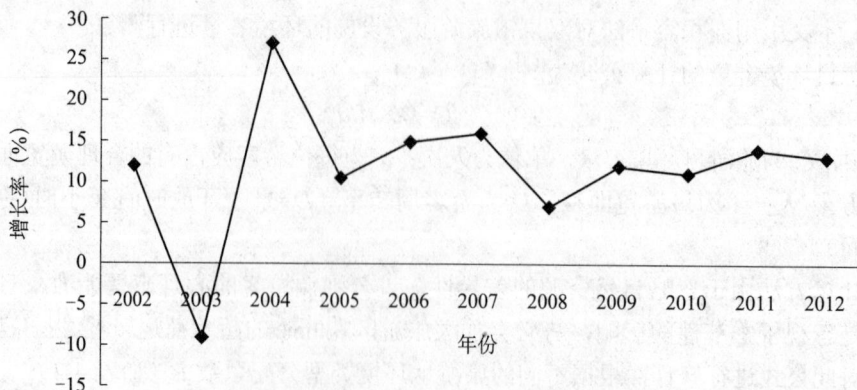

图 4-15　我国 2002~2012 年游客量增长率分布

以现状预测的旅游最旺季进行测算，8 月份时，旅游人流量至少为 26.32 万人次。每天客流为 8490 人次。在游客量转化为常住人口的数据中，取全国旅游景区规划中游客量转化的范围值（0.4，0.8）计算，取平均值，在此还应结合双泉镇在旅游旺季时旅游的住宿率，得出区间范围是（0.57，0.6），可得常住人口规模为 4839~5094 人。与《五大连池市双泉镇总体规划（2012—2030）》中确定的 5000 游客量转化为常住人口规模大致相符合[65]。

4.5.3.2　旅游产品发展战略

在双泉镇的产业发展过程中，实施特色产业带动与错位差异发展策略，合理分享旅游资源，将基础设施的效益发挥到最大化。特色产业带动，旨在众多旅游资源中，精选一个或几个优势资源进行开发，使其成为吸引客源的核心，进而使竞争力较弱的资源也获得共享的机会，实现资源同步发展。错位差异发展是指凭借旅游资源的差异性，组合不同功能的产品，发挥产品之间的协作能力，增强其竞争力。

因此，在双泉镇旅游产业发展过程中，提出以下策略：

首先，挖掘特色产业资源。对于双泉镇而言，现有的特色资源包括中心路大街的农家乐资源与新区拓展的酒店餐饮、旅游休闲、健康养生与矿泉加工。

其次，优先发展这两区五个旅游资源，提高档次，推陈出新，加大宣传力度，优先树立形象。在发展的同时应当以现有的农家乐服务为吸引对象，并以此延长产业链，在新区培植相应的农家乐旅游服务，促进其与休闲、养生、矿泉加工的联姻，使产业链纵横交错，形成稳固的产业群网，确保现有优势产业的竞争力。

再次，依据现有的旅游服务半径，分析游客偏好，针对游客需求，开发新的旅游项目，扩大旅游服务市场半径，吸引更多游客。

最后，发展潜力产业。在确保现有主导产业竞争力的基础上拓展新兴旅游产业。用发展的眼光有选择地培育一些潜力产业，为五大连池市竞争力的可持续发展提供有力保障。在不同的时间段，挖掘潜在产业，推出不同的旅游产品与项目，如冬季滑雪、泡温泉等，协调淡旺季游客流量，使服务设施得到充分利用。（如图 4-16）

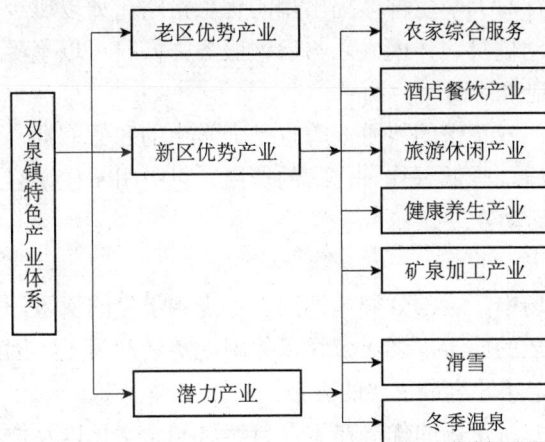

图 4-16　双泉镇产业发展结构

4.5.3.3　市场细分策略

对双泉镇而言，应借助景区的区位优势与自身的特色资源，在初期阶段，充分发挥村镇的旅游服务功能，提高服务设施的利用率；在后期阶段，当旅游市场相对成熟，应该依托于自身的旅游资源来挖掘潜在的游客市场，提高村镇的旅游地位。

双泉镇作为五大连池景区的旅游接待地和生活服务基地，不仅区位优势明显，境内资源也很丰富。其开发策略必须树立"景区依托发展"的观念，同时强化特色观念、联动观念、乡土观念和旅游观念，以新产品增强吸引力，突出多个乡村休闲特色，开发多种类型的旅游产品。

根据五大连池景区的旅游现状，主要将游客类型分为以下层次：大学生旅游市场、老年人旅游市场、中青年旅游市场。

1. 大学生旅游市场

大学生市场是当前旅游市场中重要的组成部分，也是旅游业发展的一大亮点，这一市场的深入研究对未来旅游业的发展具有深远的意义。

首先是大学生的数量比较多，而且呈现上涨趋势，提供了较大市场的可能性；其次，大学生的心理需求决定了蕴藏的旅游潜力，随着年龄与阅历的增长，大学生渴望新世界，渴望自由，向往未知事物，希望通过参加实践活动丰富自己的生活，而旅游则成为最重要的方式之一；再次，充裕的假期也为旅游提供了时间上的保障，每年的寒暑假也是学生出游的好时节，作为景区而言，应该多挖掘这个时间段有意向出游的学生需求；最后，经济的发展和生活水平的提高为学生出游提供了经济基础。

综上，大学生群体一方面有着强烈的出游愿望，另一方面，支付能力的提高和相对充裕的可支配时间，使得大学生可能是未来旅游的消费主体，培育大学生旅游市场将对旅游业有重要的促进作用。

大学生群体在旅游中关注的焦点往往是刺激、娱乐、观光体验，在旅游服务方面应以健康与民俗风情体验为主。针对淡旺季的差异性，由现状的农家乐观光体验式服务拓展到休闲、餐饮、娱乐项目中。

旅游旺季时，可针对大学生群体提出团购优惠策略，如以班级团体的形式出游。服务项目类型包括：运动健身、休闲娱乐与餐饮服务，同时可以享受水上乐园、滨水特色餐饮、火山之行、酒吧等活动。

受气候环境影响，双泉镇的旅游淡季也是大学生的寒假假期，这期间，可以通过调节各类娱乐项目的价格，降低餐饮、住宿的费用，以吸引学生游客，产业项目主要包括冰雪体验、酒吧聚会活动。

2. 老年人旅游市场

在老年人旅游市场中，这部分群体不同于青少年学生的探险等较刺激的活动类型与中青年的特定商务性质的旅游，老年游客以休闲观赏活动为主。因此，旅游地的自然风光与传统文化是吸引老年游客最重要的因素。

双泉镇开发老年旅游市场的优势在于：自然风光、文化以及优越的环境条件，双泉镇毗邻五大连池火山景区，自身环境条件优越，有利于老年人休闲度假、观赏景色、体验当地文化。

旅游旺季，利用境内的矿泉优势，为老年人提供疗养保健项目，夏季泡冷泉；发挥地域特色，提供相应的农家乐餐饮服务，以及采摘项目；建设富有特色的茶馆、小剧场等休闲体验活动。

旅游淡季时举办"中外老年文化节"，促进老年人公游景区，目前来五大连池景区的主要是俄罗斯游客，可以举办节事活动，使中外老年人结伴游行，加深文化了解；在冬季时，建设相应的疗养设施，以温泉洗浴项目吸引老年人。

3. 中青年旅游市场

中青年游客旅游活动类型较集中，主要是以家庭休闲游与商务游为主。商务人士市场主要指商务旅游、会议游及奖励旅游等。此类人群的旅游有其特殊服务需求，包括便捷的交通、稳定的社会环境氛围、先进的会议中心、多层次的旅游服务、丰富的自然与人文环境等。

双泉镇发展商务旅游的优势主要在于：依托于景区良好的区位优势、便利的交通条件、丰富的旅游资源、优越的地理环境。此外，现状的农家乐设施也具有一定的餐饮接待能力。

中青年市场的旅游活动项目丰富，也较均衡。其旅游项目包含四个主题，休闲、农家乐、绿色以及民俗风情体验。其中家庭休闲游所涵盖的主题有休闲与农家乐，而商务会议游所涵盖的主题主要是绿色与民俗风情体验。

4.5.3.4 旅游新区淡旺季功能策划

在旅游旺季时，家庭休闲游的游览项目主要包括冷泉洗浴、运动健身、农家滨水餐饮、酒吧、茶馆等旅游服务；商务游主要是以农家滨水餐饮、农家采摘、剧场活动为主。

旅游淡季期间，家庭休闲游的活动类型以温泉洗浴、农家餐饮、酒吧活动为主；商务游以农家餐饮、剧场活动、温泉洗浴为主。

在总体规划中针对双泉镇的现状特色与紧邻景区的区位优势条件，对旅游功能进行分区布置：以旅游地产开发为主导的服务新区与以农家特色为主导的中心路老街区，在建设中各体现各自特色，平衡淡旺季的旅游服务需求。

如图 4-17 所示为双泉镇中心路街区与旅游服务新区的布局关系图，本书分别对新区与中心路街区进行旅游服务功能的策略研究。

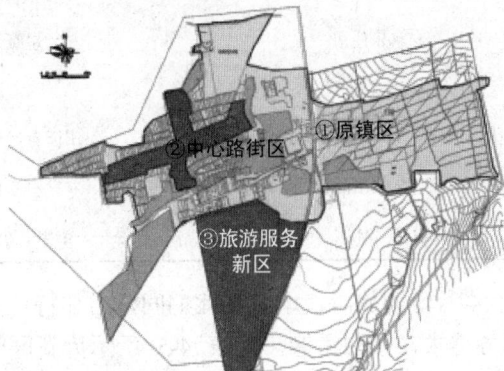

图 4-17　双泉镇镇区布局

在新区的功能研究中，主要是赋予新区新功能，以此带动新区发展的策略。将双泉镇的优势资源进行整合，平衡淡旺季的旅游需求，以强化双泉镇特色旅游服务项目、增加淡季的潜在旅游需求为原则。如图 4-18 所示，将旅游中"食、住、行、游、购、娱"六元素功能整合，对健康养生、旅游服务、文娱休闲三个功能主题进行细分，形成旺季和淡季相辅相成的功能布置。

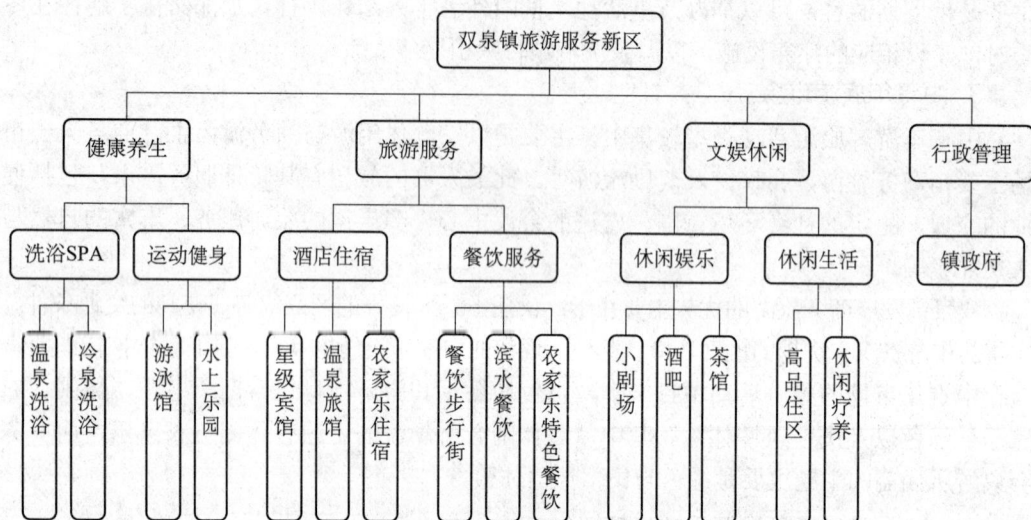

图 4-18　基于旅游淡旺季的双泉镇新区功能框架

在旅游服务新区，每年的 5 月份至 10 月份为旅游旺季。在此期间，双泉镇应该结合优势资源，凸显旺季旅游服务功能。着重发展的旅游功能有休闲娱乐、洗浴 SPA、餐饮服务等。在此基础之上，对功能进行细分，辅之以茶馆、酒吧、小剧场、滨水餐饮、餐饮步行街、农家乐住宿、星级宾馆、水上乐园、游泳馆等功能设施（如表 4-4）。满足不同旅游者的多种需求，为双泉镇的发展创造更大的效益空间。

表 4-4　旅游六要素与旅游旺季功能细化

六元素	特色服务	普通服务
食	农家乐餐饮，矿泉鱼、蛋、豆腐等餐饮	滨水、步行街餐饮
住	农家乐住宿	星级酒店、滨水旅馆
行	火山花岗岩步行街	滨水步行街
游	火山地质观光、河湖湿地游览	田园自然风光、村落自然风貌
购	火山装饰用品、化妆用品特色矿泉饮品	农家田园食品、特色手工艺品
娱	冷泉洗浴、休闲疗养	茶馆、酒吧、小剧场、水上乐园、游泳馆

每年 11 月份至次年 4 月份为旅游淡季，在此期间，增加特色旅游功能为主，延长旅游旺季、增加淡季的服务需求，吸引游客。如表 4-5 所示为新区淡季期间旅游功能与旅游六要素的结合布置。

表 4-5 旅游六要素与旅游淡季功能细化

六要素	特色服务	普通服务
食	农家乐餐饮，矿泉鱼、蛋、豆腐等餐饮	步行街餐饮
住	农家乐住宿	旅馆、酒店住宿
行	火山花岗岩步行街	滨水步行街
游	雪乡风貌	田园自然风光、村落自然风貌
购	火山装饰用品、化妆用品、特色矿泉饮品	农家田园食品、手工艺品
娱	温泉洗浴、休闲疗养	茶馆、酒吧、小剧场

在旅游淡季期间，旅游六要素所结合的特色服务主要包括农家乐餐饮、雪乡风貌、温泉洗浴、休闲疗养等。与旺季不同的是，"游"中的特色服务转换为雪乡风貌，"娱"中的特色服务转换为温泉洗浴。

由于旅游淡季和旺季所涵盖的旅游六要素细分功能具有相似性，在双泉镇新区的功能布置中应该混合搭配，片区内尽可能的实现多样化，满足游客的多种需求。

规划中结合淡旺季不同的旅游服务功能将片区分为四个功能分区：旅游接待休闲区、疗养度假区、特色商业与餐饮区、居住休闲区。（如图 4-19）

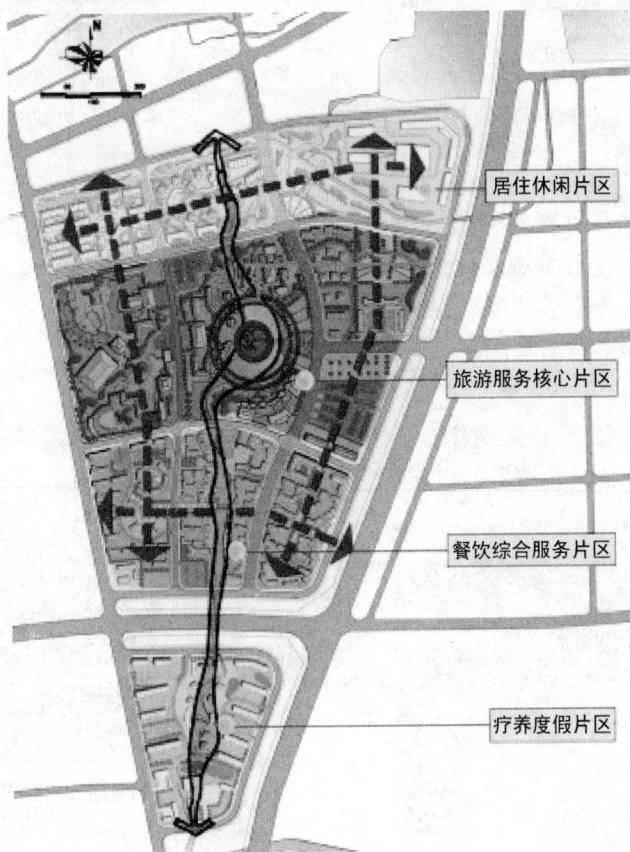

居住休闲片区

旅游服务核心片区

餐饮综合服务片区

疗养度假片区

图 4-19 旅游新区功能分区

1. 居住休闲片区

"住"——别墅与多层高品质住区。别墅区在近期内进行建设，而多层住区在中远期内规划建设。居住休闲片区景色优美，有绿有水。别墅区不仅可以吸引地产投资，而且住区居民也会在淡季时成为温泉洗浴、休闲疗养以及农家餐饮的潜在客户。（如图 4-20）

2. 旅游服务核心片区

"娱"+"购"——包括接待核心区和温、冷泉洗浴 SPA 区，这两个部分构成了双泉镇新区的旅游服务核心片区。区域内用地条件良好，景观资源丰富优美，作为新区开发的核心，该片区以基础设施建设为重点，满足近期旅游开发和休闲度假的功能需求，并带动周边地段的开发及升值。接待核心区有茶吧、酒吧、酒店等，满足接待服务需求。洗浴 SPA 则合理利用当地火山矿泉的资源特色，满足淡旺季的游客需求。（如图 4-21）

图 4-20　居住休闲片区

图 4-21　旅游服务核心片区

3. 特色商业与餐饮区

"购"+"行"+"食"——特色商业以当地民俗文化为重点元素，引入"火山街区"的开发理念，提升地域文化形象，将街区打造成多功能消费乐园。特色餐饮分为农家乐餐饮与滨水主题餐饮，餐饮结构以高效益、多层次、多类型为主，避免出现结构性矛盾，满足游客的多种需求，并保证服务质量。（如图 4-22）

4. 疗养度假区

"娱"——疗养度假以亲情化、个性化和特色化为主，冬季泡温泉，夏季泡冷泉，形成冬夏两季延续性的特色服务，以缓解季节性的矛盾问题。（如图 4-23）

图 4-22　特色商业与餐饮区

图 4-23　疗养度假区

4.5.3.5　中心路老区淡旺季功能策划

中心路街区现状以居住用地为主，有少量商服和公共设施，水系贯穿南北。规划重点考虑中心路街区居民生活与农家乐的发展需求相结合，满足不同居民的需求，成片开发，规模经营，打造成双泉镇集矿泉餐饮、住宿、娱乐为一体的民俗旅游接待中心。南北向街区为景观游览带，有良好的景观河道与开敞空间，也是整个镇区的生活主轴带。

1. 中心路街区旺季功能

中心路街区旅游旺季服务功能主要体现在以农家乐为主导的特色旅游服务体系中。"食"——农家乐餐饮；"住"——农家乐住宿；"行"——火山步道；"游"——滨水观光游览；"购"——农家田园特色；"娱"——农家采摘。"食"、"住"、"购"、与"娱"主要是以农家乐为主体进行的旅游服务，可视为特色服务功能。"行"与"游"分别以火山步道与滨水旅游服务为主，但更多的是服务于当地居民，因而可视为普通旅游功能。

2. 中心路街区淡季功能

中心路街区以当地居民生活为主，居住形式前店后宅，旅游旺季时可耕可商，但以商为主。在旅游淡季时，应该适当的以恢复当地居民自然生活状态为主，使得自然生态得以恢复。因而，中心路大街只在旺季时提供相应的旅游服务，淡季处于歇业状态。

3. 中心路街区功能布局

规划街区分为四个片区，东部片区是以餐饮服务为主的民俗街区，西片区为综合农家旅游片区，北部为滨水采摘体验商服区，南部为公共服务片区。东西两片区为双泉镇特色功能，对其他产业具有带动作用，既可增加旺季时旅游服务需求，又能带动淡季的产业发展。北部的采摘片区为旅游旺季的游客提供了充裕的空间（如图4-24）。

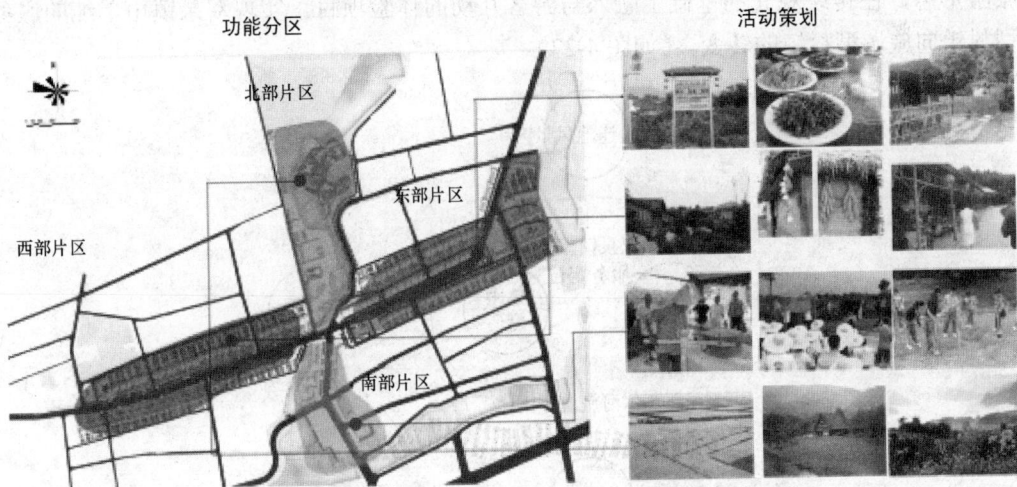

图4-24　中心路街区功能分区与活动策划研究

在农家乐民居改造过程中，总结现状民居的形式特点，提出不同的改造模式，将原有的居住院落拓展为具有旅游接待服务功能的半开敞空间，并保持整体风格的统一。（如图4-25、图4-26）

图 4-25　特色农家乐改造模式鸟瞰图

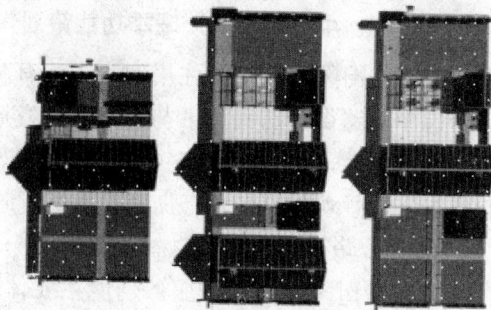

图 4-26　特色农家乐改造模式平面图

4.5.3.6　协调景区与镇区的空间发展策略

在双泉镇的发展中，应明确自身的定位，并与景区的发展保持协调一致，满足景区旅游服务需求的同时挖掘自身优势。创建强调村镇特色的文化休闲活动，并辅以相应的空间环境，促进村镇的可持续发展。

与汤口镇处于大黄山景区辐射光环下，"背靠黄山"获得大量游客资源的同时也要承受山水环境与景区相比无特色优势的境遇相同，双泉镇与景区共处五大连池火山的区域环境中，境内旅游资源与景区的景观相似度较高。但由于区位优势明显，可直接服务于景区客流，因而双泉镇在发展过程中应首先定位于景区的旅游依托型村镇，加强基础设施的投资建设，完善旅游服务项目，为景区提供良好的配套设施，也有助于景区与村镇的良性互动发展；其次，重点培育有价值的特色项目，在景区处于旅游淡季时可以吸引潜在的游客，以弥补淡季时服务设施的资源浪费；最后，实行营销战略，丰富双泉镇的旅游形态，在传统观光的基础上融入与游客互动的体验项目，实现双泉镇由单纯的服务型村镇向旅游型村镇的转变。（如图4-27）

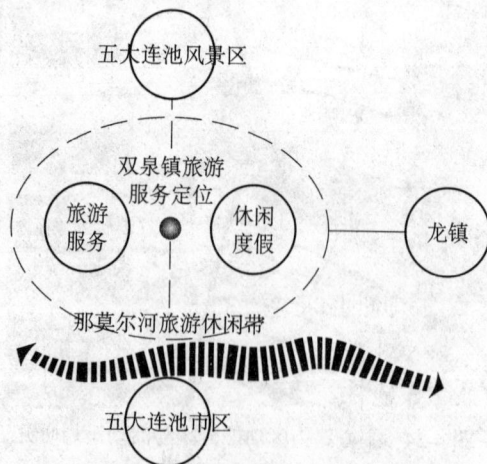

图 4-27　双泉镇与景区协调发展规划

4.5.3.7　加强新区与老区的空间合作

在双泉镇的空间布局中，应体现南北空间差异化发展。新区跨越中心路街区结合

303 省道（北五路）进行布置（如图 4-28）。北部中心路街区空间功能明确，布置紧凑。中心路农家乐特色街汇聚以餐饮、住宿、娱乐设施，空间布局紧凑且分区明确（如图 4-29）。紧凑且明确分区的用地布局不仅便于设施的管理与利用，且在旅游旺季期间，游客的流线与村镇居民的生活线路不会形成交叉重叠。中心路大街北部是农业采摘观光，会吸引部分游客，以休闲观光为主，而南部的公共服务，服务主体为村镇居民，南北向的定位决定了其建筑形态以适当分散为主。

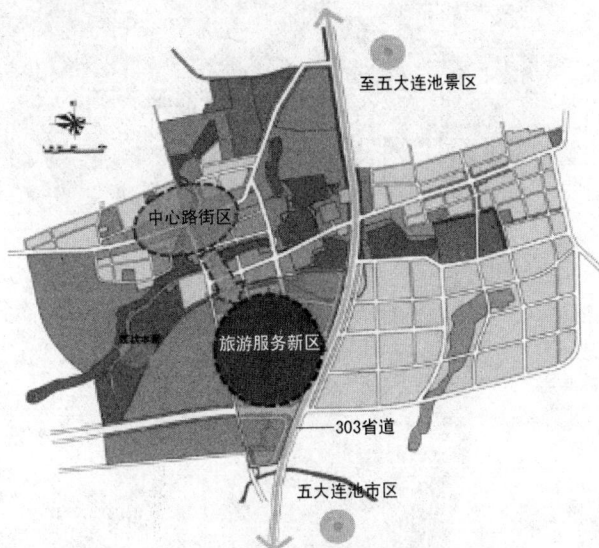

图 4-28　双泉镇中心路老街区与新区发展

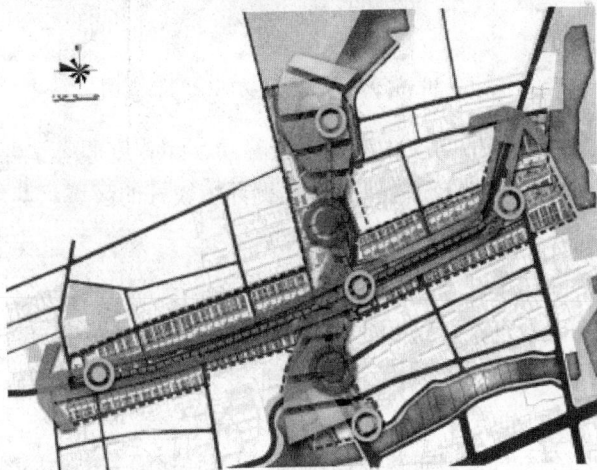

图 4-29　中心路老街区空间结构

在旅游服务新区整体布置中，服务设施的布置应与开发时序相结合。农家乐与温泉洗浴优先发展，并且布置于西侧交通方便的区位，有利于旺季的交通疏散及功能的使用。酒吧、茶室与其他公共服务布置于东侧入口空间，形成集聚效应，进而达到功能上的互补，增加旅游体验（如图 4-30）。

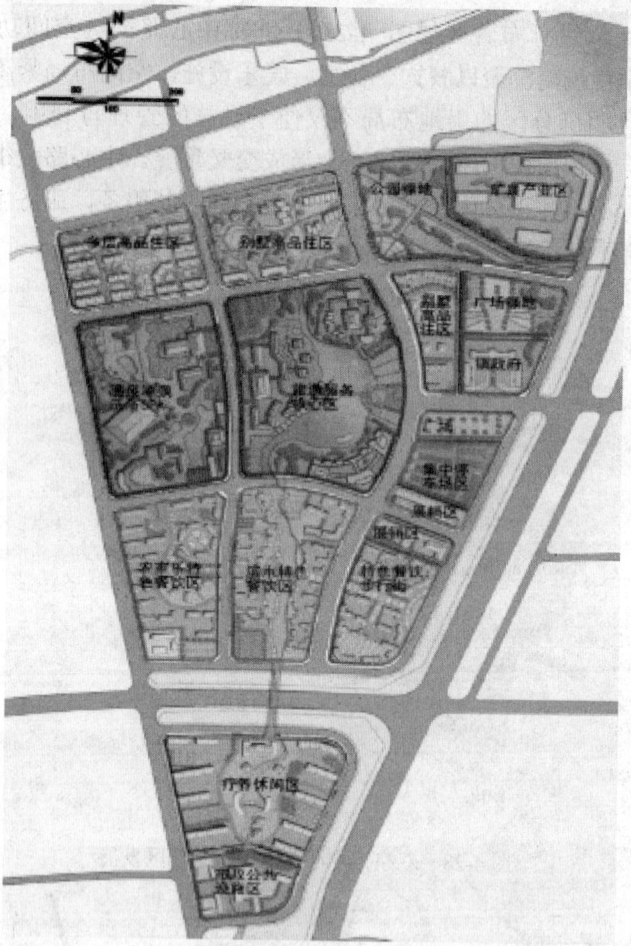

图 4-30   旅游服务新区功能空间布置图

中远期开发的功能,包括剧场休闲、特色餐饮、疗养度假等主要以缓解旺季的旅游压力,增加淡季需求为主。居住空间布置于北侧环境较好的区域,其他放置于南侧。

4.5.3.8   优化淡旺季服务设施的建筑布局

充分利用外部空间环境。在旅游旺季时期,双泉镇的交通量势必会呈现大且集中的特点,各种交通情况比较复杂,这就要求旅游接待建筑的外部需设置一定的开敞空间,例如休憩广场等,其空间的规模应以满足旅游旺季时游客的疏散需求,其形状应与周边环境、建筑的体量相结合布置。

在双泉镇核心服务区的规划布置中,剧场、星级宾馆、会议中心、茶室酒吧与娱乐中心等以中间水域为中心进行围合分散式布局(如图 4-31)。这样,嘈杂的剧场环境就不会影响到需要相对安静环境的宾馆、茶室和酒吧等,减少相互间的干扰。三个功能体块建筑形式多样一体,距离适中,用步行空间进行衔接,可以加强功能上的相互利用。当处于旅游服务旺季时,分散式布局能避免人流的高峰期所造成的过度拥挤,有利于人流的疏散和室内室外空间的使用。

图 4-31　双泉镇新区核心服务区建筑布局

标注（从上到下）：宾馆停车场、滨水步道、小剧场、运动场、会议中心、滨水广场、星级宾馆、玄武岩雕塑、亲水平台、湖心岛、茶室酒吧、娱乐中心、滨水步道、滨水广场

4.5.3.9　制定切实可行的规划实施对策

促进淡旺季旅游营销宣传。旅游业发展的重要方式之一是做好旅游宣传策划。尤其是在旅游淡季，要进行充分的旅游宣传。把五大连池景区与双泉镇旺季与淡季的特色旅游服务与项目向游客展现出来，提升旅游品质与形象。在淡季的旅游策划中，主要包括以下内容：

（1）明确双泉镇特色旅游形象。游客对某一个旅游地的选择在很大程度上受旅游地本身的形象定位所影响，也就是旅游地向游客传达的旅游信息类型。双泉镇在对外宣传中，应考虑淡旺季特色资源的融合性，并强调淡季旅游市场的开发，主要包括淡季的冰雪特色以及旺季的火山——矿泉游、农家乐餐饮服务特色。宣传时应在新奇的产品、厚重的文化、创新的项目上下功夫，结合都市农家乐、矿泉以及冰雪特色进行全方位的发展，使游客在各个季节都能体验不同的风景与服务类型。

（2）保障宣传费用及预算。在政府层面，从财政划拨资金，进行专项策划及宣传。在企业层面，结合实际需要敦促各相关的旅游企业按营业额支付一定比例的宣传预算。在经费有限的情况下，应做好市场细分规划，不能盲目进行宣传营销，优先面向主要的客源地及有潜力的地区，以最大限度的发挥营销功能。

（3）旺淡季旅游价格调整。在旅游旺季，适当提高旅游服务的价格，抑制旅游需求，限制旅游区超载。这在一定程度上会加速双泉镇旅游业的转型，优化市场，使服务设施由注重量的增长到质的提高。在旅游淡季，对新的项目及服务类型进行宣传策划，结合折扣措施，刺激潜在游客消费，提高经济效益。

第三部分

严寒地区绿色村镇观光产业发展决策研究

第5章　严寒地区绿色村镇旅游环境质量评价

5.1　评价原则

1. 科学性原则

指标体系是一个非常严谨的系统，通过前人的实践经验结合实际评价目标，经过层层筛选而来。每一个被选因素都要符合客观规律，有科学支撑。不能凭借个人的空想而确定某因素。所选因素务必在定义、涵盖范畴明确及可行的情况下，保证其延伸意义的明确性，避免出现两个或多个因素涵盖范畴交叉的状态。

2. 整体性原则

一套科学完整的指标体系，一般会包含多个分系统，各个因素与分系统、分系统与总目标之间是一个环环相扣的整体。分系统不是单个因素的汇集体，无论是各个因素，还是各个分系统，他们都必须从整体上服务所要评价的最终目标状态，目的要一致。

3. 层次性原则

往往评价目标下会覆盖多个子系统，如果笼统地进行因素分析，必然会导致混淆。划分层次结构是评价手法中较为常见的，通过层次结构对总目标进行分解，能够更好的利用目标层级的从属关系。

4. 全面性原则

指标体系需要全面的涵盖到评价目标的各个方面。每个所选因素之间都具有相关关系，疏漏某个因素，很可能导致最终得到的结果不能真实的反映问题，无法给出有价值的指导。为避免有效元素的遗漏，在初选元素时，必须全面思考，提供尽可能多的备选因素。

5. 可操作性原则

因素的选择在保证系统全面性的同时，也要注意因素的评价难度。各个因素的评价模式不同，某个因素的困难程度太大，以至于影响了整个进程，最终结果也会不尽准确，这样的因素是不可取的。应尽量利用现有统计资料及有关环境质量评价的标准，要能周全的反映乡镇旅游环境质量的各种内在涵义。

5.2 评价方法与技术

旅游环境质量影响因素众多，对其进行评价具有不易度量性与动态性等特性。首先需要建立适合旅游地的旅游环境的指标体系，科学合理的指标体系对评价主体以及指标内容的选取有直接关系。以下指标体系框架构建方法是本研究中构建评价体系的理论基础。

1. 模型分析法

模型分析法，即在已有的应用较为成熟的模型框架基础上，通过对评价主体的分析，进一步推导指标体系内容。这类模型中，压力—状态—响应（PSR）模型无疑是模型建立的鼻祖，具有一定的代表力。PSR 模型是经济合作与发展组织（OECD）在上世纪末提出的评价模型，通常将指标因子分为压力、状态和响应三类，主要针对环境方向的研究，侧重于人类活动与社会、自然环境之间的影响，强调可持续发展。在此模型的基础上，根据不同环境问题的需要，又出现了驱动力—状态—响应（DSR）模型、驱动力—压力—状态—影响—响应（DPSIR）模型等。此种模型的优点是着重反映生态、环境质量等方面的问题，能够体现因果关系，强调可持续发展。定量因素多，选取较为详细。缺点是指标过多，子系统之间容易混淆概念，子系统之间因素重复。

2. 目标定位法

目标定位法，即对评价对象的主要发展目标进行分析，按照平行式、垂直式或者混合式划分层次，构建指标体系框架。平行式通常将目标系统先分解为若干子系统，然后子系统继续按照平行式思维分解。这种处理方式能够全面的涵盖系统因素，缺点是子系统之间容易出现重复。垂直式则是按照功能或者发展方向等对评价系统进行分解，将系统问题纵向分开，将目标系统的内部联系作为分析对象，例如自然环境质量评价的体系框架按照有利于人类生存与成长的环境条件分解，可分为生物多样性保护子系统、土壤保持子系统等。这种方式比较具有针对性，增加指标体系的深度。混合式则是将平行式与垂直式进行结合，这样建立指标体系即能够全面的平等的分类，又能够增加部分解决深度问题的指标。这样建立指标体系，兼备平行式与垂直式优点的同时，也要注意整体性。

本项研究结合各个指标体系构建方法的优点，建立一套适合严寒地区绿色村镇的评价体系。采用目标定位法中的混合式对旅游环境进行全面的分解，保证各评价因素平行，加入能够深层分析环境质量的指标，同时利用模型分析法构造的优点来巩固、校正指标体系各个子系统之间的因果关系，避免评价因子重复。

5.3 评价指标体系建立

严寒地区绿色村镇旅游环境质量评价体系主要包括系统层、目标层和要素层。系统层即为严寒地区绿色村镇旅游环境质量评价体系。目标层主要包括自然生态环境、旅游资源环境、社会环境、旅游服务环境四项内容。要素层在目标层的基础上有多种构成要素。经汇总，严寒地区绿色村镇旅游环境质量评价体系如表 5-1 所示。

表 5-1　严寒地区绿色村镇旅游环境质量评价体系

系统层	目标层	要素层
严寒地区绿色村镇的旅游环境质量评价体系	自然生态环境	空气质量、水体质量、环境噪声、森林覆盖率、气候舒适性、气候吸引力、生物多样性
	旅游资源环境	丰富性、独特性、可持续性、美誉度、观赏游憩价值、村落及院落地域性、民族民俗文化保留
	社会环境	社会治安、水电暖供给能力、环境卫生、居民友好度、镇容镇貌
	旅游服务环境	景区交通便捷度、住宿接待设施、旅游餐饮、旅游购物、安全设施及医疗救护、厕所、旅游宣传、标识系统、公共休息设施

5.3.1　目标层

目标层以严寒地区绿色村镇旅游生态环境质量评估为目的，对绿色村镇旅游生态环境系统进行中观层面的解析，将旅游生态环境系统分解为平行的子系统，各个目标层的总和能够覆盖旅游生态环境质量的全部要素。它们之间存在内在的逻辑关系，但应避免各个目标层之间存在的交集。为更好的控制指标体系，使得框架更加清晰易于分析，目标层制定的目标宜控制在 3~5 项。目标层数量过少，无法体现子系统之间的内在联系。数量过多，则容易导致概念模糊，子系统之间不平衡。

目标层的构建主要通过相关研究法与理论分析法。首先将与旅游环境质量评价的相关评定标准、导则等进行归纳总结研究（如表 5-2）。然后，基于旅游环境系统的构成，对各个要素版块进行重新分类、汇总，针对严寒地区绿色村镇旅游生态环境的实际情况，对各个板块的界限进行限定，得出目标层具体内容。

表 5-2　旅游生态环境评估相关评定标准导则系统分类汇总

名称	具体内容
旅游度假区等级评定 GB/T26358—2010	1.度假资源条件　2.区位条件　3.市场条件　4.空间环境条件　5.核心度假设施及服务条件　6.支撑性设施及服务条件　7.管理条件
国家生态旅游示范区建设与运营规范（GB/T26362—2010）	1.示范区规划　2.生物旅游资源　3.生态环境质量　4.传统文化保护　5.基础设施　6.服务设施　7.安全　8.卫生　9.区域统筹　10.公共环境与社区参与　11.市场营销　12.综合管理　13.培训与教育
旅游景区质量等级评定（GB/T17775—2003）	1.旅游交通　2.游览　3.旅游安全　4.卫生　5.邮电　6.旅游购物　7.综合管理　8.资源和环境保护　9.资源吸引力　10.景观市场影响力
全国特色景观旅游名镇（村）示范导则 2009	1.资源与景观　2.旅游经济　3.规划与建设　4.基础设施　5.资源保护　6.人居环境　7.综合管理　8.旅游服务　9.旅游安全
全国文明风景旅游区暂行标准 2005	1.思想教育　2.管理机制　3.服务质量　4.景区环境　5.资源保护　6.安全防范　7.社会经济　8.创建活动
山东省旅游强乡镇评定标准 2009	1.组织领导与保障机制　2.旅游经营与旅游就业　3.旅游资源与旅游产品　4.旅游设施与旅游环境　5.旅游管理与旅游服务
旅游行业标准—绿色旅游景区 2011	1.基本要求　2.规划与建设　3.清洁生产　4.绿色服务　5.绿色管理
山西省旅游环境质量评价指标体系 2008	1.旅游资源环境　2.自然生态环境　3.社会经济环境　4.旅游设施环境　5.旅游信息环境
福清市旅游环境质量评价指标体系 2012	1.旅景观质量　2.自然环境　3.社会文化环境　4.基础设施环境　5.旅游信息环境

可以看出，各个相关评定标准、导则等要素内容大体一致，基本都包含了旅游资源、生态环境、基础设施、旅游管理、旅游安全、旅游信息、旅游服务等内容。由于各评定与导则强调的方向不同，其内容侧重点略有差别，例如，《山东省旅游强乡镇评定标准》中较为侧重领导干部带头作用，强调了组织领导与保障机制板块，并且旅游经济成为重要的评定要素。

纵观各评定标准与导则，各版块中名称虽不一致，但根据其评定内容可以看出界定的是同一概念，例如生态环境质量、生态自然环境、自然生态环境与自然环境都是描述自然环境因子质量的指标板块。根据对自然环境概念的分析，其包含面极广，为更好的界定目标层之间的界限，将除旅游资源以外的基本自然环境要素统一归纳为自然生态环境；各评定标准与导则中，旅游交通、餐饮、形象、管理、购物、安全、设施等，其具体内容都是围绕旅游地为游客提供的旅游服务而展开的，旅游地根据其规模大小与具体需求而设置相应的旅游服务项目，这些版块都可以归结为旅游服务环境系统。各评定标准与导则中的景观资源吸引力、生物旅游资源、度假产品、传统文化、景观等描述的为自然和社会两方面提供的具有旅游价值的资源，可以综合归纳在旅游资源环境之下。其他如人居环境、公共环境与社区参与、社会经济、区位环境等，可归为社会环境系统。

综上所述，旅游生态环境系统的四项子系统：自然生态环境、社会环境、旅游资源环境、旅游服务环境基本可以涵盖严寒地区绿色村镇旅游生态环境质量评估体系的全部要素，且各个子系统之间较为平行，比较符合目标层的分类要求（如表 5-3）。

表 5-3 旅游生态环境质量评估指标体系目标层概念界定

目标层因子	概念界定
自然生态环境	村镇内对人类生存和发展产生直接或间接影响的各种天然形成的物质和能量的总体。例如大气、水体、土壤等构成自然环境的基本因子
旅游资源环境	村镇内的自然环境和社会环境中能对旅游者产生吸引力，可为旅游业开发利用，并产生经济效益、社会效益和环境效益的各种事物和因素
社会环境	在自然环境的基础上，与人类活动有关的其他环境，包括村镇内与旅游产业相关的经济环境、科技环境、文化环境等
旅游服务环境	指村镇内一切为游客提供方便，服务游客的相关要素，包括交通、购物、安全、管理等多个方面

5.3.2 要素层

从微观层面的角度出发，对目标层进行层层拆分，每一项目标层都会对应多个指标单元，每个指标单元都是严寒地区绿色村镇旅游生态环境质量评估的构成要素。它们能够从本质上反映和展示严寒地区绿色村镇旅游生态环境质量的状态，通过分析这些要素以及它们之间的关系，可以看出现存的不足以及未来的发展趋势。

严寒地区绿色村镇旅游生态环境质量评估体系要素层的构建过程主要有以下三步：首先，通过对旅游生态环境质量评估的文献案例进行研究分析，总结其特点规律并分析原因，同时提取适用于严寒地区绿色村镇的指标，为评估指标体系提供要素导向基础；其次，通过研究国家及地方的旅游相关评定标准、导则，将其内容归纳、统一，并转化为可评估的指标单元；最后，基于对严寒地区绿色村镇的实地调研，在前两项的基础上进行内容的补充，为指标体系增加地域性要素。综合以上所述的三个部分，对其进行整合、提炼，形成指标体系的初选库，再通过指标筛选形成最后的要素层。

5.3.3 指标体系

5.3.3.1 指标单元库

1. 案例类指标单元研究

目前国内外尚无针对旅游生态环境质量评估的指标体系出台，就国内现状来看，很多学者针对不同角度不同级别的旅游生态环境质量指标体系进行研究。从他们的研究成果中，可以大体看出指标体系的要素侧重方向以及要素层导向。本书选出省、市、村以及各种不同类型景区的旅游生态环境质量评价研究中选出 6 个案例进行研究。研究内容主要包括两个方面，一是根据目标层的定位将各个指标体系分类，通过各类要素的数量分析指标体系的规律特点，并分析其原因；二是对各个案例的指标体系要素及类型进行梳理，为严寒地区绿色村镇旅游生态环境质量评估指标体系提供选取方向。

按照所选案例的特点将其分为两类，一类是按照旅游地规模划分的，所选案例分别是省、市、乡村；一类是按照旅游资源特色划分的，所选案例分别为山脉景区、湖泊景区和古村落景区。

以省、市为单位的旅游地，它们的指标体系要素相似性较高，针对乡村类的评价，体系构建的要素明显减少，没有对旅游资源的相关评价。在指标体系的建立过程中，控制要素需要实地调研数据的支撑，乡村旅游地的旅游资源相对单一且数据获得较为困难，导致要素相对较少。综合看三个案例，所评价的旅游地的规模不一，各有特色，但是在指标体系中并没有相应的体现。

针对不同特色旅游资源的旅游地，其评估指标体系有一定的相似度，例如旅游服务环境的要素大体相同。各案例均着重增加了对旅游资源环境评估的要素，并关注可持续性发展要素。丹霞山景区环境质量的指标体系与湖泊景区的体系增强了对旅游资源的评价，特色性要素展示贫乏。古村落旅游环境评价指标体系中，根据自身评价对象的特色，加入地方意向表达力、历史继承性、原住民生活状态保持度、地方文化承载力等要素，使得指标体系的要素与系统层达到高度的契合。

自然生态环境与旅游资源环境系统下的指标单元数量较为稳定，旅游资源环境系统侧重性更大；社会环境系统下的指标单元根据不同案例数量不一，但综合来看，属于侧重最轻的系统；旅游服务环境系统的指标单元数量最多，侧重最大（如表 5-4）。

对出现这种现象进行分析，可以发现自然生态环境系统的指标单元集中在大气、水、噪音、生物多样性、绿化覆盖率等要素上，根据旅游地的不同适当增减，变化幅度很小；案例中大部分旅游资源环境系统没有充分体现旅游地的特色指标，基本集中在旅游资源的丰富性、观赏性和奇特性等方面，只有古村落的体系研究中根据实际情况体现了独特性，在此基础上增加了适合古村落特色的指标单元；旅游服务环境质量是游客有

表 5-4　旅游生态环境质量相关案例指标单元统计

指标体系名称	指标单元总数	自然生态	旅游资源	社会环境	旅游服务
山西省旅游环境质量评价指标体系研究	28	4	6	8	10
福清市旅游环境质量评价指标体系研究	25	5	6	5	9
乡村旅游环境质量评价指标体系研究	15	8	0	3	4
丹霞山风景名胜区环境质量综合评价指标体系研究	29	8	9	4	8
湖泊景区环境质量评价指标体系研究	36	6	8	7	15
古村落旅游环境评价指标体系研究	23	4	7	7	5

良好体验的基本保证，优质的旅游服务能够保证旅游活动的顺利进行，加深游客对旅游地的感受。旅游地规模越大，其旅游服务环境系统越应该健全且优质。同时，人为因素是旅游环境质量的主要影响因素，故旅游服务的指标数值在总体指标中所占比例最高。社会环境系统虽然涵盖方面较多，但旅游环境产生影响部分较少，根据旅游地的不同内容，侧重程度也各不相同。

2. 规范类指标单元研究

对个别案例进行梳理总结，可以综合导向旅游生态环境质量评估指标体系内容，但不能够全面覆盖指标体系的所有指标单元。近年来，随着旅游业的迅速发展，国家和地方不断的出台了许多旅游相关评定标准与导则，引导旅游产业向着合理、规范、可持续的方向前进。与旅游生态环境相关标准与导则的具体内容能够更加全面的覆盖影响旅游生态环境的指标单元，这些旅游规范一共可分为三个部分：第一部分为旅游景区相关的国家级相关规范，比较具有权威性与覆盖性；第二部分是旅游村镇相关的评定标准，相对于旅游景区的指标单元，更突显出乡镇旅游的特色；第二部分是其他村镇相关的能够促进或加强旅游环境的评定指标体系。

旅游景区相关的国家级规范主要包括《旅游度假区等级评定》、《国家生态旅游示范区建设与运营规范》、《旅游景区质量等级评定》、《全国文明风景旅游区暂行标准》、《旅游行业标准——绿色旅游景区》。旅游景区的评定指标单元主要围绕着旅游资源与旅游服务两大板块进行，提供了生态、绿色、文明景区建设的标准，更全面的概括旅游资源与服务环境要素层。村镇旅游是一种具有自身特色的旅游产业模式，严寒地区绿色村镇旅游资源丰富，除固定旅游景点外，村镇本身的文化、传统与氛围，也能够增强旅游体验。针对旅游村镇的研究，有利于完善这部分内容要素。

旅游村镇与旅游景区是两个截然不同的概念，旅游景区是指在一个界限明确的区域场所，能够吸引游客前来，满足其进行旅游活动的需求，拥有相应的服务设施即可。旅游村镇则指拥有丰富的旅游资源，发展旅游产业的村镇，一个旅游村镇内可能包含多处旅游景区。旅游村镇是以村镇为单位的，除各个景区之外，还包括自身的其他环境系统。旅游活动的质量更多的受到社会环境的影响，基础设施、镇容镇貌以及居民友好度等成为影响游客对旅游地印象的重要因素。旅游村镇相关的评定标准主要包括《全国特色景观旅游名镇（村）示范导则》、《辽宁省特色旅游乡镇（街道）评定标准》、《山东省旅游强乡镇评定标准》。在对旅游村镇相关评定标准的研究中，有利于完善评定社会环境的指标单元。

此外，其他可供参考的村镇相关的评估标准还包括《全国环境优美乡镇考核标准》、《国家级生态乡镇标准》、《黑龙江省省级生态示范区建设标准》。这类标准有利于完善旅游村镇的生态环境类指标单元，主要用作指标单元选项的参考内容。《国家级生态乡镇标准》等对指标单元的量化十分明确，在之后的评价中能够起到借鉴作用。

3. 指标单元初选库构成

由于相关案例以及相关评价标准、导则的侧重不同，研究人员不同，同一类型的指标可能存在多种描述，或者细分程度不同。全面列入指标单元增加工作量的同时导致指标单元界限模糊。根据严寒地区绿色村镇的实际情况，可将其统一为一种指标单元，并根据其概念界定将其划分到相应的目标层中。例如将餐饮条件、餐饮卫生、餐饮管理、餐饮特色与质量等较为细微的与餐饮有关的指标单元归纳为旅游餐饮一项。

指标体系的构建主要是为后期旅游生态环境质量评估做准备，为了保证其简洁性和可操作性将去掉一部分指标单元。这部分指标单元主要为两部分：一种是针对村镇层面来讲，可控制性差、测量难度大、指标统计难度大或者评价意义较弱的指标单元，例如生态安全、环境资源监测评估等应去掉；另一种是涉及到相关法律法规中强制性内容的指标单元，严寒地区绿色村镇的旅游产业建设必须符合相关的法律法规中的相应条例，这类指标单元必须符合标准，重复评价使得指标体系冗长繁杂。例如，旅游行政管理机构、村镇规划、执行《旅行社管理条例》等指标单元应去掉。

经过以上两步骤之后，可得到严寒地区绿色村镇旅游生态环境质量评估指标单元初选库（如表5-5），为下一步详细筛选做准备。

表 5-5 旅游生态环境质量评估指标体系指标单元汇总

目标层	要素层
自然生态环境	空气质量、水体质量、森林覆盖率、气候舒适度、环境噪音、生物多样性、原生态保持、土地质量、岩石与岩洞、系统整合度、保护与利用、环境氛围、退化土地治理、水土流失治理、受保护地区面积、矿山土地复垦率
旅游资源环境	丰富性、独特性、可持续性、多样性、完整性、知名度、美誉度、市场辐射力、科学价值、观赏游憩价值、主题强化度、建筑传承性、历史文化保护、民族民俗文化保留、宗教文化特色、资源保护、区位吸引力
社会环境	旅游资金投入、旅游市场结构、旅游市场规模、旅游市场竞争力、社会治安、水电暖供给能力、通信邮电设施、道路交通设施、环境卫生、居民友好度、居民认同度、镇容镇貌、组织领导班子、精神文明建设
旅游服务环境	景区交通便捷度、景区交通可达性、景区停车场地、住宿接待设施、旅游餐饮、休闲度假设施、旅游购物、防灾避险、娱乐设施、安全设施及医疗救护、安全制度与人员、厕所、旅游宣传、导游服务、游客中心、标识系统、公共休息设施、旅游投诉意见处理、旅行社

5.3.3.2 指标单元补充与替更

1. 指标单元补充

根据对严寒地区绿色村镇旅游生态环境资源的实地调研情况，包括森林、地质地貌及水文的自然旅游资源已经得到了充分的开发与利用，包括历史文化遗产等人文旅游资源也得到了相应结合。但是尚有其他能够凸显村镇地域特色的旅游资源未得到充分的重视和开发。这部分资源主要分为两方面：

一类是气候资源，严寒地区村镇冬季结冻期可达 180 天，降雪最深达到 1 米，雪质好，黏度高，气候独具特色。故考虑在自然生态环境中加入气候吸引力指标单元。

另一类是东北林区特色，主要为东北林区独具特色的村落与院落布局，考虑在旅游环境资源中加入村落与院落布局地域性指标单元。

2. 指标单元替更

通过案例、相关评定标准、导则的分析研究得出指标单元，其优点是能够全面的覆盖各个方面，缺点是指标单元缺乏对应性，突出旅游地特色。结合严寒地区绿色村镇的实地调研情况，将部分指标单元进行适当的范围限定，提高指标单元与严寒地区绿色村镇的契合度。

5.3.3.3 指标筛选

1. 指标筛选方法

为提高严寒地区绿色村镇旅游环境质量评价指标体系的科学性、系统性、可操作性以及契合度，从严寒地区绿色村镇的角度出发，对指标体系的指标初选库进行指标单元筛选。

通过问卷调查，对各个指标单元的重要程度进行赋分，分值为 1、3、5、7、9 五个档次。采用跳跃性较大的赋分方式能够产生较大的分差，便于后期统计与对比分析。

问卷调查的受访者主要包括三部分人群：一类是城乡规划行业的专家学者，这类受访者的判断角度更加专业化，权威性较高；一类是村镇当地旅游相关部门的工作者，这类受访者充分了解村镇实际情况，能够切实从各村镇的角度给与意见；一类是参与本书编写的人员，包括去村镇进行调研的博士、硕士研究生等，这类受访者占主要比例，他们既拥有专业知识，同时也充分参与了严寒地区绿色村镇的调研活动，对村镇各方面情况有直观的了解，能够同时结合专业与实地调研的角度给与意见。

通过对问卷调查获得的数据进行科学的统计计算，从采纳程度和共识程度两个方面来权衡指标最后的入选情况。采纳程度由算数平均值表示，指标单元的采纳程度越强，其算数平均值则越高。共识程度由变异系数表示，共识程度越低，其变异系数则越低。计算方法如下，见式（5-1）~式（5-3）[58]。

假设第 i 个受访者，第 j 个指标的打分用 X_{ij} 表示，现在共有 n 个受访者，m 个指标。

$$M_j = \frac{1}{n}\sum_{i=1}^{n} X_{ij} \qquad (5\text{-}1)$$

$$S_j = \sqrt{\frac{1}{n-1}\sum_{i=1}^{n}(X_{ij}-M_j)^2} \qquad (5\text{-}2)$$

$$V_j = S_j / M_j \qquad (5\text{-}3)$$

式中，M_j 为 j 指标的算术平均值；S_j 为 j 指标的标准差；V_j 为 j 指标的变异系数。

将调研数据及公式输入 Excel 软件进行整理统计可得到结果。

2. 指标筛选结果

对数据进行整理。选取算数平均值为 9、变异系数为 0 的指标。这类指标是受访者一致给与重要评分项的指标单元，证明其是严寒地区绿色村镇旅游环境质量中尤为重要的因素。选取算术平均值≥7.0、变异系数较低的指标，这类指标是受访者意见相对一致、认为采纳程度较高的指标单元。

通过对数据的整理，可得到最终的指标体系。其中自然生态环境类指标 7 项，旅游资源环境类指标 7 项，社会环境类指标 5 项，旅游服务类环境指标 9 项。

5.4 评价过程

对严寒地区绿色村镇的旅游环境质量产生影响的因素纷乱复杂，因素彼此之间的关系同样反复，每个因素的涵义范围并不能够保证明确，很难用数据进行准确权衡，"模糊性"特征是其明显表征。综合对比各个评价方法的利弊，结合旅游环境质量的特征，选择用层次分析法确定评价指标的权重和评价指标的隶属度，并且通过定量的方法判定可检测隶属度指标单元数值，通过定性的方法判定不可监测指标单元隶属度数值，最后运用模糊数学对各级指标进行综合评价（如图 5-1）。

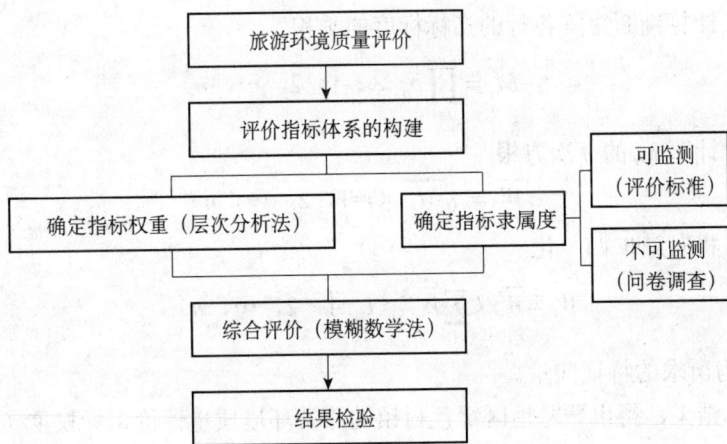

图 5-1 旅游环境生态适宜性评价的技术路线

5.4.1 评价指标权重

采用层次分析法确定旅游环境质量评价的指标权重。首先将严寒地区绿色村镇的旅游环境质量评价指标体系进行层次化，按照系统层（A）、目标层（B）、要素层（C）三个层次进行分组排列，构造层次结构模型。

运用层次分析法，构造判断矩阵。通过矩阵可以看出因子两两之间的相对重要程度。过多的因子会增加后期判断比较的难度，故每个层次的因子不宜多于 9 个。根据

AHP 分析法的原理，在专家问卷调研结果的基础上，进行判断矩阵的构建（如表 5-6）。

表 5-6　判断矩阵构建模式

A	B_1	B_2	...	B_n
B_1	b_{11}	b_{21}	...	b_{1n}
B_2	b_{21}	b_{22}	...	b_{2n}
...	...	...	...	...
B_n	b_{n1}	b_{n2}	...	b_{nn}

从判断矩阵可以看出其满足下列公式：

$$\begin{cases} b_{ij}=1 \\ b_{ij}=\dfrac{1}{b_{ji}} \end{cases} (i,\ j=1,\ 2,\ \cdots,\ n) \tag{5-4}$$

故只需写出右上三角部分值。

采用方根法对判断矩阵进行最大特征根及其特征向量的计算。判断矩阵 B 满足下列公式：

$$BW_i=\lambda_{\max}W \tag{5-5}$$

其中，$\lambda_{\max}$ 为判断矩阵的最大特征根，W 为 $\lambda_{\max}$ 的特征向量，W_i 为 W 的分向量，即对应指标的权重值。W 的计算方法如下：

第一步，计算判断矩阵各行的指标标度的乘积

$$M_i=\prod_{j=1}^{n}b_{ij}\ (i=1,\ 2,\ \cdots,\ n) \tag{5-6}$$

第二步，计算 M_i 的 n 次方根

$$\overline{W}_i=\sqrt[n]{M_i}\ (i=1,\ 2,\ \cdots,\ n) \tag{5-7}$$

第三步，将向量 $\overline{W}$ 归一化

$$W_i=\overline{W}_i\ /\ \sum_{i=1}^{n}\overline{W}_i\ (i=1,\ 2,\ \cdots,\ n) \tag{5-8}$$

则 W 即为所求的特征向量。

根据计算结果，得出严寒地区绿色村镇的旅游环境质量评价指标权重（如表 5-7）。

其后，计算最大特征根见式（5-9）。

$$\lambda_{\max}=\sum_{i=1}^{n}\frac{(BW)_i^{[49]}}{nW_i} \tag{5-9}$$

对判断矩阵进行一致性检验。当各个判断矩阵具有完全一致性时，$\lambda_{\max}=n$，即 $CI=0$。但是这种情况是很难发生的。一般来讲，判断矩阵的一致性越差，CI 越大，检验严寒地区绿色村镇的旅游环境质量评价指标判断矩阵的一致性公式如下，见式（5-10）。

$$CI=\frac{\lambda_{\max}-n^{[49]}}{n-1} \tag{5-10}$$

表 5-7　严寒地区绿色村镇的旅游环境质量评价指标权重一览表

系统层	目标层	权重 W_j	要素层	权重 W_i
严寒地区绿色村镇的旅游环境质量评价体系 A	自然生态环境 B_1		空气质量 C_1	
			水体质量 C_2	
			环境噪声 C_3	
			森林覆盖率 C_4	
			气候舒适性 C_5	
			气候吸引力 C_6	
			生物多样性 C_7	
	旅游资源环境 B_2		丰富性 C_8	
			独特性 C_9	
			可持续性 C_{10}	
			美誉度 C_{11}	
			观赏游憩价值 C_{12}	
			村庄及院落地域性 C_{13}	
			民族民俗文化保留 C_{14}	
	社会环境 B_3		居民友好度 C_{15}	
			环境卫生 C_{16}	
			水电暖供给能力 C_{17}	
			社会治安 C_{18}	
			镇容镇貌 C_{19}	
	旅游服务环境 B_4		景区交通便捷度 C_{20}	
			住宿接待设施 C_{21}	
			旅游餐饮 C_{22}	
			旅游购物 C_{23}	
			安全设施及医疗救护 C_{24}	
			厕所 C_{25}	
			旅游宣传 C_{26}	
			标识系统 C_{27}	
			公共休息设施 C_{28}	

通过计算一致性比例 CR 可有效检验判断矩阵的一致性是否比较令人满意。计算方法是将指标 CI 与平均随机一致性指标 RI（见表 5-8）进行比较，当 $CI = \dfrac{CI}{RI} \leqslant 0.10$ 时，那么其一致性能够令人满意，如果 CR 不在这个范围内，则需要反复调整直到 $CR<0$ 为止。

表 5-8　平均随机一致性指标一览表

阶数	1	2	3	4	5	6	7	8
RI	0	0	0.58	0.90	1.12	1.24	1.32	1.41

经过反复的计算与调整，如最终严寒地区绿色村镇的旅游环境质量评价指标的判断矩阵一致性比例均小于 0.10，则说明最终得到的权重一致性适宜。

5.4.2　评价标准

严寒地区绿色村镇旅游环境质量评价指标按其性质可分为两类，一类是定量的，可通过监测获得数据判定其等级的指标；一类是定性的，不能通过监测获得数据评定等级。指标评定标准是判断各个指标单元好坏程度的重要依据，可将严寒地区绿色村镇旅游环境质量评价指标分为五个评判等级，即"好 V1"、"较好 V2"、"一般 V3"、"较差 V4"、"差 V5"。

参考对旅游相关评定标准及其他相关的国家级评定标准，对严寒地区绿色村镇旅游环境质量评价指标进行标准限定。

5.4.2.1　可监测数值类指标评估标准

对于可监测数值类的指标单元，可根据国家相关评定标准对其进行限定。

对空气质量进行评估多采用指数法，对大气有污染的物质进行检测，并用相对应的检测指数对其污染程度进行描述，通常选择各项污染物浓度进行评估。按照《环境空气质量标准》的分类标准为参考（如表 5-9）。

表 5-9　空气污染物浓度限值　　　　　　（单位：毫克/立方米）

污染物名称	取值时间	浓度限值		
		一级标准	二级标准	三级标准
二氧化硫 SO_2	年平均	0.02	0.06	0.10
二氧化氮 NO_2	年平均	0.04	0.04	0.08
可吸入颗粒物 PM10	年平均	0.04	0.10	0.15

严寒地区绿色村镇大多分为镇区与农业区、林区等部分。通常情况下，镇区由于居住人口多，机动车辆多等原因，其空气质量要差于农业区与林区，平均值不能充分反映村镇的环境质量，故采用两部分分别检测等级作为评估标准（如表 5-10）。

表 5-10　空气环境评估标准

污染物名称	好 V1	较好 V2	一般 V3	较差 V4	差 V5
二氧化硫 SO_2	≤0.02	≤0.06	≤0.10	≤0.25	>0.25
二氧化氮 NO_2	≤0.04	≤0.08	≤0.10	≤0.12	>0.12
可吸入颗粒物 PM10	≤0.04	≤0.10	≤0.15	≤0.25	>0.25

水体质量不仅包括了地表水质量，也包括地下水质量等，是对严寒地区绿色村镇各种水体评估的总称，主要评估参数为集中式饮用水水源达标率与城市水功能水质达标率

（如表 5-11）。

表 5-11　水体质量评估标准

污染物名称	好 V1	较好 V2	一般 V3	较差 V4	差 V5
地表水质（达标率，%）	100	≥90	≥85	≥80	<80
地下水质（达标率，%）	100	≥90	≥80	≥60	<60

气候舒适度是评估人体对气候诸要素共同作用而感到舒适程度的指标，主要综合了气温、风速和相对湿度三方面的影响。严寒地区绿色村镇气候舒适度对旅游产业来说是非常重要的评估指标。气候舒适度很大程度上影响旅游地的旅游时间段。根据严寒地区绿色村镇的气候特点，结合影响气候舒适度的各个要素，建立气候舒适度计算公式[59]：

$$K = 1.8T - 0.55(1.8T - 26)(1 - U) - 3.2\sqrt{V} + 32 \qquad (5-11)$$

式中，K 代表气候舒适度指数，T 代表温度（℃），U 代表相对湿度，V 代表风速（m/s）。将气候舒适度指数按照人体感觉分级（如表 5-12）。

表 5-12　气候舒适度人体感觉分级表

指数范围	0~25	26~38	39~50	51~58	59~70	71~79	80~85	86~90	≥90
感觉程度	很冷，容易冻伤，极不舒适	冷，大部分人不舒适	微冷，较舒适	较凉爽，舒适	最舒适	微热，舒适	热，大部分人不舒适	暑热，可能中暑，较为不舒适	酷热，容易中暑，极不舒适

根据人体对气候舒适度指数的感受情况，将严寒地区绿色村镇的气候舒适度指数分级如下（如表 5-13）：

表 5-13　气候舒适度指数分级

等级	好 V1	较好 V2	一般 V3	较差 V4	差 V5
舒适度指数	59~70	51~58 71~79	39~50 80~85	26~38 86~90	≤25 ≥90

按照我国《森林法实施条例》中的规定，森林面积包括郁闭度 0.2 以上的乔林地和竹林地面积、特别规定的灌木林地面积、农田林网的覆盖而积，行政范围内森林面积与土地总面积的百分比即该地区的森林覆盖率。严寒地区绿色村镇森林资源较为丰富，对森林覆盖率的要求应高于其它旅游地，故对其评估等级参考国家相关标准（如表 5-14）。

表 5-14　森林覆盖率评估标准

等级	好 V1	较好 V2	一般 V3	较差 V4	差 V5
森林覆盖率（%）	≥80	70~80	60~70	50~60	≤50

噪声在很大程度上影响游客旅游活动的舒适程度及体验感受，当噪声过大时，会使人产生烦躁、焦虑等负面心情。经调查研究，严寒地区绿色村镇的大部分噪声来源为交

通干线噪声，故对噪声环境的等级评定采取交通干线噪声平均值和环境平均值两个参数，以《城市区域环境噪声标准》为主要依据，由于绿色村镇有别于城市市区，其标准应适当增高（如表 5-15）。

表 5-15 环境噪声评估标准 （单位：分贝）

环境	好 V1	较好 V2	一般 V3	较差 V4	差 V5
区域环境	≤50	≤55	≤60	≤70	>70
交通干线	≤65	≤70	≤75	≤80	>80

5.4.2.2 不可监测数值类指标评估标准

对于定性的不可监测数值类的指标单元，通过问卷调查来评定其等级，由于这类调查需要对严寒地区绿色村镇旅游情况有一定的了解，尤其是对旅游景区的实地游览体验，除对专家进行问卷调查以外，还应对村镇当地居民与游客进行大量问卷调查。问卷调查内容主要对不可监测数值类指标进行评分（如表 5-16）。

表 5-16 不可监测数值类指标评分标准

等级	好 V1	较好 V2	一般 V3	较差 V4	差 V5
评分	≥80	≥60	≥40	≥20	<20

为保证受访者能够充分理解各指标单元的涵义，应根据各类旅游相关的评定标准对其评定内容进行限定及解释说明（如表 5-17）。

表 5-17 不可监测数值类指标评估内容

指标	评估内容
生物多样性	植物资源类型多、分布广、面积大、郁闭度高，建群种与优势种强，生长情况好，生物量大；动物资源类型多，分布广
气候吸引力	明显区别于其他地区气候，同时具有相应的体验价值
丰富性	资源实体体量巨大，或基本类型数量多，或资源实体疏密度优良，景观异常奇特；资源实体完整，保持天然的形态与结构
独特性	具有珍惜物种，或景观奇特，或此类现象在其他地区少见
可持续性	生长量超过消耗量；不可再生资源严格保护，禁止利用；可再生资源在有利于生态环境良性循环的基础上集约化开发利用
美誉度	受到85%以上游客和大多数专业人员的普遍赞美
观赏游憩价值	全部或其中一项具有的观赏价值、游憩价值、使用价值
村庄地域性	院落布局具有强烈的地方特色，篱笆等能够采用当地材料制作
民族民俗文化	保留传统的节庆活动、保留地方特色生活模式、保留民间传统工艺
居民友好度	当地居民讲文明、懂礼貌，不欺生、不敲诈，热情诚实，乐于帮助旅游者
社会治安	近2年内，无重大刑事犯罪案件和邪教、聚众赌博等非法活动
水电暖供给能力	村镇内的水、电、暖供给能够满足居民的基本需求

续表

指标	评估内容
环境卫生	村镇内设有垃圾箱，有固定的环卫工人定期打扫，有相应的环卫设施
镇容镇貌	主要街道两侧有行道树；主要道路为硬质路面；街道干净整洁
景区交通便捷度	有公共交通或旅游专用交通工具直达景区，最远的景区距火车站（汽车站）点的交通时间在 60 分钟以内
住宿接待设施	住宿设施具当地特色；客房和公共活动空间干净整洁、卫生舒适；设施规模与游客数量相适应，且能满足要求
旅游餐饮	餐饮设施建设与周边的整体环境相协调；设施规模与游客数量相适应，且能满足要求；能够提供地方特色或民族特色风味的菜肴，且品种丰富
安全设施及医疗救护	在游客集中和有安全隐患的地方分布；以水上游乐为主的旅游景区的巡视员、救护员，比例应较高；危险地带包括安全护栏、水上拉网等应齐全和有效；防火设备等应齐备、完好、有效
旅游购物	对购物场所进行集中管理，环境整洁，秩序良好，无围追兜售、强买强卖现象；有能充分体现当地物产和文化的农副土特产品、民间工艺品和旅游纪念品等
厕所	步行 30 分钟范围内须有设置；环境卫生良好
公共休息设施	数量充足，能满足需要，不设置在危险地带、危险场所；造型与景观环境协调
标识系统	标识的内容、位置与范围合理；图形符号设计清晰、符合规范，与景观相协调
旅游宣传	有明确的旅游形象，通过互联网、电视或报刊形式宣传；有游客宣传手册

5.4.3　隶属度获取

隶属度是表示一种对指标的评判结果，会给出相应指标的可能的概率，不会给出对或者错这样的绝对结果，是模糊函数中非常关键的过程结果。如果以 $A(x)$ 表示 A 的隶属函数，则 $A(x)$ 称为 x 对 A 的隶属度，其取值区间为[0，1]，当隶属度 $A(x)$ 越接近于 1，表示 x 属于 A 的程度越高，$A(x)$ 越接近于 0 表示 x 属于 A 的程度越低。

针对于可检测值评价指标的隶属度，其隶属关系较为明确，其隶属函数表达式见式（5-12）。

$$R_{i1} = \begin{cases} 1 & c_i < s_{i1} \\ \dfrac{c_{i1} - s_{i2}}{s_{i1} - s_{i2}} & s_{i1} \leqslant c_i \leqslant s_{i2} \\ 0 & c_i \geqslant s_{i2} \end{cases} \qquad (5\text{-}12)$$

$$R_{i1} = \begin{cases} 0 & c_i < s_{ij-1} \text{或} c_i > s_{ij+1} \\ \dfrac{c_i - s_{ij-1}}{s_{ij} - s_{ij-1}} & s_{ij-1} \leqslant c_i \leqslant s_{ij} \\ \dfrac{c_i - s_{ij+1}}{s_{ij} - s_{ij+1}} & s_{ij} \leqslant c_i \leqslant s_{ij+1} \end{cases}$$

$$R_{i5} = \begin{cases} \dfrac{c_i - s_{i4}}{s_{i5} - s_{i4}} & s_{i4} \leqslant c_i \leqslant s_{i5} \\ 1 & c_i \geqslant s_{i5} \end{cases}$$

其中，c_i 为第 i 种指标影响因素的监测值；S_i 为第 i 种指标影响因素第 j 级标准值。根据实地调研获取数据，依照上述公式计算可得出可监测值评价指标的隶属度。

5.4.4 模糊综合评价

对评价指标 C_i，根据模糊决策矩阵 $R(C_i)$ 和权重 $W(C_i)$，计算单要素模糊评价 $C=R(C_i) \times W(C_i)$。

对模糊决策矩阵 $R(B_i)$ 及评价指标权重子集 $A(B_i)$，根据模糊合成运算公式 $B=A(B_i) \times R(B_i)$ 进行一级模糊综合评判矩阵 B_i。计算可得一级评判结果（如表 5-18）。

表 5-18　一级模糊综合评价结果

目标层	很好	较好	一般	较差	差
自然生态环境 B_1					
旅游资源环境 B_2					
社会环境 B_3					
旅游服务环境 B_4					

根据一级模糊评判结果 B_i 构造矩阵 $R(B)$ 及评价要素权重子集 $A(B)$，再根据模糊合成运算公式 $A=A(B) \times R(B)$，计算得出二级模糊评判结果，同时计算得出权重子集，可得二级综合模糊评判结果（如表 5-19）。

表 5-19　二级模糊综合评价结果

系统层	很好	较好	一般	较差	差
严寒地区绿色村镇旅游环境质量 A					

5.4.5 评价结果分析

为了更加直观的了解评估结果，对获得的各级数据归一化处理。按照最大隶属度计算方式，将各指标对应至所属级别，可得评估结果（如表 5-20）。

指标单元评估结果的逐一对比，有利于下一步改善严寒地区绿色村镇旅游环境质量的对策实施。通过柱状图标按照目标层将指标单元通过四个部分内部进行对比。柱状图能够从多方面反映评估结果情况：柱状图的高度代表指标单元的权重，越高代表这个指标单元对旅游环境质量越重要；不同明度的色块代表指标单元的优劣程度，颜色最深代表很好；每根图柱的明度变化越少，代表调查意见越统一。

表 5-20 严寒地区绿色村镇旅游环境质量综合评估结果

系统层	目标层	评估结果	要素层	评估结果
严寒地区绿色村镇旅游环境质量评价体系 A_1	自然生态环境 B_1		空气质量 C_1	
			水体质量 C_2	
			环境噪声 C_3	
			森林覆盖率 C_4	
			气候舒适性 C_5	
			气候吸引力 C_6	
			生物多样性 C_7	
	旅游资源环境 B_2		丰富性 C_8	
			独特性 C_9	
			可持续性 C_{10}	
			美誉度 C_{11}	
			观赏游憩价值 C_{12}	
			村庄及院落地域性 C_{13}	
			民族民俗文化保留 C_{14}	
	社会环境 B_3		居民友好度 C_{15}	
			环境卫生 C_{16}	
			水电暖供给能力 C_{17}	
			社会治安 C_{18}	
			镇容镇貌 C_{19}	
	旅游服务环境 B_4		景区交通便捷度 C_{20}	
			住宿接待设施 C_{21}	
			旅游餐饮 C_{22}	
			旅游购物 C_{23}	
			安全设施及医疗救护 C_{24}	
			厕所 C_{25}	
			旅游宣传 C_{26}	
			标识系统 C_{27}	
			公共休息设施 C_{28}	

5.5 朗乡镇旅游环境质量评价实证研究

5.5.1 朗乡镇旅游环境质量现状

5.5.1.1 自然生态环境

朗乡镇属于温带森林气候,冬季昼短夜长,干燥寒冷,持续时间久。夏季昼长夜短，温润宜人。全年最低气温可达零下44℃，最高气温可达零上36℃。

3月份开始，春风重回大地，由于朗乡镇地处高纬度地区，即便是春天，空气依旧寒冷，但是呼啸的北风会逐渐被温暖的南风所代替，由于季节交替，风速较大，会超过12m/s。直至过了4月份，气温才会重回零上。这个时节对于林业区十分关键，是防火的重要时间段。时间进入5月份，短促的春季基本宣告结束。

接下来的3个月份是朗乡镇清凉的夏季，6月份开始，9月初结束。这段期间内，阳光由赤道逐渐来到北回归线，白昼时间增长，日照时间可达700小时，气温升高，基本在20℃左右，最高可达36℃。频繁的雨季来临，全年四分之三的降雨量都汇集在这个季节。整个夏季对比南方来说温润清凉，是朗乡镇的避暑佳季。

秋季由9月开始到10月末结束，秋季是朗乡镇最为多彩的季节，较低的山林地区出现霜冻，中山区温度降到0℃以下，由于山体不同部位的温度差异，导致树木叶子产生不同的变化，出现五花山景色，十分美丽。

冬季是朗乡镇最为绵长的季节，长达4个月甚至更久，每年的10月末，朗乡镇便进入了漫长的寒冷大气，一直到次年的3月初才能结束。此时地表开始冻结，最深可达2米以上。整个冻结时间可达6个月。此季节风大雪丰，最深的积雪超过1米。虽然这个季节万物消融，对于森林地区来讲，却是木材生产的最好时机。

空气质量方面，朗乡镇区域受煤炭燃烧的气体、汽车尾气、生产性粉尘和道路扬尘等的污染不太严重，其他各类指标均符合国家大气环境质量二级标准。农业区、林区空气清新，大气中的各项指标均符合国家大气环境质量一级标准。

朗乡镇内共有主要河流24条。镇域内流经长度约490千米。镇域内拥有两大水系，分别是南部起源于七道沟的巴兰河流域，以及北部的西南岔河流域。其他水系皆为这两条流域的支流。其中，巴兰河总长度125千米，流经多地最后汇入松花江。在朗乡镇域内流水长度达58千米，覆盖面积达145万平方米。终年水流湍湍，河底以沙石为主，水质清澈。西南岔河是发源于小兴安岭中北部的汤旺河流域的分支，在朗乡镇域内流水长度为6千米，覆盖面积达1.8万平方米。

全镇地表水、地下水资源具有良好的天然性质，经水质化学分析，目前水质中各项指标含量均不超过国家地面水环境质量三级。镇域内所有河流情况（如表5-21）。

表5-21　朗乡镇水系一览表

名称	发源地	流经地	注入水系	长度（千米）	宽度（米）	河床
巴兰河	七道沟大岗	依兰县	松花江	125	25	沙石
折棱河	正义东山	拆棱河林场	巴兰河	28	13	沙石
大西北岔河	耳朵眼山	大西北岔林场	达里岱河	26	17	沙石
六道沟河	五花顶子山	六道沟林场	巴兰河	40	15	
三道沟河	馒头山	三道沟林场	巴兰河	21	8	沙石
二道沟河	通县与朗乡局的分界岗	二道沟经营所和巴兰农场	巴兰河	19	6	沙石
建设沟河	八千岁沟	建设	巴兰河	20	6	沙石

续表

名称	发源地	流经地	注入水系	长度（千米）	宽度（米）	河床
东岔河	大青山	新东林场	达里岱河	28	13	沙石
西南岔河	小兴安岭南麓	朗乡镇域	松花江	85	24	沙石
朗乡河	正义东山	南沟林场、陡山	半圆河	18	10	沙石
半圈河	正义东山	英山林场、陡山	西南岔河	29	13	沙石
小白河	小城墙踪子山	小白至新乡	半圆河	49	20	沙石
小龙爪河	小龙爪沟后堵	胜利车站	西南岔河	17	6	沙石
大龙爪河	大龙爪沟后堵	胜利车站	小龙爪沟河	14	6	沙石
沙房子河	太平岭	沙房车站	小白河	16	10	沙石

　　朗乡镇常年受水流作用，形成剥蚀地貌，镇域内的山体均为 3500 米以下的中低山及高度 500 米以下的丘陵。镇域中部有太平岭支脉形成的分水岭，将整个区域分为南北两个部分，南部区域山体形式升沉幅度明显，形成许多山谷凹地；南偏东区域，河流两岸的山体汇集，山高且陡；北部区域地势升沉幅度较弱，较为平坦开阔。朗乡镇内山体整体来看，山脊宽阔平坦，主体分区容易分辨，南面坡较短，北面山坡山势较缓，平均坡度为 12°。

　　朗乡镇属于小兴安岭南部主体山峰，升沉幅度大，山峦绵延，顶峰平坦。区域内共有中低山体 12 座，其中中山 7 座（如图 5-2）。最高的山体是位于六二五林场的五花顶子山，高达 1200 米，巴兰河为区域内最低处，高 200 米。朗乡镇平均海拔 600 米左右（如表 5-22）。

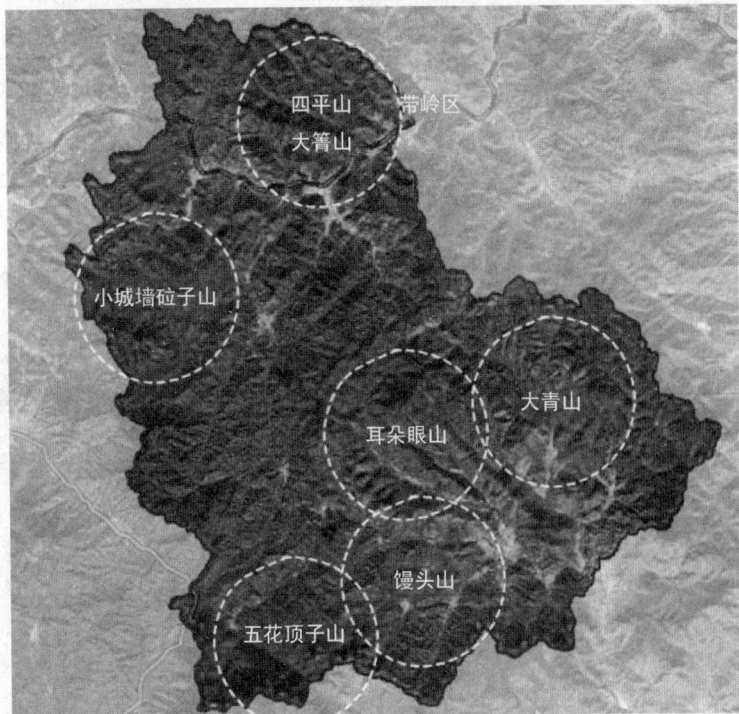

图 5-2　朗乡镇山体分布

表 5-22　朗乡镇山体一览表

名称	地理位置	海拔高度（米）
大菁山	胜利经营所南部	1203
四平山	胜利经营所南部	1178
五花顶子山	六道沟林场南部	1227
馒头山	三道沟林场	1088
耳朵眼山	折棱河林场	1166
小城墙跺子山	小白林场西南部	1223
大青山	正岔河林场	1014

森林资源不仅包括树木，还包括整个林地里其他的有机生物。朗乡镇的林木地区曾经是未被开发的原始森林，于绵延的山峦之上，丛林茂密，林下水流湍湍，土壤肥饶。在此环境之下，生态系统完善而生机勃勃。植物种群肆意生长，禽鸟走兽食物富足。直至现在，朗乡镇的森林覆盖率仍然可达到 90%以上，林木储蓄面积接近 200 万立方米，其中的红松原始林，保存完好，是伊春市珍惜的森林资源（如表 5-23）。

表 5-23　朗乡镇森林资源一览表

名称	类别	具体内容
植物	树木	红松、云杉、冷杉、桦树、椴树等
	药用	人参、党参、刺五加、三颗叶、五味子、串地龙、柴胡等
	食用	蘑菇、木耳、猴头、山葡萄、都柿、刺梅果、山丁子、稠李子、猴腿、广东菜
动物	禽类	飞龙、野鸡、沙半鸡、啄木鸟、猫头鹰、山雀
	兽类	黑熊、野猪、狍子、鹿、獐子、猞猁、山兔、松鼠、紫貂
	水生类	林蛙、水獭、泥鳅、鲶鱼、细鳞、柳根

朗乡镇域属长白植物区。有红松、桦树、冷杉、云杉、椴树为主要树种的木本植物大面积分布，灌木类、藤本类、草本类、菌类植物均在小兴安岭的植被特征范围之内（如图 5-3）。

图 5-3　朗乡六二五林场

5.5.1.2　社会环境

就朗乡镇目前的经济发展状况来看，其服务产业相对不足，经济主要依靠农业和工业收益支撑。在 2010 年的镇域产值中，工业产值占总比例的 51%，而服务业产值仅占总产值的 13%。

从朗乡镇域的经济发展情况可以看出，朗乡镇的产业以多种经营与林产工业为主，比较依赖于其丰富的森林资源，旅游产业尚未成为产业龙头，其产值收入仅占总收入的 4.7%，但是从行业产值同比增长（如图 5-4、图 5-5）可以看出，森林旅游是增长最快的行业，发展前景较大。

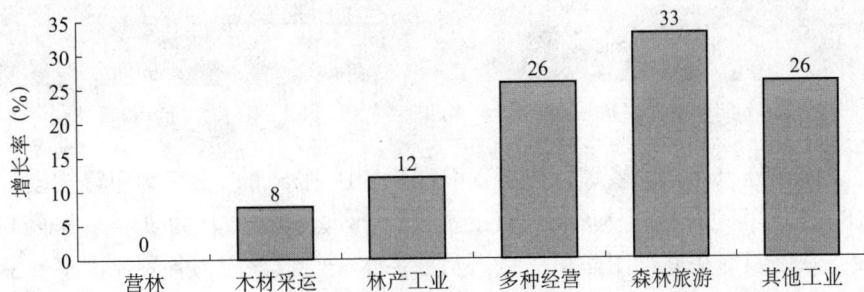

图 5-4　2010 年镇域行业同比增长情况

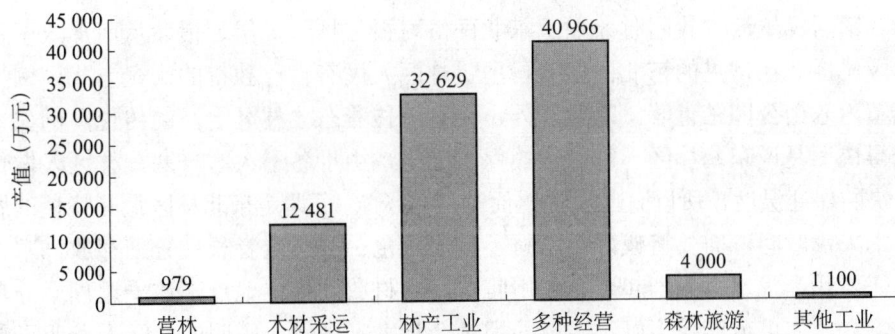

图 5-5　2010 年镇域行业产值情况

道路交通方面，朗乡火车站是绥佳线上的一个重要车站（如图 5-6），是滨绥线上的一个三等车站，站内设有站台两个，朗乡火车站每天有几十对客货运列车通过。朗乡镇区对外道路交通主要由两条道路承担，镇区现状对外公路形成围绕镇区边缘通过的公路，即朗乡—依兰、朗乡—南岔，现状主要问题是道路等级低影响通行能力。镇区有长途汽车站 1 处，位于翠花大街与学富路交叉口。近几年来，朗乡镇域的综合交通取得长足进步，初具规模，促进了城乡经济发展和城乡建设。铁路、公路交通运输基本形成镇域综合交通网络，主干线构成交通骨架，连接了朗乡与各村、林场所。绥佳铁路横跨镇域东西，初步形成了交通网站、运输通道和综合交通运输体系（如图 5-7）。

市政基础设施方面，朗乡镇中心现状排水方式为合流制排水，镇区内无污水处理厂，生活污水、雨水、工业废水均排向半圆河，对河水有相当程度的污染。朗乡镇有现状供热锅炉房两处，分别位于半圆河北部、迎宾路西部地区，镇内南部地区。镇区供电单位是绥化电业局朗乡供电局，占地面积 2.2 平方千米。

图 5-6　朗乡镇火车站

图 5-7　迎春村村路

医疗卫生设施方面，朗乡镇区内有朗乡局职工医院一个，为三级甲等规模，共有职工人数 185 人。其他各村、林场均设有卫生所一个，职工人数均为 2 人。医院与卫生所的医疗设备缺乏及时更新，卫生所医务人员业务水平一般，因为各种原因多数卫生所都没有营业。现巴兰河新村规划建设一处医疗卫生所，尚未启用。综合来看，朗乡镇内医疗设施不能够充分保证旅游活动的需要。

朗乡镇居民生活方式同时兼顾了东北民俗习惯与林区民俗习惯，从而形成了特有的东北林区民俗。在常见的东北民俗节日里，林区人民有自己独特的庆祝方式，例如在端午节到镇内东山公园踏青等。除此以外，还有流传着东北林区十怪的传说。例如"多耳靰鞡跑得快"是说东北林区一种独特的保暖鞋子，由于冬季大雪严寒，林区人做什么都要快去快回保证温度，所以有此一说。而"喊号子"，可谓是东北林区最具特色的所在。一般林木采伐时间，需要将伐好的木材，按照成色、种类或者长短分别存放，木材又长又重，需要几个伐木工人一起合力，用爬犁将木材放到指定地点，这一过程十分考验抬木人的配合，如果节奏找不好，木材的惯性会将大家带倒，聪明的林区人发明了喊号子这个办法，配合着"嘿呦""嘿呦"整齐划一的号子声，抬木人统一了动作，劲儿往一处使，很容易完成这个工作。

地处严寒气候也导致了朗乡镇独特的村落、院落布局模式。由于对光照的需要，建筑基本为坐南朝北布局，且建筑之间间距较大，每户都有较大面积的院落。院落布局具有强烈的东北特色（见图 5-8），可以总结为"居住建筑+仓储+牲畜棚+菜园模式"，院落狭长方正，多数采用对称式布局。由于冬季采暖需求，居住建筑具有烟囱和门斗等特色构件，屋顶形式多为双面坡屋顶。由于朗乡镇林业发达，很多构建采用木质结构，增添了地域色彩。

东北林区民风醇厚朴实，朗乡镇治安情况良好，近两年内没有情节严重的刑事案件。绝大部分住民对开展旅游业有很大信心，表示予以支持。

朗乡镇区整体镇容镇貌情况较好，调查显示，游客与当地居民对镇容镇貌满意度高达 86.4%。

图 5-8 朗乡镇村民民居

绿化方面，在具体调研的朗乡镇区、迎春村与达理村三处地点，道路两侧绿化普遍建设情况较好，尤其主路两侧，能够做到乔木、灌木与花卉的交叉布置，达到立体绿化的效果，且四季均成景色。

卫生方面，距离朗乡镇区约 4 千米处设有一座垃圾场，镇内道路两旁设有垃圾箱。迎春村为每户居民统一提供一个垃圾桶（如图 5-9），每天统一回收垃圾，充分的保证了村内的整洁。

图 5-9 迎春村垃圾箱

噪音方面，镇区内由于机动车辆较多，噪音稍高，通过仪器测试达到 72 分贝。各村、农场主要公路在农忙时节才有较多机动车辆，平常噪音主要来自于牲畜等，平均为 56.4 分贝，十分安静。

5.5.1.3 旅游资源环境

目前朗乡镇已开发建设的景区（点）9 处（如表 5-24），主要依托于当地丰富的森林、水文资源，活动内容主要是观光游览、休闲度假与自然体验等。到访游客以本省为主，其中来自哈尔滨及大庆等城市的游客占全部游客比例的 40%左右，其他游客有来自美国、英国、俄罗斯等国家和地区以及内地的其他城市。2012 年朗乡地区接待游客 10 万人次，2013 年由于朗乡遭遇 50 年一遇的水灾，游客量减少到 9 万人次。除去特殊情况，游客年增量在 10%左右。目前开发较为成熟且游客较多的景区有两处，一是以水上漂流为主题的滚兔岭漂流景区，二是以特殊地貌为特色的石林地质公园。

表5-24　朗乡镇旅游景区（点）一览表

景点名称	占地面积（公顷）	依托资源	游览内容	开发情况
玉龙仙潭（滚兔岭）漂流景区	6	巴兰河、五花顶子山	漂流、登山探险、冷水垂钓、沙滩排球、植物观赏、天然浴场、氡矿水养等	开发较成熟，已投入使用
朗乡石林地质公园	5000	天然石林、溪谷湿地	登山体验、自然观光	开发较成熟，已投入使用
万松岩峡谷景区	100	峡谷、抗联遗址	自然观光、游泳、垂钓、遗址参观	待修缮、继续开发景区
石猴山滑雪场	15	石猴山、冰雪资源	滑雪	待修缮、继续开发景区
林中园红松原始林	22.4	原始森林，林业史	自然观光、林业史博览	待修缮、继续开发景区
东山公园	1	东山、森林	休闲娱乐、自然观光	待修缮、继续开发景区
大西北岔跑马场	218	原始森林、生态湿地	马场体验、自然观光	待修缮、继续开发景区
龙乡水库景区	不详	龙乡湖水库	自然观光、休闲度假、垂钓	在建景区
巴兰河新村	1.32	传统文化、生态村	休闲度假	在建景区

　　玉兔仙潭（滚兔岭）漂流景区地处巴兰河，始建于2001年，距离朗乡局址约56千米，伊春市知名漂流景区，相关服务及硬件设施比较完善，现为AA级。朗乡巴兰河是中国北方内陆河中没有受到污染的河流之一，河水清澈见底，水质清冽甘甜，即使在炎热的夏季，河水的最高温度也只有14℃左右，旅游区内现设有漂流、登山探险、冷水垂钓、沙滩排球、绿色植物观赏园、绿色果蔬实验基地、天然浴场、氡矿水养生等多个活动项目，旅游区整体以原生态为特色，各类植被群落都得到了较好的保护。2012年游客量达到2.6万人次。

　　石林的主景观以花岗岩为主（如图5-10），经多年洗礼形成蔚为壮观的景象，壮美巍峨。公园由三部分组成，首先是入口区，接下来是坡度较缓的入山区，可乘坐机动车辆驶入，最后一部分为主体景区，高度480~800米，各个景点分布其中，按照攀登的难度系数分为三条路线。各个景点命名以石林象形为主，例如情侣石是两丛高耸的岩石，一高一矮，好似两位情侣比肩而站。石林公园在2012年共有6000人次游客到访。

图5-10　朗乡石林地质公园

　　其他个别景区在自然资源的基础上加入了人文旅游资源，例如林中园红松原始林加入了郎乡林业史元素，万松岩峡谷景区着重突出了抗联遗址文化。

根据朗乡镇现阶段旅游产业的发展来看，包括森林、地质地貌及水文的自然旅游资源已经得到了充分的开发与利用，包括抗联遗址及林业史的人文旅游资源也得到了相应结合。笔者根据其他村镇旅游的资源开发对比，总结其他能够凸显朗乡地域特色的旅游资源如下：

1. 气候资源

根据《旅游资源分类、调查与评价》中的分类，朗乡镇属于避暑气候地、以及云雾多发区。

据对朗乡镇的实地调研情况来看，朗乡镇气候四季分明（如表 5-25），尤其夏季气候舒适宜人，是消暑避夏的圣地。到冬季严寒天气，寒冷指数降低了户外活动指数，但是丰富多彩的室外活动对游客的吸引力很可能超过了寒冷天气的影响，另外严寒气候形成的冰雪景观本身也是一种奇特体验。可见，气候资源增强了朗乡镇的地域性特色。

表 5-25　朗乡镇四季旅游活动

时间	游览内容	照片
4 月~6 月	杜鹃花、山梨花、野百合、湿地兰花	
6 月~7 月	观赏云海日出	
7 月~9 月	水上漂流	
9 月~11 月	"五花山"景色	
11 月~5 月	冰雪景观、滑雪、冰上活动	

2. 东北林区特色

体现朗乡东北林区特色旅游资源可分为两类：

一类是朗乡镇村落形态及院落布局，具有较强的东北地方特色，林区盛产木材，房屋、囤粮仓以及其他木质的院落建造构建凸显了朗乡镇独有的林区风貌。无论是走进这样的东北林区大院还是爬上山顶俯瞰村落景象，都是一种独特的旅游体验。

另一类是东北林区生活的风俗习惯的体验。类似于"归楞"（把伐好的木材按一定的标准摆放好）这样的充满林区地域风情的情节，在城市里或者其他的旅游地区是难得一见的。结合东北林区独有的生活方式与住宿饮食习惯，是朗乡镇人文旅游资源非常具有开发潜力的一部分。

5.5.1.4 旅游服务环境

由于朗乡镇道路交通设施较为完善，各个景区已通有水泥路，朗乡林业局有专门的客运部门，有三四条公共汽车路线直接到达景区，朗乡镇林业局客运部门机动性非常高，其公共汽车根据旅游的需要随时可以作为接送游客车辆。各景区均设有停车场地，其中石林景区停车场达 6500 平方米。

朗乡镇对旅游产业的投资有限，景区内的小品、公厕设施建设较为简陋，缺乏统一设计（如图 5-11），不能满足游客需要，对石林地质公园内部情况调研可发现，多处游览步道缺乏安全警示标识以及安全设施，具有很大的安全隐患（如图 5-12）。部分景区公共设施详情如表 5-26 所示。

图 5-11 石林地质公园标识牌

图 5-12 石林地质公园旅游步道

表 5-26 部分景区公共设施一览表 （单位：个）

景区（点）名称	座椅	凉亭	公共厕所	垃圾桶	标志牌
玉兔仙潭（滚兔岭）漂流景区	15	4	2	16	20
朗乡石林地质公园	6	2	2	10	15

游客住宿餐饮主要由两部分组成，主要部分集中在朗乡镇区内，住宿旅店 36 家，其中最具特色的为朗乡宾馆（如图 5-13），为三星级宾馆，设有床位 120 个。特色饭店 100 余家，其中以千禧饭店最具特色，以东北菜为主。

图 5-13 朗乡宾馆

另外一部分为景区内部的住宿餐饮设施，以玉兔仙潭（滚兔岭）漂流景区为例，接待宾馆一幢（滚兔岭宾馆）、木质餐厅一间（滚兔岭餐厅）、山间别墅两栋及其他服务设施（见表 5-27）。

表 5-27　朗乡镇景区住宿餐饮一览表

景区（点）名称	住宿设施数量	类型	床位总数	餐饮设施数量	同时容纳人数
玉兔仙潭漂流景区	3	宾馆、别墅	193	1	200
万松岩峡谷景区	1	别墅	30	1	30
龙乡湖水库景区	1	别墅、酒店	—	1	—

朗乡镇的特色产品主要为木制品，其中以木质挂钟及根雕作品最富盛名（见图 5-14）。朗乡山区有各种美味土特产品有松子、猴腿等。

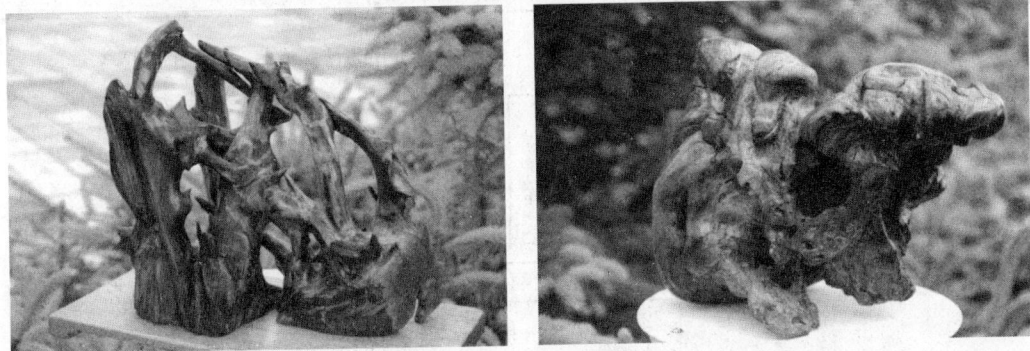

图 5-14　朗乡镇根雕作品

朗乡镇的特色产品可以到镇内商店购买，部分食物类特产可在景区采摘园购买。朗乡镇主要购物商店有中心大街商场、朗乡一百和亚曼花都，分布在镇内中心大街两侧。

朗乡林业局 2013 年获称国内十佳最美十佳小镇之一，排在海南博鳌之后位居第四。2014 年刚刚获得国内"最具特色生态旅游目的地"称号。朗乡的宣传方法丰富多样，涵盖了纸质宣传、电视广告以及网络宣传。包括 2012 年在省内 12 家市县级电视台黄金时段推出朗乡宣传片，滚动播出了半个月左右；参加哈洽会，并派发了相关图册、六折页宣传单；2012 年还在浙江和上海派发了部分宣传资料；在奥凯航空杂志做了一期朗乡的宣传。

5.5.2　朗乡镇旅游环境质量评价

5.5.2.1　评价过程

根据上文所述的评估指标选取原则和评估体系建立方法，可以运用"自上而下"和"自下而上"两种方法相结合的形式进行指标初选和筛选。

"自上而下"法就是以朗乡镇旅游环境质量评价为总目标，在对旅游环境系统研究的基础上，通过指标、评定以及案例分析的研究总结，将目标层层分解，根据衡量各子目标的原则和标准，形成可能的指标。"自下而上"法则是按照朗乡镇的旅游生态环境特质以及数据的可获得性，在现有数据基础上通过专家打分、数理统计等方法提取反映朗乡镇旅游生态环境质量各要素层目标的主要信息，确定并构建权衡各子目标属性特征的最适宜指标，建立符合客观实际的朗乡镇旅游环境质量评价指标体系。

根据上文所述，朗乡镇旅游环境质量评价体系如表 5-28 所示。

表 5-28 朗乡镇旅游环境质量评价体系

系统层	目标层	要素层
严寒地区绿色村镇旅游环境质量评价体系	自然生态环境	空气质量、水体质量、环境噪声、森林覆盖率、气候舒适性、气候吸引力、生物多样性
	旅游资源环境	丰富性、独特性、可持续性、美誉度、观赏游憩价值、村落及院落地域性、民族民俗文化保留
	社会环境	社会治安、水电暖供给能力、环境卫生、居民友好度、镇容镇貌
	旅游服务环境	景区交通便捷度、住宿接待设施、旅游餐饮、旅游购物、安全设施及医疗救护、厕所、旅游宣传、标识系统、公共休息设施

采用层次分析法进行确定朗乡镇旅游环境质量评价的指标权重（如图 5-15）。

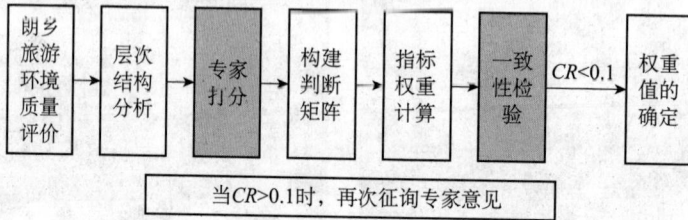

图 5-15 层次分析法应用流程图

将朗乡镇旅游环境质量评价指标体系进行层次化，按照系统层（A）、目标层（B）、要素层（C）三个层次进行分组排列，构造层次结构模型（如图 5-16）。

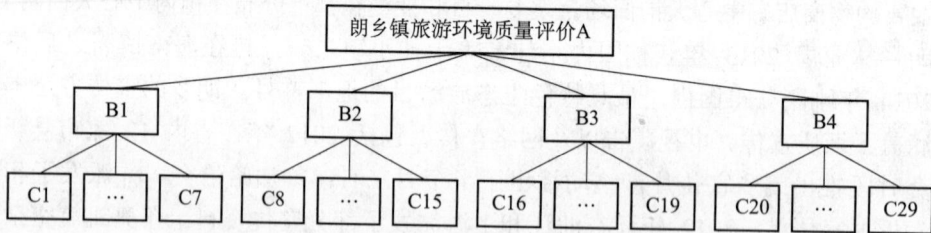

图 5-16 朗乡镇旅游环境质量评估的 AHP 层次结构模型

5.5.2.2 计算评价指标权重

根据上文所述，构建判断矩阵，采用方根法对判断矩阵进行最大特征根及其特征向量的计算，最终得出朗乡镇旅游环境质量评价指标权重如表 5-29 所示。

最后，计算最大特征根。

对判断矩阵进行一致性检验。通过计算一致性比例可有效检验判断矩阵的一致性是否比较令人满意。计算方法是将指标与平均随机一致性指标（如表 5-30）进行比较，当 $CR<0.1$ 时，那么其一致性能够令人满意，如果不在这个范围内，则需要反复调整直到 $CR<0.1$ 为止。

表 5-29 朗乡镇旅游环境质量评价指标权重一览表

系统层	目标层	权重 W_j	要素层	权重 W_i
			空气质量 C_1	0.153
			水体质量 C_2	0.141
			环境噪声 C_3	0.132
	自然生态环境 B_1	0.25	森林覆盖率 C_4	0.141
			气候舒适性 C_5	0.120
			气候吸引力 C_6	0.121
			生物多样性 C_7	0.132
			丰富性 C_8	0.138
			独特性 C_9	0.141
			可持续性 C_{10}	0.146
	旅游资源环境 B_2	0.32	美誉度 C_{11}	0.134
			观赏游憩价值 C_{12}	0.156
			村庄及院落地域性 C_{13}	0.143
严寒地区绿色村镇旅游			民族民俗文化保留 C_{14}	0.141
环境质量评价体系 A_1			居民友好度 C_{15}	0.189
			环境卫生 C_{16}	0.191
	社会环境 B_3	0.18	水电暖供给能力 C_{17}	0.230
			社会治安 C_{18}	0.210
			镇容镇貌 C_{19}	0.207
			景区交通便捷度 C_{20}	0.108
			住宿接待设施 C_{21}	0.120
			旅游餐饮 C_{22}	0.120
			旅游购物 C_{23}	0.104
	旅游服务环境 B_4	0.25	安全设施及医疗救护 C_{24}	0.118
			厕所 C_{25}	0.108
			旅游宣传 C_{26}	0.106
			标识系统 C_{27}	0.110
			公共休息设施 C_{28}	0.108

表 5-30 平均随机一致性指标一览表

阶数	1	2	3	4	5	6	7	8
RI	0	0	0.58	0.90	1.12	1.24	1.32	1.41

经过反复的计算与调整，最终朗乡镇旅游环境质量评估指标的判断矩阵一致性比例均小于 0.10，说明最终得到的权重一致性适宜。

5.5.2.3 评价标准限定

参考上文对旅游相关评定标准及其他相关的国家级评定标准，对朗乡镇旅游环境质量评价指标进行标准限定。

5.5.2.4 隶属度获取

根据对朗乡镇的实地调研获取数据，利用上文所述公式计算可得出可监测值评估指标的隶属度。

1. 空气质量

朗乡镇区空气质量符合国家大气质量二级标准，农业区、林区各项指标符合国家大气环境质量一级标准。

$$c_i = \begin{bmatrix} 镇区 \\ 农林区 \end{bmatrix} = \begin{bmatrix} 0.33 & 0.67 & 0 & 0 & 0 \\ 1 & 0 & 0 & 0 & 0 \end{bmatrix}$$

朗乡镇旅游景点主要分布在农林区，故镇区与农林区的权重为：

$$W_{c1} = [0.3 \quad 0.7]$$

根据以上数据可得出朗乡镇空气质量的隶属度为：

$$R_{c1} = W_{c1} \cdot c_1 = [0.531 \quad 0.469 \quad 0 \quad 0 \quad 0]$$

2. 水体质量

朗乡镇镇地表水、地下水资源具有良好的天然性质，经水质化学分析，目前水质中各项指标含量均不超过国家地面水环境质量三级。

$$Cz = \begin{bmatrix} 地表水 \\ 地下水 \end{bmatrix} = \begin{bmatrix} 1 & 0 & 0 & 0 & 0 \\ 1 & 0 & 0 & 0 & 0 \end{bmatrix}$$

按照《旅游区质量等级评定与划分》中对水体的分值比定量权重：

$$W_{c2} = [0.7 \quad 0.3]$$

按照以上数据可得出朗乡镇水体质量的隶属度为：

$$R_{c2} = W_{c2} \cdot c_2 = [1 \quad 0 \quad 0 \quad 0 \quad 0]$$

3. 气候舒适度

由于朗乡镇实地调研获得数据不能满足气候舒适度计算的需要，通过文献查阅，以伊春区域的数据作为参考，计算出每月的气候舒适度（如表 5-31）。

表 5-31 朗乡镇每月气候舒适度指数

月份	1	2	3	4	5	6	7	8	9	10	11	12
月平均气温（℃）	-23.9	-19.1	-8.2	3.5	11.7	17.2	20.5	18.3	11.7	2.6	-9.7	-20.5
相对湿度（%）	75	71	64	55	57	72	78	81	76	67	71	76
月平均风速（m/s）	2.0	2.3	2.5	3.2	3.0	2.3	2.2	2.0	2.3	2.5	2.5	2.1
舒适度	-6.05	2.39	20.25	37.45	48.69	57.34	62.83	59.69	48.86	35.49	16.41	-1.23

由此可见，6、7、8 月份是朗乡镇气候最舒适的时间段，1、2、3 月份与 11、12 月份气候酷冷，对人体舒适度感受差。通过对各个月份的气候舒适度计算，最后可得出气候舒适度指标隶属度：

$$R_{c4}=W_{c4} \cdot c_4=[0.083 \quad 0.167 \quad 0.167 \quad 0.167 \quad 0.416]$$

4. 森林覆盖率

朗乡镇的实际调研数据显示其森林覆盖率达到 92.3%，根据上文该因素的评价标准，可得其隶属度：

$$R_{c3}=[1 \quad 0 \quad 0 \quad 0 \quad 0]$$

5. 环境噪声

根据对朗乡镇噪声环境的实地测试，可得其区域环境噪声平均值为 56 分贝，交通干线噪声平均值为 72 分贝。

$$C_6 = \begin{bmatrix} 区域环境 \\ 交通干线 \end{bmatrix} = \begin{bmatrix} 1 & 0 & 0 & 0 & 0 \\ 1 & 0 & 0 & 0 & 0 \end{bmatrix}$$

按照《旅游区质量等级评定与划分》定量权重：

$$W_{c6}=[0.5 \quad 0.5]$$

按照以上数据可得出朗乡镇环境噪声的隶属度为：

$$R_{c6}=W_{c6} \cdot c_6=[0 \quad 0.531 \quad 0.469 \quad 0 \quad 0]$$

通过问卷调查法来获得不可监测指标的隶属度值。按照指标评级标准分为五个等级，对朗乡镇当地居民及去过朗乡镇的游客共发放问卷 50 份，其中有效问卷 48 份。对问卷调查的结果进行以下计算方法处理，见式（5-13）[58]：

$$R_{ij}=d_{ij}/d \quad (i=1, 2, \cdots, n; j=1, 2, \cdots, m) \tag{5-13}$$

其中，d 代表评价中第 i 评价指标 x_i 做出第 j 评价尺度 y_i 的专家个数。

根据对问卷调查结果的统计整理，依照此计算方法，可得出不可监测值指标的隶属度（如表 5-32）。

表 5-32　不可监测值指标的隶属度

评估指标	好 V1	较好 V2	一般 V3	较差 V4	差 V5
气候吸引力	0.375	0.437	0.167	0.021	0
生物多样性	0.146	0.396	0.416	0.042	0
丰富性	0.416	0.334	0.250	0	0
独特性	0.125	0.458	0.354	0.063	0
可持续性	0.083	0.313	0.479	0.125	0
美誉度	0.271	0.396	0.333	0	0
观赏游憩价值	0.562	0.271	0.167	0	0
村庄及院落地域性	0.104	0.271	0.521	0.104	0
民族民俗文化保留	0.104	0.354	0.396	0.125	0.021
居民友好度	0.479	0.354	0.167	0	0

续表

评估指标	好 V1	较好 V2	一般 V3	较差 V4	差 V5
环境卫生	0.271	0.437	0.229	0.063	0
水电暖供给能力	0.063	0.354	0.521	0.062	0
社会治安	0.563	0.271	0.166	0	0
镇容镇貌	0.292	0.416	0.292	0	0
景区交通便捷度	0	0.250	0.396	0.292	0.062
住宿接待设施	0.021	0.292	0.458	0.208	0.021
旅游餐饮	0	0.272	0.479	0.229	0
旅游购物	0	0.083	0.521	0.312	0.083
安全设施及医疗救护	0	0	0.417	0.437	0.146
厕所	0	0	0.395	0.417	0.188
旅游宣传	0	0.104	0.479	0.375	0.042
标识系统	0	0.063	0.437	0.437	0.063
公共休息设施	0	0	0.667	0.292	0.041

5.5.2.5 模糊综合评价

对评价指标 C_i，根据模糊决策矩阵 $R(C_i)$ 和权重 $W(C_i)$，计算单要素模糊评价 $C=R(C_i)\times W(C_i)$。结果如表 5-33 所示。

表 5-33 朗乡镇旅游环境质量评价指标体系单要素模糊评判分值表

$C_1=[0.0810\ \ 0.0717\ \ 0\ \ 0\ \ 0]$

$C_2=[0.141\ \ 0\ \ 0\ \ 0\ \ 0]$

$C_3=[0\ \ 0.0637\ \ 0.0563\ \ 0\ \ 0]$

$C_4=[0.141\ \ 0\ \ 0\ \ 0\ \ 0]$

$C_5=[0.0109\ \ 0.0220\ \ 0.0220\ \ 0.0220\ \ 0.0549]$

$C_6=[0.0454\ \ 0.0529\ \ 0.0202\ \ 0.0025\ \ 0]$

$C_7=[0.0192\ \ 0.0523\ \ 0.0549\ \ 0.0055\ \ 0]$

$C_8=[0.0574\ \ 0.0461\ \ 0.0345\ \ 0\ \ 0]$

$C_9=[0.0176\ \ 0.0646\ \ 0.0499\ \ 0.0089\ \ 0]$

$C_{10}=[0.0121\ \ 0.0457\ \ 0.0699\ \ 0.0182\ \ 0]$

$C_{11}=[0.0363\ \ 0.0530\ \ 0.0446\ \ 0\ \ 0]$

$C_{12}=[0.0877\ \ 0.0530\ \ 0.0260\ \ 0\ \ 0]$

$C_{13}=[0.0149\ \ 0.0387\ \ 0.0745\ \ 0.0149\ \ 0]$

$C_{14}=[0.0147\ \ 0.0499\ \ 0.0558\ \ 0.0176\ \ 0.0296]$

$C_{15}=[0.0905\ \ 0.0669\ \ 0.0316\ \ 0\ \ 0]$

$C_{16}=[0.0517\ \ 0.0834\ \ 0.0437\ \ 0.0120\ \ 0]$

$C_{17}=[0.0128\ \ 0.0718\ \ 0.1057\ \ 0.0126\ \ 0]$

$C_{18}=[0.1182\ \ 0.0569\ \ 0.0348\ \ 0\ \ 0]$

$C_{19}=[0.0604\ \ 0.0861\ \ 0.0604\ \ 0\ \ 0]$

$C_{20}=[0\ \ 0.0270\ \ 0.0427\ \ 0.0315\ \ 0.0067]$

$C_{21}=[0.0025\ \ 0.0350\ \ 0.0549\ \ 0.0249\ \ 0.0025]$

$C_{22}=[0\ \ 0.0326\ \ 0.0575\ \ 0.0275\ \ 0]$

$C_{23}=[0\ \ 0.0086\ \ 0.0541\ \ 0.0324\ \ 0.0086]$

$C_{24}=[0\ \ 0\ \ 0.0492\ \ 0.0515\ \ 0.0172]$

$C_{25}=[0\ \ 0\ \ 0.0426\ \ 0.0450\ \ 0.0203]$

$C_{26}=[0\ \ 0.0110\ \ 0.0507\ \ 0.0397\ \ 0.0044]$

$C_{27}=[0\ \ 0.0069\ \ 0.0480\ \ 0.0480\ \ 0.0069]$

$C_{28}=[0\ \ 0\ \ 0.0707\ \ 0.0309\ \ 0.0043]$

对模糊决策矩阵 $R(B_i)$ 及评价指标权重子集 $A(B_i)$，根据模糊合成运算公式 $B=A(B_i)\times R(B_i)$ 进行一级模糊综合评判矩阵 B_i。计算可得一级评判结果：

$$B_1 = (0.153 \quad 0.141 \quad 0.132 \quad 0.141 \quad 0.120 \quad 0.121 \quad 0.132)$$

$$\begin{bmatrix} 0.530 & 0.469 & 0 & 0 & 0 \\ 1 & 0 & 0 & 0 & 0 \\ 0.083 & 0.167 & 0.167 & 0.167 & 0.416 \\ 1 & 0 & 0 & 0 & 0 \\ 0 & 0.531 & 0.469 & 0 & 0 \\ 0.375 & 0.437 & 0.167 & 0.021 & 0 \\ 0.146 & 0.396 & 0.416 & 0.042 & 0 \end{bmatrix}$$

$$B_1 = (0.439 \quad 0.263 \quad 0.173 \quad 0.05 \quad 0.075)$$

同理：

$$B_2 = (0.241 \quad 0.34 \quad 0.335 \quad 0.06 \quad 0.025)$$

$$B_3 = (0.334 \quad 0.365 \quad 0.276 \quad 0.246 \quad 0)$$

$$B_4 = (0.003 \quad 0.121 \quad 0.471 \quad 0.332 \quad 0.071)$$

将其整理可得到朗乡镇旅游环境质量评价一级评价结果（如表 5-34）。

表 5-34　一级模糊综合评价结果

目标层	很好	较好	一般	较差	差
自然生态环境 B_1	0.439	0.263	0.173	0.05	0.075
旅游资源环境 B_2	0.241	0.340	0.335	0.06	0.025
社会环境 B_3	0.334	0.365	0.276	0.024	0
旅游服务环境 B_4	0.003	0.121	0.471	0.332	0.071

根据一级模糊评判结果 B_i 构造矩阵 $R(B)$ 及评价要素权重子集 $A(B)$，再根据模糊合成运算公式 $A=A(B) \times R(B)$，计算得出二级模糊评判结果，同时计算得出权重子集，可得二级综合模糊评判结果：

$$A = (0.25 \quad 0.32 \quad 0.18 \quad 0.25) \begin{bmatrix} 0.439 & 0.263 & 0.173 & 0.05 & 0.075 \\ 0.241 & 0.34 & 0.335 & 0.06 & 0.025 \\ 0.334 & 0.365 & 0.276 & 0.024 & 0 \\ 0.003 & 0.121 & 0.471 & 0.332 & 0.071 \end{bmatrix}$$

$$A = (0.237 \quad 0.27 \quad 0.308 \quad 0.149 \quad 0.045)$$

经过整理，可得到朗乡镇旅游环境质量评价二级评价结果（如表 5-35）。

表 5-35　二级模糊综合评价结果

系统层	很好	较好	一般	较差	差
朗乡镇生态旅游环境质量 A	0.237	0.270	0.308	0.149	0.045

5.5.2.6　评价结果分析

为了更加直观的了解评价结果，对获得的各级数据归一化处理。按照最大隶属度计算方式，将各指标对应至所属级别，可得评价结果（如表 5-36）。

表 5-36 朗乡镇旅游环境质量评价结果

系统层	目标层	评价结果	要素层	评价结果
朗乡镇旅游环境质量评价指标体系 A（一般）	自然生态环境 B_1	很好	空气质量 C_1	很好
			水体质量 C_2	很好
			环境噪声 C_3	较好
			森林覆盖率 C_4	很好
			气候舒适性 C_5	很差
			气候吸引力 C_6	较好
			生物多样性 C_7	一般
	旅游资源环境 B_2	较好	丰富性 C_8	很好
			独特性 C_9	较好
			可持续性 C_{10}	一般
			美誉度 C_{11}	较好
			观赏游憩价值 C_{12}	很好
			村庄及院落地域性 C_{13}	一般
			民族民俗文化保留 C_{14}	一般
	社会环境 B_3	较好	居民友好度 C_{15}	很好
			环境卫生 C_{16}	很好
			水电暖供给能力 C_{17}	一般
			社会治安 C_{18}	很好
			镇容镇貌 C_{19}	较好
	旅游服务环境 B_4	一般	景区交通便捷度 C_{20}	一般
			住宿接待设施 C_{21}	一般
			旅游餐饮 C_{22}	一般
			旅游购物 C_{23}	一般
			安全设施及医疗救护 C_{24}	较差
			厕所 C_{25}	较差
			旅游宣传 C_{26}	一般
			标识系统 C_{27}	较差
			公共休息设施 C_{28}	一般

对指标单元评估结果进行逐一对比。

自然生态环境系统下各指标对比情况如图 5-17 所示。从图中可以看出，其中空气质量、森林覆盖率、水体质量以及生物多样性是比较重要的指标单元，其中森林覆盖率与水体质量目前情况良好，气候舒适性最差。朗乡镇的自然生态环境以高森林覆盖率及水文条件为长，为朗乡镇自然生态环境打下雄厚基础。朗乡镇地处严寒地区，其寒冷地区气候对旅游环境造成了一定的影响，但其四季分明的特色、夏季的凉爽舒适及冬季的冰雪景观同时也增加了对游客的吸引，朗乡镇的旅游发展应该抓住其森林及水文方面的优势，根据不同的气候特点，考虑其对旅游的吸引力是否能够克服舒适性方面的欠缺，根据具体情况开拓相应的旅游规划。

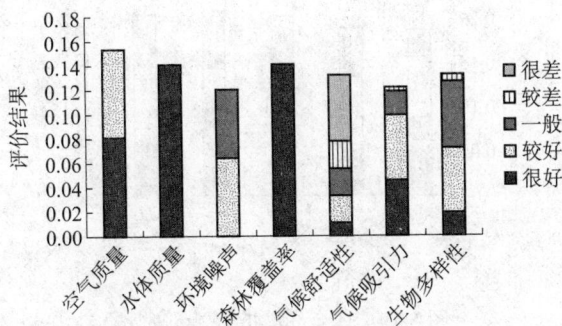

图 5-17　自然生态环境指标单元对比

　　旅游资源环境系统下各个指标对比情况如图 5-18 所示。从图中可以看出观赏游憩价值及民族民俗文化保留两个指标单元对于旅游资源环境质量较为重要。7 个指标单元中，观赏游憩价值相对最好，丰富性其次，可持续性和民族民俗文化保留最差。

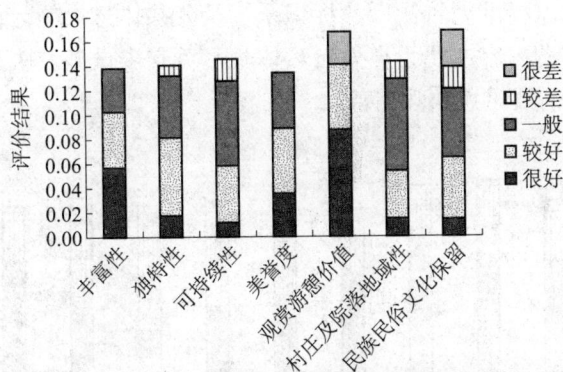

图 5-18　旅游资源环境指标单元对比

　　朗乡镇的旅游发展得益于其优良的自然生态资源，在旅游开发中单方面重视当下经济发展，而忽略了旅游资源的不良开发导致其有限性的一面。朗乡镇具有东北地域特色及寒地林场双重优势，有很多东北林区独有的民俗文化，例如上文提到的"喊号子"等，随着现代化的侵蚀，这些极具特色与价值的文化仅留在了老一辈人的记忆里。朗乡镇的旅游发展不但要考虑自然资源开发的可持续，同时也应该深度发掘民族民俗文化，做到文化的可持续发展。

　　社会环境系统下各个指标单元对比如图 5-19 所示。从图中可以看出，各指标重要程度相差不大，按从好到差的次序排列，依次是社会治安、居民友好度、镇容镇貌、环境卫生和水电暖供给。社会治安与居民友好度是旅游发展的前提，良好的治安和淳朴的民风能够提高游客的旅游质量，加深游客对旅游地的良好印象，为朗乡镇进一步发展旅游产业打下良好基础。由于朗乡镇四面环山的地势导致其水电暖供给能力一般，需要进一步加强完善，从而更好的推进旅游产业发展。

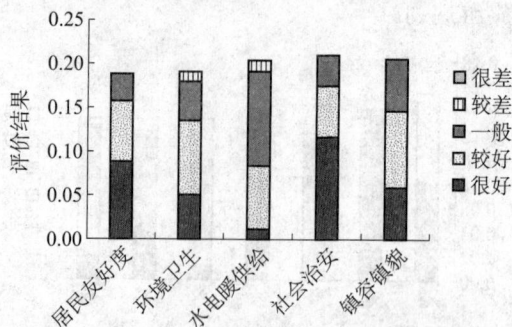

图 5-19　社会环境指标单元对比

旅游服务环境系统下各个指标单元对比如图 5-20 所示。其中住宿、餐饮及安全医疗等指标单元相对较为重要。从优劣程度来看，各个指标都较为一般，其中安全设施及医疗救护、厕所、标识系统较差。良好的旅游服务可以有效吸引游客二次前来。朗乡镇旅游开发并不成熟，各项旅游服务指标均有待提高，在旅游住宿、餐饮和购物方面注重展现当地特色，按照国家标准完善厕所、标识系统及公共休息设施。由于朗乡镇旅游主要依托于自然资源，旅游内容主要为户外自然体验，对安全设施及医疗救护的要求较高，目前该项指标较差，需要重点加强完善。

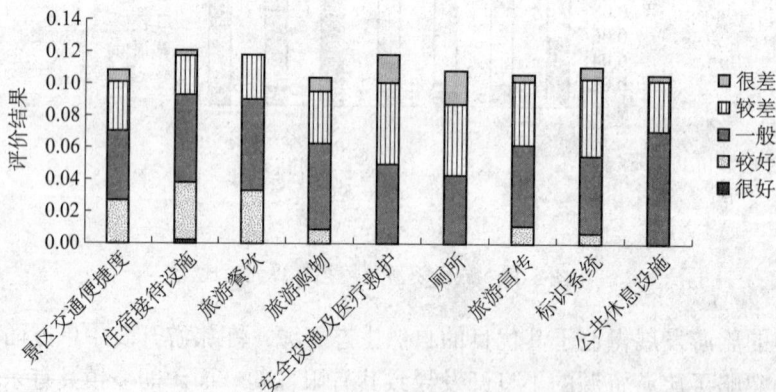

图 5-20　旅游服务环境指标单元对比

目标层中各个指标对比如图 5-21 所示。按照从好到差将各指标排序依次是自然生态环境、社会环境、旅游资源环境、旅游服务环境。朗乡镇的自然生态环境良好，拥有得天独厚的自然条件优势，但其可供旅游产业开发的资源相对一般，特色不够突出，社会环境总体良好，适合旅游发展。从柱状图的整体趋势来看，旅游服务环境明显落后于其他三项指标，不能满足当前旅游活动的进行。在下一步旅游产业的开放上，应重点提高旅游服务环境。

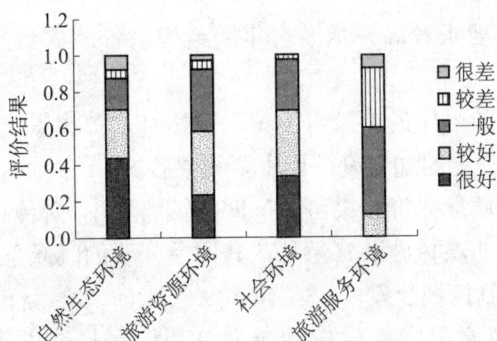

图 5-21 目标层指标单元对比

从二级评价结果中可以看出，朗乡镇旅游环境质量一般，且向较好方向倾斜。朗乡镇具有一定的旅游产业开发潜力，但旅游资源整体一般，不适合成为全国知名性景区。在旅游发展中要对其准确定位，谨慎不适宜强度的开发，避免对朗乡镇产生不可逆的不良影响。

5.5.3 朗乡镇旅游环境质量优化对策

5.5.3.1 发展定位与结构布局

从区域交通方面来看，朗乡镇交通较为方便，设有朗乡火车站及汽车站各一处。从哈尔滨和伊春两处设有机场的较大客流集散地，到朗乡火车站的时间长度均为 3 小时左右，能够有效接纳两地游客（如图 5-22 所示）。

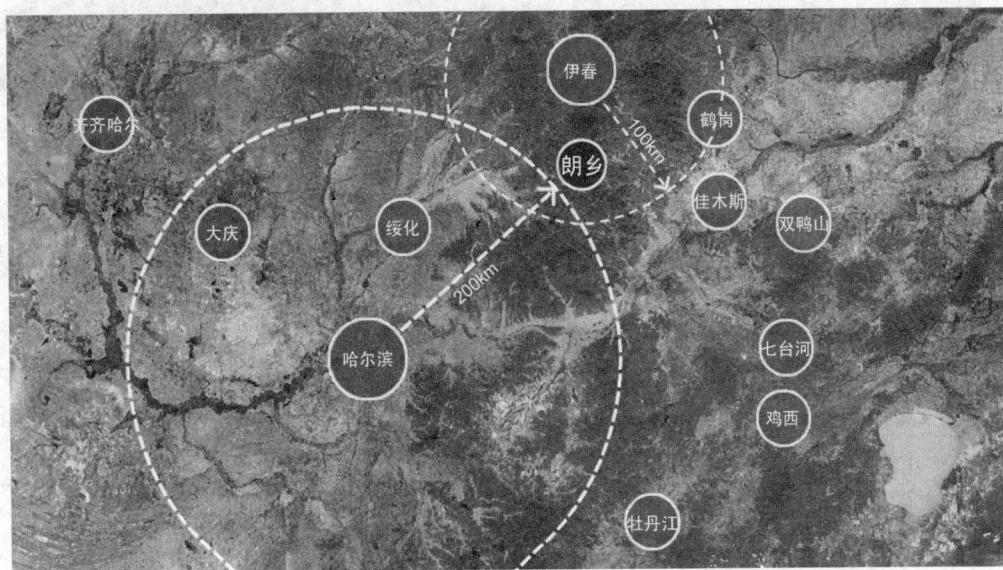

图 5-22 朗乡镇区位图

从游客客源地结构来看，主要以黑龙江省内游客为主，其中哈尔滨、大庆等省内较大城市游客占游客总数的 40%左右。由于朗乡镇内现开放景区以漂流、登山等活动，对游客体力等因素要求较高，从游客年龄结构来看，主要为 20~40 岁的青年和中年人为主。

朗乡镇曾获得"中国十佳最美风情小镇"等称号，曾在黑龙江省内电视台做过电视宣传，在全国范围内有一定的知名度，但主要集中省内。

从朗乡镇旅游环境质量评价结果可知，朗乡镇自然生态资源丰富，旅游资源开发潜力很大。除已初步开发的森林旅游资源外，其四季分明的气候条件及独具特色的东北寒地林区民风民俗尚未得到挖掘建设。

综上所述，朗乡镇旅游应以生态旅游为总基调，打造以森林等自然旅游资源为主、以东北林区乡村民俗等文化旅游资源为辅的精品旅游村镇。面向青年及中老年游客群体，以省内为主，逐渐向全国及世界范围内进一步扩展。对其旅游环境质量进行优化，其规划理念概括为以下几点：回归林海，乐游生态，体验文化，四季养生，永续发展。

（1）回归林海。以森林资源为主体，结合地质、水文资源开发旅游主打项目。森林深处的神秘是很多人梦中的向往，穿梭在林间，感受自然的存在与力量，远离城市的聒噪与喧嚣。

（2）乐游生态。以原生态自然山、林、水为基础，提供最适宜人工干预建设的旅游景区及旅游活动。徒步山林，畅游江河，采摘瓜果，临水垂钓，多种全方位接触自然的户外活动相结合。

（3）体验文化。开发个别特色村庄以及旅游景区为核心的周边辐射村镇，充分挖掘东北林区的特色民风民俗，保留恢复特色节庆。从食、住、行全方位打造充满东北林区特色的乡土人情风俗体验。

（4）四季养生。依托朗乡镇四季分明的气候特色，结合朗乡镇村镇慢节奏的生活，打造"四季慢活"理念。游在朗乡，放慢身体与灵魂的脚步，自在享受林间天然氧吧，住在乡土气息浓郁的东北林区木屋，食山林天然特产，赏春花秋月、夏林冬雪。

（5）永续发展。充分挖掘、开发旅游产业的同时，大力做好自然生态环境的保护工作，合理安排开发强度及开发时序，做好生态管控工作，限定自然保护区等级及界限，使朗乡镇的自然生态资源及旅游资源达到可持续发展。

朗乡镇域的旅游环境优化规划结构可以概括为：

（1）近期，一心一带两区。一心为朗乡镇区旅游服务接待中心，两区分别为：以目前发展较好的朗乡石林地址公园为主要游览核心的，包括其周边龙乡湖风景区和石猴山滑雪场在内的旅游片区；以玉兔仙潭风景区为主要游览核心的，包括其周边的林中园风景区、大西北岔跑马场、万松岩风景区以及巴兰河新村在内的旅游片区。一带为两片景区之间建立景观公路，串联中间其他景点，形成特色景观交通带。

（2）远期，三心一环三片，以朗乡镇区为中心服务功能区、东南主要旅游活动功能区以及西南主要旅游活动功能区为核心，以连接三处片区的景观公路其它旅游景点串联成旅游环线（如图5-23）。

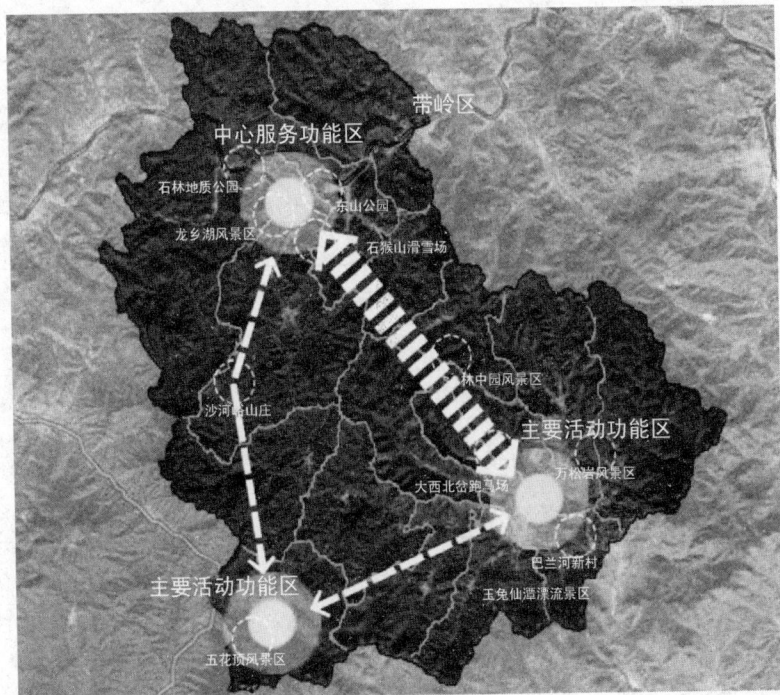

图 5-23　朗乡镇域旅游环境规划结构

5.5.3.2　自然资源环境保护对策

从评估结果来看，朗乡镇自然资源环境整体情况较好，有着得天独厚的自然生态条件。目前空气质量、水体质量以及森林覆盖率等较为让人满意，但从实地调研情况来看，仍然存在需要改进的地方。生态自然是朗乡镇开拓旅游业的强力背景支撑，只有将其进行良好的保护，才能够更好的提供旅游资源及环境。朗乡镇重点保护的自然资源主要为山体、水体以及林体。

1. 整体生态管控

对朗乡镇的整体生态管控，有利于从宏观方面控制整体生态格局。要将朗乡镇的生态适宜性依据城镇未来发展的模式进行划分。首先依据生态功能来界定生态敏感区，严格控制开发，耕地、林地等需要保护的区域应高要求限制开发，适用于城市发展建设的区域应按照不同的情况将其划分类别，避免肆意开发。形成以外围较大面积林体作为朗乡镇可持续发展的保障，以山地、水体和林体作为城市建设用地的依托。从而构建朗乡镇"山、水、林、城"相间的良好生态格局，以及整个镇域的生态网络体系。

（1）生态敏感区。此区域的抗干扰能力弱，生态环境优劣关系到整个区域的生态安全，也是朗乡镇生态服务价值较高的地区。按照朗乡镇不同的生态特征区域可以分为河湖生态敏感区、山体生态敏感区和灾害敏感区（如表 5-37）。

（2）生态保护区。此地区是生态环境的保障体，能够综合调节大环境中的各个子系统，清除环境中不需要的杂质。主要由朗乡镇各个林场的山林地以及村屯农田组成（如表 5-38）。

表 5-37　生态敏感区分类

名称	具体内容	建设强度
河湖生态敏感区	指河湖水体的核心区	严格保护，杜绝开发
山体生态敏感区	指划定的自然保护区、风景区和森林公园的核心区，包括原始森林公园	严格保护，杜绝开发
灾害敏感区	指行蓄洪区和地面塌陷区	严格保护，杜绝开发

表 5-38　生态保护区分类

名称	具体内容	建设强度
农业发展区	农田、林地系统	发展生态农业，改善生态农业环境
生态廊道	通过生态廊道联络水体、山体，以及城市组团间的生态斑块，从而构造整个区域的生态网络，保护区域生态多样性和景观完整性	此区域应加大生态建设的力度，以保护为主，限制开发

（3）生态开敞区。这一区域生态系统，构成单一，弹性较小，自我恢复能力极弱，整个区域的物质与能量的运转基本上要靠人类的主动行为来完成。对于这类区域，应该发挥人类的主动性，通过社会行为，对其生态环境进行强力的恢复和保护工作。

2. 资源体保护

朗乡镇群山环绕，以中低山体为主，多数较为平缓。对于不同的山体特征应该进行相对应的保护措施，不能一概而论。耳朵眼山与小城墙砬子山位于朗乡镇区中部，海拔高度均在 1200 米左右，山势陡峭。由于地势原因，针对于这两座山体应该以恢复和扩大森林植被为中心，重点保护原生态天然林，有效合理的进行采伐工作，强化退耕还林。作为朗乡镇生态环境的调节输出中心，保障动植物种群的生长环境与生态多样性。

五花顶山、大青山等山体景色宜人，适宜作为景区开发，在开发建设时，应做到提前规划和科学计划，充分尊重山体原生自然生态风貌，严谨对其加以改变，以保证山体与水体、林体等其他生态体的整体性和系统性。特殊景观处，例如奇峰怪石等山体景观地段，应划出保护范围。开发建设应通过相应的分析，尽量采用绿色生态技法。

对于水土流失以及风化严重的山体地段，应及时甚至提前勘测做出保护措施。进行相应的支挡、固定以及护坡等安全措施。有效制定并实施退耕还林计划，增强水土保持能力。

对巴兰河原始森林、五花顶原始森林以及万松岩峡谷等作物旅游景区的林体，进行植被保育、植被绿化工作。结合不同的旅游活动需求，划分不同的植被保护区。可根据不同海拔、山势、气候及土壤条件，安排培育不同的植物群落，打造多种特色的景观效果。通过植被的保育，建立对整体自然生态环境保护，从而达到对以初级能量为食物的鸟类、蛇类等动物的保护，确保整体生态系统的平衡。

朗乡镇区域系属长白植物区的小兴安岭亚区，对区域内的古树名目以及珍稀植物群落应做到提前勘测，经专家评定，建立标记，划出有效的保护区，根据情况可做旅游观赏景观。

朗乡镇区水体出现污染情况的主要为半圆河，造成半圆河污染的原因是河沿岸的翠花集团、木材加工企业产生的污水，其中部分不经任何处理，直接排入半圆河，造成河流的污染，加上城镇居民生活污水的排入，使得河道水质变差，虽然目前没有形成严重的污染，长此以往，必然留下后患。另外，由于朗乡河流为山区河流，两岸植被较好，土壤腐殖质丰富，经雨水冲刷，汇入河流水体，使河流背景值较高，也是造成水质较差的原因之一。

对水体进行保护，应严禁有污染的新建项目，对已建污染项目进行污染物排放总量控制。加大力度推进绿色能源，提高工业废水的循环利用，以及固体废物及生活垃圾的回收利用率。

5.5.3.3 社会环境质量提升对策

根据评价结果可知，朗乡镇社会环境方面，基础设施与镇容镇貌目前相对质量较差，需要重点建设加强。环境卫生、居民友好度及社会治安目前较好，需要良好维持，适度调整与改善。

1. 基础设施

朗乡镇基础设施主要为水、电、暖供给设施。水、电、暖的良好供给是乡村、林场开发旅游的前提条件。

根据朗乡镇对给排水的需求，给水工程供水体制仍采用生产、生活、消防共用系统。在朗乡镇区内西部规划新供水厂一座，其供水规模可满足规划期末供水总量。在管线配置上注重新老厂管线的衔接与撤并。

朗乡镇中心现状排水方式为合流制排水，镇区内无污水处理厂，生活污水、雨水、工业废水均排向半圆河，对河水有一定程度的污染，规划在镇区内东部地区规划污水处理厂一座。采用的排水体制为分流制。完善镇区内原有排水管线，区内雨水直接排入半圆河，污水排入规划污水处理厂。

朗乡将形成以防洪供水、发电、旅游等一体化的水资源综合开发利用模式。抓好龙乡湖水库的规划建设，可提供朗乡将来的供水。从长远来看，可提高调节能力，可以根本上解决郎乡镇的供水、洪、涝、旱问题，发展生态旅游。

采用环网供电，优先解决 10kV 架空配电线路供电半径长和负荷过大的问题，使架空线路在正常的情况下负荷电流不超过 250A，高峰时不超过 300A，这样可提高设备利用率；10kV 架空配电线路供电半径原则上城镇不超过 5 千米，农村不超过 15 千米。保留现状变电站位置不变，预计到2030 年扩大 2 倍装机容量。

另外，通过龙乡湖水库发电解决一部分镇区用电。

在镇区规划供热锅炉房一座，服务范围为中汇路、畅园西路以西地区；原有北部供热锅炉房服务范围为翠花大街以北，中汇路、畅园西路以东地区；原有南部供热锅炉房服务范围为翠花大街以南地区。根据利用原有分散锅炉房的原则，按照不同类别、形式、规模设置热力站，供热面积 245 万平方米，用地面积控制在 150 平方米以内，独立设置。

各村屯主要采取独立供暖，主要采暖设施为火炕、火墙等。取暖方法较为原始，可作为特色保留。

2. 民风建设

民风建设主要表现为社会治安情况与居民友好度，有多方面影响因素。良好的民风主要取决于居民精神文明状态。朗乡镇内居民多数为林场职工，有足够的国家补贴，有大量休闲时间。全面提升朗乡镇的民风建设，需要丰富居民生活，组织集体活动，增强邻里交流，提升居民对精神文明的认识。

朗乡镇全面提高公共设施建设，包括行政管理、教育机构、文体科技等基本公共服务设施，增强公共服务的供给能力。以便改善居民的生活条件和消费环境，并为大力发展第三产业、扩大就业和精神文明建设创造物质环境条件。公共设施建设按中心镇区、生活居住区、林场所等统筹安排。

在镇区内各社区及各村部、林场建设室内外集体活动空间，室外空间包括居民活动广场、门球场等，室内活动空间包括棋牌室、图书阅览室等，方便居民自发组织日常的休闲活动。

重视节庆活动，组织相应特色的集体活动，例如"国庆节"组织居民进行歌颂祖国的相关活动。增设朗乡镇特色的节庆，例如"朗乡森林节"、"朗乡漂流节"等节庆活动。一方面组织镇内居民进行活动，一方面通过特色活动吸引游客参观、并加入体验。

3. 镇容镇貌

朗乡镇镇容镇貌主要由四部分组成：卫生情况、绿化情况、街道整治、夜景照明。

根据住建部《城镇环境卫生设施设置标准》中规定的指标，结合朗乡镇总体规划布局，本着布局合理、美化环境、方便实用、整洁卫生和有利于环境卫生作业的原则，进行环境卫生设施规划。包括公共厕所、垃圾箱及垃圾中转站点等的布置、规划。

朗乡镇地处河谷地带，城镇四面环山，山间林木植被茂盛，镇内清澈河水穿城而过，这些因素又都为朗乡镇整体绿化景观的改善提供了便利条件。规划沿半圆河两测修建休闲步道和小广场，增加两岸绿化的层次，绿化植物多采用适宜寒地生长的本地物种。步道与广场铺装以木质为主要材料，就地取材，生态施工。

街道整治包括街道的畅通、硬化和广告牌改造。规划将朗乡镇内主要街道两侧人行路进行统一硬化。各个村屯、林场内主要道路实现全柏油路。达到朗乡全镇内硬化道路畅通。朗乡镇内主要商业街广告牌进行统一规划设计，建议采用以木材为主题，突出当地特色，考虑成本，可采用仿木材质。

夜景照明分为两个等级，居民主要活动广场与主要街道两侧，为一级重视照明区域，实现道路两侧照明的同时，两侧建筑也要有相应的照明灯光统一，适宜采用黄光等暖色光系。其他辅助道路及各个村落农场为第二等级，要保证基本的道路照明。

5.5.3.4 旅游项目开发对策

从评价结果分析来看，朗乡镇旅游资源环境质量中村庄及院落地域性、民族民俗文化保留及旅游资源独特性需要得到较高的关注和加强。独特性方面需要打造具有朗乡特色的旅游产品，加入东北寒地森林旅游特色元素，各个景区景点的打造要结合自身特色，避免朗乡镇内景区景点特色重复，主要结合旅游产品开发进行。民族民俗文化与村庄院落地域性打造结合旅游景区配套村落林场建设共同进行。

　　1. 旅游产品开发

　　从目前朗乡镇已开发的旅游项目来看还存在一些问题。例如以林中园红松原始林、龙乡湖水库为例的部分景区，旅游活动内容相似性很高，不能突出自身独有的特色，对游客的吸引力没有产生有效差别，使游客容易产生选择其一体验即可的感受。独特性是增强旅游体验感受的关键要素，朗乡镇旅游每个景区都应该有相应定位及主打方面，形成独特的吸引点，让游客游览每个景区的时候都能产生不同的体验感受，并乐于多选择几个景区作为组合。

　　根据不同景区项目，对其活动内容进行重点强调与调整（如表5-39）。

表5-39　朗乡镇旅游景区（点）活动内容一览表

景区名称	主要旅游内容	辅助旅游内容	适游期	游适宜客年龄
朗乡镇区	旅游接待中心（食、住、购、娱、医）	登东山公园，俯瞰镇区	春、夏、秋、冬	任何年龄段
石林地质公园	特殊地质地貌风光	植被乔木、野生花卉观赏，投喂松鼠	春、夏、秋	青年、中年
龙乡湖水库景区	水路户外活动（环湖自行车骑行、水上运动等）、度假	高空索道、观赏夜景	春、夏、秋、冬	任何年龄段
石猴山滑雪场	滑雪	夏季滑草，冬季雪上摩托及其他雪上运动	夏、冬	儿童、青年、中年
玉兔仙潭漂流景区	水上漂流	垂钓、野炊、氧矿水养生	夏	青年、中年
万松岩峡谷景区	峡谷景观、抗联遗址参观	春季赏花、划船、游泳	春、夏、秋	儿童、青年、中年
林中园红松原始林	林业发展体验（林场小火车、林业发展史展示、采伐作业演示与体验）	体验捕捉林蛙、山特产品展示、采摘、近距离接触山林小动物	春、夏、秋、冬	任何年龄段
大西北岔跑马场	跑马场（骑马、赛马）	射箭、狩猎	春、夏、秋、冬	青年、中年
巴兰河新村	生态农业度假		春、夏、秋、冬	任何年龄段
五花顶原始林	户外素质拓展	春季赏花、秋季赏五花山	春、夏、秋	青年、中年
沙河谷	东北林区农村生活体验		春、夏、秋、冬	任何年龄段

　　根据不同景区的不同游览活动内容，可按照其特色组成不同的旅游线路，帮助游客规划旅游。

　　（1）四季气候体验旅游线路。"春有杜鹃绽放，夏有千木竞绿，秋可见层林尽染，冬可见冰清玉洁"。根据朗乡镇四季气候特点及朗乡镇景区特色安排四季气候线路。春天到五花顶原始林、万松岩峡谷景区赏花，看云海，感受清凉的春风；夏季到玉兔仙潭漂流景区、龙乡湖水库景区漂流、戏水、垂钓，感受夏日的阳光雨露；秋季到石林地质公园、林中园红松原始林及五花顶原始林看五花山色，感受秋高气爽；冬季到石猴山滑雪场、沙河峪滑雪、看东北乡村雪景，体验北国风光（如图5-24）。

图 5-24　朗乡镇旅游景区四季气候体验旅游线路

（2）户外运动旅游线路。在人们越来越重视健康的今天，户外运动的热门指数始终居高不减。户外运动是一项带有探险性质的休闲运动，充分接触自然、感受自然的同时向自我的毅力、耐力和体能等多方面发出挑战，它不止是青年人的特权，中年人中也有很大的爱好人群。朗乡镇得天独厚的自然生态资源为户外运动打下良好的基础，无论的登山还是游水均可提供场地。户外登山探险可到石林地质公园、五花顶原始森林、万松岩峡谷景区等，其中五花顶山是朗乡的最高山，可提供多条原生态森林攀登路线；户外骑行可到龙乡湖水库风景区；户外水上探险可到玉兔仙潭漂流景区；户外冰雪探险可到石猴山滑雪场（如图5-25）。

2. 配套村落（农场）开发

根据朗乡镇旅游环境质量评价结果来看，朗乡镇气候较为具有吸引力，且其原汁原味的东北林区乡村生活是较为重要的旅游资源，从目前朗乡镇旅游开发来看，这一资源并未得到充分的重视。未来的朗乡镇旅游规划可将这两部分结合开，将朗乡镇旅游核心区周边辐射范围内的乡村适当开发，与旅游景区结合，提供特色东北林区乡村生活体验的同时，为景区疏解客流，提供食、宿、购、娱等方面的服务，延长游客停留时间。

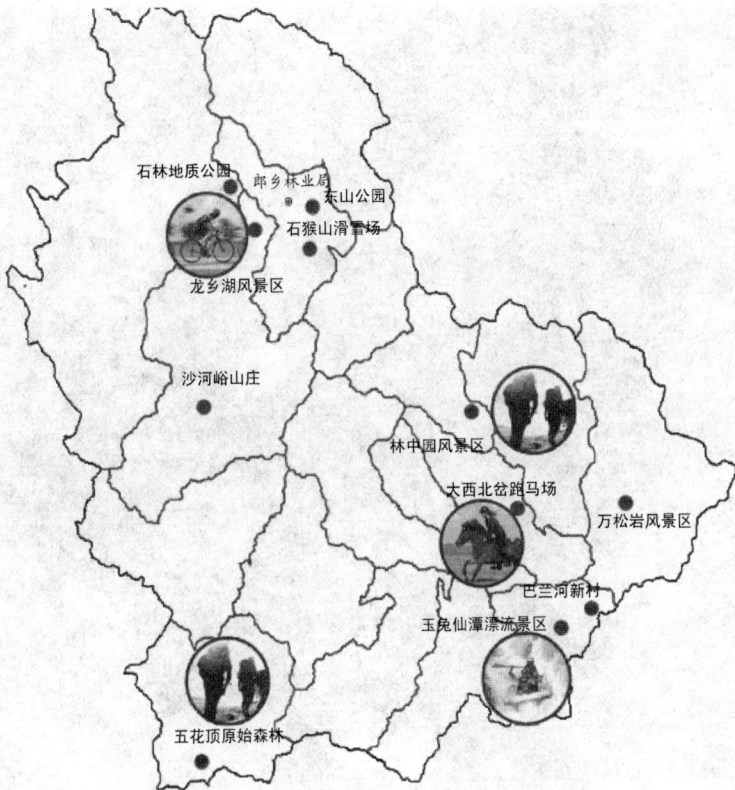

图 5-25　朗乡镇旅游景区户外运动旅游线路

　　从朗乡镇目前旅游游客量来看，建议先针对热门景区周边村落、农场进行开发，且着重考虑内部没有食、宿、购、娱乐设施配套的景区。这样的景区主要有：朗乡石林地质公园辐射范围内的达里村、石猴山滑雪场辐射范围内的迎春村、林中园风景区辐射范围内的清源林场居民区、大西北岔跑马场辐射范围内的大西北岔林场居民区、以及五花顶风景区辐射范围内的六道沟林场居住区（如图 5-26）。

　　东北村落农场居住形式以合院为主，其建筑体系受到满人起居习惯影响。在清代，很多有着深厚文化素养的文人墨客作为流人发配至东北，最多时达到数万人，他们同时也将满人的生活习惯和生产技术传入东北，结合东北严寒地区冬长夏短的特点，对民居建筑进行改造，使东北民居在实用性、耐久性以及美观方面都得到了一定的提高，且独具特色。东北合院院门设于南面正中，入门后正对院心，通常左侧是禽舍、畜舍，右侧是向日葵、玉米等农作物的储藏堆或储藏仓，居民会将辣椒、玉米、大蒜等储藏作物串成串，挂在外墙上，储藏的同时也起到了装饰美化的作用。窗前会种上花草，窗户内则是东北特色火炕，同时兼具起居、会客、供暖等多种功能。东北民居整体感觉符合东北人民朴实豪爽的民风。

　　朗乡镇村屯民居多数为东北四合院模式，基于此，村落、农场的开发不适宜大规模重新建设，应着重保留原汁原味的村落与院落形态，修葺具有东北林区特色的房屋、篱笆等构建物，鼓励村民保留林区生活风俗与节庆仪式。住宿与餐饮采用农家乐、农家院

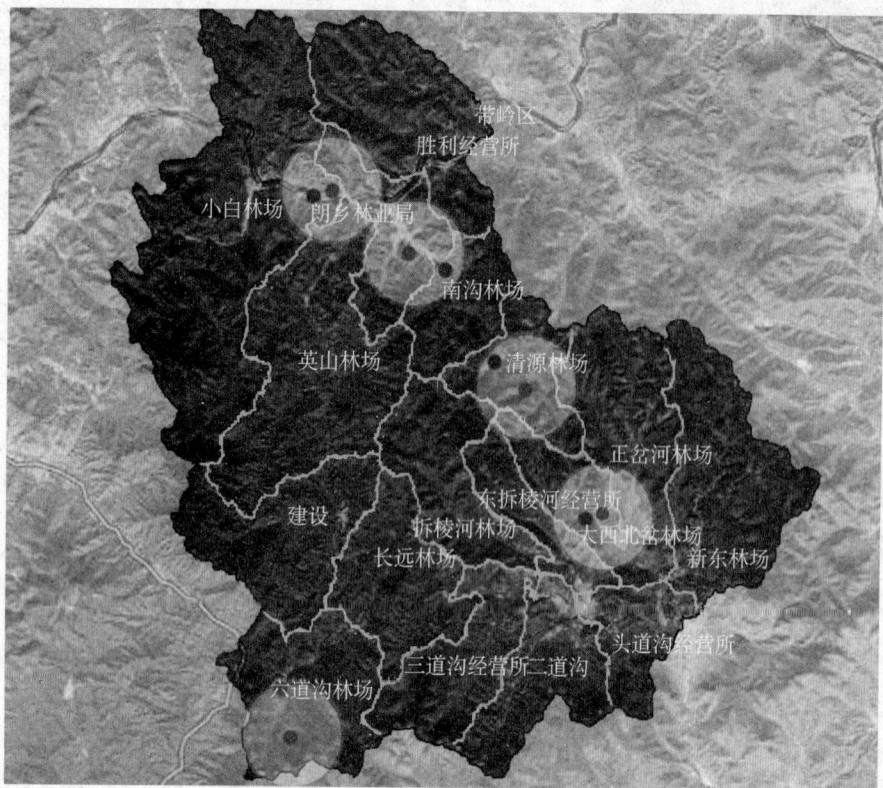

图 5-26　景区周边村落（农场）

的模式，由于农村人口现今大规模出外打工，除秋季外，大部分住户家有空余房屋，可作为民宿对外提供。

5.5.3.5　旅游服务环境及配套设施建设对策

根据评价结果可知，旅游服务环境整体情况较差，远不能满足当前旅游产业发展的需要。结合第 3 章对朗乡镇进行实地的调研情况，对朗乡镇的旅游服务环境质量需进行全面的优化。

1. 旅游交通

朗乡火车站是绥佳线上的一个重要车站，远期规划进一步完善现有火车站客运设施，扩大站前广场规模。将火车站打造成为朗乡镇具有代表性的节点。

朗乡镇对外公路交通主要依靠桃南公路，内部交通主要依靠朗园公路与朗依公路连接。这些公路通往朗乡镇各个景区景点。考虑朗乡镇旅游以自然风景取胜，应重视三条路段的景观建设，沿路禁止乱搭乱建，尽量保留原生态景观，统一车站、等车停的模式。设立旅游专用公共交通，绕景观环线行驶，依次是朗乡镇—达里村—石猴山—林中园风景区—大西北岔林场—万松岩画家村—巴兰河农场—玉兔仙潭风景区—五花顶风景区。旅游公共交通也可作为镇区居民的日常公共交通使用。游客量大或者有大型旅游团对车辆有较大需求时，可临时借调其他公共交通车辆。全面提高旅游交通效率，从旅游接待中心到达各个景区时间在 60 分钟以内为宜。另外可考虑特色的交通工具，例如林场、村屯特色的马车、牛车等，增加游客的游览趣味。

旅游步道规划主要用于联系景区内各个景点，方便游客从多个角度观赏，因此步道的设置必须充分考虑各个景点、景观的空间布局以及视景序列，以不破坏自然景观为准则来进行线路选择。旅游步道主要有循环式、支叉式、混合式三种布设方式。尽量避免游客不走重复路线，在特色景观处增设小叉道式步道，增添游览趣味，同时起到分流作用。步道以 1.3~1.5 米宽度为宜，考虑朗乡镇以森林资源为长，步道应多采用木质或石质，具有安全隐患的陡峭处步道，应设置护栏。相邻景点较远，步道过长的可在步道两侧设置休息设施（如图 5-27）。

图 5-27　旅游步道示意图

2. 旅游食宿

旅游食宿环境质量优化对策应着重考虑三种因素：一是考虑结合旅游行业环境，适当增加旅游食宿设施数量；二是分析朗乡镇旅游资源吸引客源半径的大小，考虑食宿设施的规模；三是分析客流的构成特点以及逗留时间等，考虑餐饮设施与住宿设施的档次和结合性。

3. 旅游餐饮

朗乡镇旅游餐饮现状主要有以下几个问题：一是饭店规模小、档次底；二是经营管理和服务水平不高；三是餐饮空间布局集中，主要位于朗乡镇区内部。

优化对策考虑高档餐饮设施主要集中在朗乡镇区内，旅游景区及周边乡村设置普通饭店及特色饭店，解决部分餐饮问题，号召周边配套服务村落农场开设家庭体验式饭店，由农户在自己家里提供特色家常菜肴，打造舌尖上的朗乡镇。所有餐饮地都应符合国家饭馆卫生标准。

旅游餐饮以当地特色山野菜、农家菜为主，菜系以东北菜系为主，应强调地域性、民族性、民俗性等人文特性。

4. 旅游住宿

高级住宿设施有朗乡宾馆、龙乡湖商务宾馆（拟建）等，特色林区别墅有玉兔仙潭漂流区、龙乡湖别墅区以及巴兰河度假村等，远期规划打造特色东北林区民宿沙河峪度假村及景区周边乡村、农场等，一般类住宿设施集中在朗乡镇区内。所有住宿设施应符合国家旅店业卫生标准。

星级宾馆在规模、服务质量、建筑设备及管理水平方面应符合标准要求。林区别墅应体现地域特色，多采用木质材料，注意冬季保暖，配套设施齐全。民宿应具有东北林区乡村特色，以东北大炕为主打元素，注意干净整洁。

5. 旅游购物

朗乡镇的游客主要组成部分定位主要为短期观光休闲度假旅游。根据市场客观要求，应将朗乡镇目前游客消费水平定位为中、低档为主。目前朗乡镇已推出部分特色产品，如翠花酸菜等，但是并没有形成规模效应，旅游购物存在地点不固定、不集中，旅游商品无特色等劣势。

规划在朗乡镇区内设置旅游商品购物中心、各景区分别配置小型购物点，结合不同景区特色也可增加特色购物地点，例如林中园风景区可将购物地点设置在小火车车厢内。根据朗乡镇特色，可推出工艺品类、山特产品类及地域特色产品类共三大种类旅游商品。工艺品类可推出木雕、植被标本、带有朗乡特色文化或风景的木笺、木质礼盒等；山特产品有雪蛤、松子、蘑菇、木耳、托盘、猴腿等；地域特色产品有翠花酸菜。

朗乡镇旅游购物环境应立足于市场需求来开发，突出重点旅游商品，从而达到以点带面，充分体现地方特色，且能够将实用性与艺术性相结合。不同种类旅游商品应进行统一的包装设计与制作，定向开发，避免仿造，形成品牌效应。工艺品类旅游商品可与朗乡镇不同旅游景区特色有机结合（如图 5-28、图 5-29）。

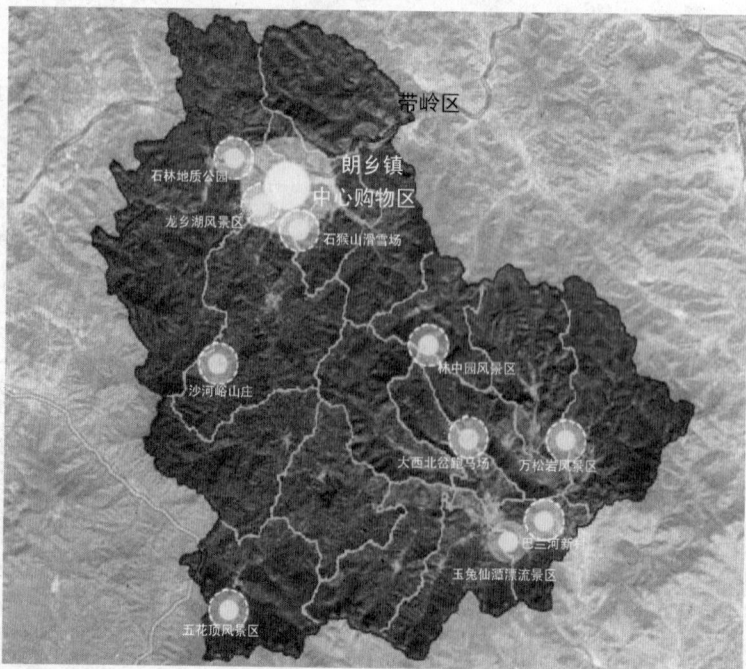

图 5-28　朗乡镇旅游购物点分布

图 5-29 朗乡镇旅游产品

6. 旅游安全与医疗设施

朗乡镇旅游项目以生态、自然景观体验为主，旅游安全隐患主要存在于自然灾害中，包括蚊虫叮咬等。旅游安全事故不仅影响旅游活动的顺利进行，还可能危及游客的财产及生命安全。朗乡镇必须做好旅游安全与医疗保障。

针对朗乡镇旅游情况，应在旅游接待中心配有相应级别的中心医院，各个旅游景区做好安全措施，尤其登山项目，应在危险地区做出明显标志，设置栏杆等有效引导游客的设施，水上项目应配有看护人员，保证游客落水时及时发现解救。各景区应配有医疗室和医护人员，医疗室有应能够及时有效的解决蚊虫叮咬、跌打损伤等情况。

7. 旅游公共设施

朗乡镇各景区景点普遍存在公共设施不完备、不成体系等问题。旅游公共设施包括休憩设施、小品、公共厕所及旅游标识等。旅游公共设施的完备合理能够从多个方面增强游客对旅游地的满意度。同时旅游设施的风格及质量间接的代表了旅游地的质量。

完善石林地质公园、玉兔仙潭漂流景区、万松岩峡谷景区以及林中园风景区四大景区的公共设施。在景区旅游步道两侧增加足量的长条椅、休憩亭等公共设施，适当增加厕所数量，并且符合景区卫生规范要求，根据不同景区的主题风格增加小品。其中万松岩峡谷景区加设浮雕墙或主题雕塑区表达朗乡镇抗联文化；林重拳风景区加设雕塑、小品等来表达朗乡镇林业的发展历史以及采伐作业；石林地质公园与玉兔仙潭景区的小品等应以自然为主题，采用茅草亭等作为休息设施，既节约成本又体现了景区的自然山野特色（如图 5-30）。远期打造的巴兰河新村以及沙河峪民俗文化村应以东北农村传统文化为主题设置小品等公共设施。

图 5-30 景区公共设施

旅游标识是旅游地综合信息的载体，起着有效引导游客的旅游活动。旅游标识系统分为全景图、介绍牌、指向牌、安全警示牌以及设施名称标识等五大类。朗乡镇的标识系统应紧紧围绕朗乡镇的特色进行设计制造，以木为主要材质，配合其他材料。部分提供重要信息的标识牌，例如安全警示标识等，应采用双语说明（如图 5-31）。

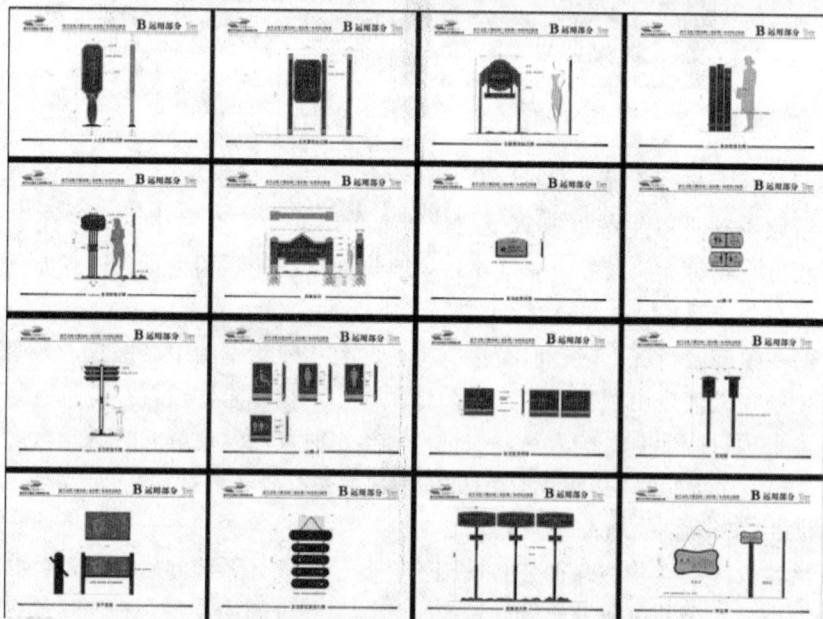

图 5-31 朗乡镇统一旅游标识系统

8. 旅游宣传

旅游宣传要有超前意识，从宏观上要变零乱分散为集中强化，形成一个完整、统一、具有感染力的朗乡镇旅游品牌与形象。微观上，在搞好建设的同时，提高服务质量，充分利用旅游产业中每一个从业人员成为朗乡镇旅游形象的传播者，每一个满意而归的游客都成为朗乡镇对外推销的"名片"。

在宣传策略方面，首先要就加大广告的力度，先期主要在哈尔滨、牡丹江、大庆市等黑龙江省内城市主要报刊登载广告，把握时机，力求与朗乡镇最佳适宜旅游期相同步。后期可在国内各大旅游报刊、杂志上介绍朗乡镇旅游。在区内主要交通路口等设置广告灯箱或标语，印刷具有多种实际功能的旅游手册；其次，利用节庆集中促销，利用朗乡镇的优势，策划各类旅游节庆活动，如森林文化节、半圆河水文化节、伐木节等。节庆活动可以通过报纸、网络等多种媒体渠道进行报道，在宣扬朗乡镇精神文明建设的同时，也为朗乡镇的旅游产品做出宣传；最后，积极参加各类旅游展销活动，朗乡镇不但要在区内搞旅游节庆，还应"借船出海"，积极参加全省甚至全国举办的各类节庆活动，利用这类机会在其他城市对朗乡镇的旅游产品进行展销。

第6章　严寒地区绿色村镇观光产业发展策略

6.1　基于观光产业发展的村镇类型划分

根据观光产业发展的类型，同时结合村镇调研的实际情况将严寒地区旅游依托型村镇进行了如下分类：

1. 旅游资源共生型村镇

旅游资源共生型村镇是指，该村镇周边有开发较为成熟、具有一定知名度的旅游资源，形成了较为完整的环城游憩带，而作为环城游憩带的组成部分，该类村镇自身具有优渥的待开发资源。在村镇自身发展旅游产业的同时，可以借助周边景点的影响力吸引客源，并在此基础上继续挖掘自身特色，逐渐形成可以独当一面的、具有带动经济发展能力的旅游型村镇。

这一类型的村镇普遍存在这样的问题，相对于环城游憩带的其他组成部分来说，村镇旅游资源类似且发展不完善，这就导致其难以吸引客源、缺乏发展动力的恶性循环。因此，如何能够在众多竞争者中脱颖而出，形成鲜明的自身特色是旅游资源共生型村镇需要解决的主要问题。

2. 旅游资源辅助型村镇

旅游资源辅助型村镇是指村镇镇区及镇域附近没有旅游资源，但较远范围内有开发成熟且有相当知名度的旅游资源，即该类村镇周边有成熟的环城游憩带，而村镇本身并未被纳入该游憩系统。该类型村镇的第三产业经济效益并不直接来源于景区收益，而是借助与景区间的间接联系，从而具有发展成为远距离游客"大本营"的潜力，通过提供高质量、有特色的食宿服务而吸引旅游消费。这种与景区间的间接联系包括优越的区位条件、完善通畅的交通体系、景区消耗品供应地。

目前，环城游憩带相关村镇的主要建设目标为提供"一夜游"的场所，其基础设施建设较为完善，除此之外，城镇周边景区也均配备规模不一的食宿服务设施。因此，旅游资源辅助型村镇所承担的主要职能在理论上是可以被取代的。那么，这一类村镇如何提供具有特色的服务，如何将"享受服务"由可有可无的辅助性消费变为吸引旅游者的出游动机是旅游资源辅助性村镇亟待解决的问题。

3. 旅游资源主体型村镇

旅游资源主体型村镇是指，该类村镇周边没有完善的环城游憩带，或者村镇与游憩带间距离较远，导致无法与之产生联系。同时，该类村镇需要承担主要的为周边城市居民提供游憩场所的责任，并面临独立发展的压力。

这一类村镇的发展状况普遍较差，主要原因与旅游资源共生型村镇类似，即出现了难以吸引客源、缺乏发展动力、建设情况较差等。甚至旅游资源主体型村镇面临的情况更加严峻，因为缺乏周边旅游产业发展的带动力，从根本上失去了发展旅游产业的起步条件。那么如何做好产业发展规划及营销策略，如何最大限度的发挥与挖掘自身旅游资源吸引力，迈出发展旅游产业的第一步，是旅游资源主体型村镇需要考虑的首要问题。

本书从调研的 13 个村镇中选择 9 个典型的旅游依托型村镇，根据村镇与周边环城游憩带的发展关系，进行分类如表 6-1 所示。

表 6-1 调研旅游型村镇分类

村镇类型	名称	说明
旅游资源共生型村镇	朗乡镇	可以依赖寒地山地冰雪资源、山林物产资源，开发滑雪度假村、林区农家乐项目
	双泉镇	可以依赖五大连池景区，开发冷温泉度假项目
	虎头镇	可以依赖乌苏里江沿线自然旅游资源以及国境线人文旅游资源，开发乌苏里江沿线游以及战争博物馆项目
旅游资源辅助型村镇	奋斗镇	利用区位优势成为呼伦贝尔沿线旅游的后勤保障地，提供特色餐饮与住宿服务
	红石镇	周边有发展成熟的漂流度假村数处，需要红石镇在漂流旺季消化大量的游客食宿需求
	成吉思汗镇	金界壕景区缺乏辅助食宿设施，成吉思汗镇是消化消费的理想地点
旅游资源主体型村镇	华来镇	高丽墓博物馆、铧尖子水库在调研同类型景点中发展状况良好，有相当的开发价值
	新兴村	基础设施建设良好，村内人口全部为朝鲜族，民族文化保存完整，有一定的开发价值
	新安鲜族镇	水上乐园与民俗村联动开发，促进城镇经济发展

由表 6-1 可见，双泉镇、奋斗镇以及新兴村最具有各类型村镇的典型特征，同时也最具有发展潜力。

双泉镇依靠的五大连池风景区发展较为完善，具有独特的水文、地文景观资源以及完善的度假休养中心，是五大连池以及周边地市居民休闲度假的首选场所，是环城游憩带的典型代表。双泉镇紧邻五大连池景区，镇区基础设施建设情况较好，自然村风景优美，乡土气息浓郁，尤其龙泉村已发现自涌泉泉眼，具有发展乡村旅游、成为五大连池外延景区的绝好条件。

奋斗镇背靠呼伦贝尔大旅游圈，紧邻呼伦贝尔市区，沿线公路直通机场，拥有完善的城市公交体系，是旅游资源辅助型村镇的典型代表。除此之外，奋斗镇南侧与海拉尔农业发展园区仅一路之隔，该农业园区已具有一定规模，有鲜明的生态农业、科技农业特色。再者，奋斗镇历来是呼伦贝尔市的"菜篮子"基地，其所辖富强村具有丰富的养殖、栽培花卉的实际经验。因此，奋斗镇具有较好的发展基础以及区别于周边其他乡镇的鲜明特色。

鱼池乡新兴村地处尚志市东南部，地处亚布力近郊区。在调研中发现，新兴村鲜有村外游客，游客主要在冬季集中于亚布力，此外周边再无旅游资源。虽位于环城游憩带的外围，但新兴村在地理环境、朝鲜族文化、村民素质、基础条件、公共配套设施等方面具有较好的基础与发展条件，由草甸、鱼塘、牧场、水系等组成的自然景观系统功能完善、观赏性较高，同时富有地方特色文化，这些资源构成了得天独厚的旅游资源，是极具开发价值的旅游目的地。

综上所述，选择双泉镇、奋斗镇以及新兴村作为本次调研的代表性村镇进行规划分析，针对调研中发现的实际问题提出规划对策。

除上述分类方法外，所选三个村镇还具有其他代表性特征，调研中发现的全部问题在此二个村镇也均有体现，详情如表 6-2 所示。

表 6-2　小城镇特征汇总

镇名	分组类型	资源类型	建设方式	与城市关系
双泉镇	旅游资源共生型	自然资源型	选址扩建	
奋斗镇	旅游资源辅助型	综合型	迁址新建	城市近郊
新兴村	旅游资源主体型	人文资源型	就地改造	

6.2　旅游资源共生型村镇发展策略——以双泉镇为例

6.2.1　现状及问题分析

五大连池市双泉镇位于中国十大休闲城市、世界地质公园、国家级风景名胜区、五大连池风景区的近郊中心位置，是世界珍稀的五大连池矿泉水主要发源地，矿泉旅游资源丰富。

双泉镇地理坐标东经 126°03′—126°11′，北纬 48°34′—48°35′。镇辖 8 个行政村，19 个自然屯，人口 17 445 人。全镇总面积 289.29 平方公里，耕地面积 20.5 万亩，水面 0.6 万亩，草原面积 6.2 万亩，林地面积 3.28 万亩。双泉镇年降水量 470~550 毫米，年日照 2700 小时，无霜期 115~120 天。北五公路、讷五公路横穿而过，是南方各城市通往五大连池风景名胜区及讷河的咽喉要道（如图 6-1）。

双泉镇与其他旅游资源共生型旅游村镇具有相同的问题，即旅游资源与周边资源存在竞争关系，具有相似性且发展尚不完善，导致了对游客的吸引力较弱、缺乏发展动力等问题的产生。此外，从调研结果来看，双泉镇在旅游活动多样性、交通体系建设、适游期分布、规划实施与五大连池风景区互动方面都存在诸多问题。

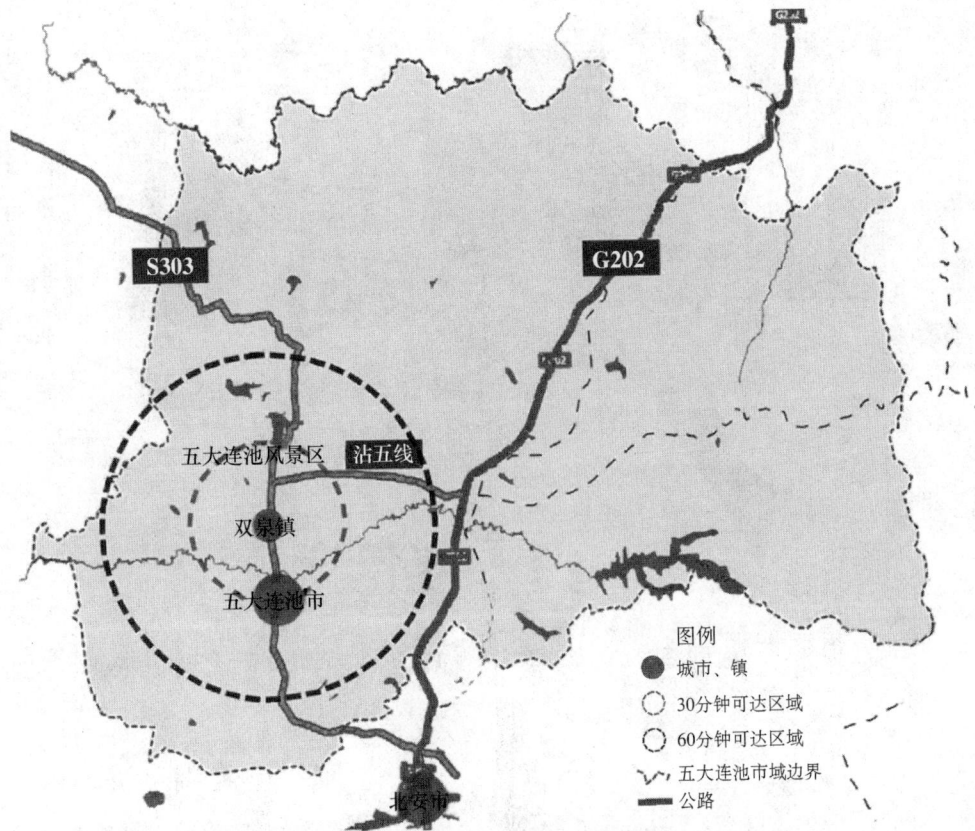

图 6-1　双泉镇区位图

概括起来，在具体的规划实施中，双泉镇应重视与周边现有旅游产业的联动发展关系，加强与五大连池风景区交通与活动的互动联系，借助的冷温泉品牌影响力迈出建设矿泉度假区的第一步，并在此基础上深入挖掘自身的乡土特色。在后期运营中，可以理解并参考地中海俱乐部经营模式，通过细致的服务、丰富的活动、新颖的消费模式以及强烈的情感联系纽带来弥补双泉镇在适游期、建设规模等方面的不足。

为加强双泉镇与五大连池市以及五大连池风景区的直接联系，规划中将双泉镇定位为五大连池市旅游服务基地，在镇区内设置特色旅游接待区、特色餐饮产业区、温泉洗浴区及休闲养生度假区等旅游服务产业，以解决旅游旺季五大连池风景区接待不足等问题，为游客提供良好的休闲娱乐场所。此外，结合镇区内现状矿泉水及矿泉酒等企业，设置游客参观体验游等项目，同时对企业也起到宣传作用。

从双泉镇用地现状来看，主要存在未利用土地面积较大、规划布局松散、工业用地布局零散不集中、商业服务设施规模过小等问题。总而言之，双泉镇现状布局既没有突出镇区内现存的旅游资源，也没有体现发展服务旅游产业的意识（如图 6-2）。为从根本上改变双泉镇的发展方向、土地利用风格，新版规划不但调整了现状建设用地的土地功能，更在镇区南侧开辟面积 76 公顷的旅游新区，直接与五大连池风景区形成呼应，构建了现代化低碳的生态生活空间环境和旅游服务空间环境（如图 6-3）。

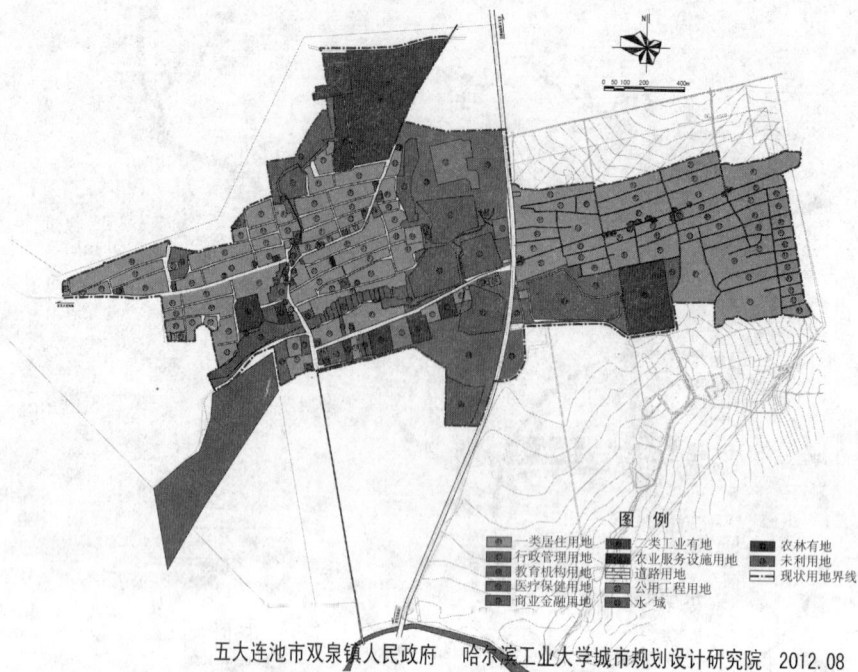

五大连池市双泉镇人民政府　哈尔滨工业大学城市规划设计研究院　2012.08

图 6-2　双泉镇土地利用现状图

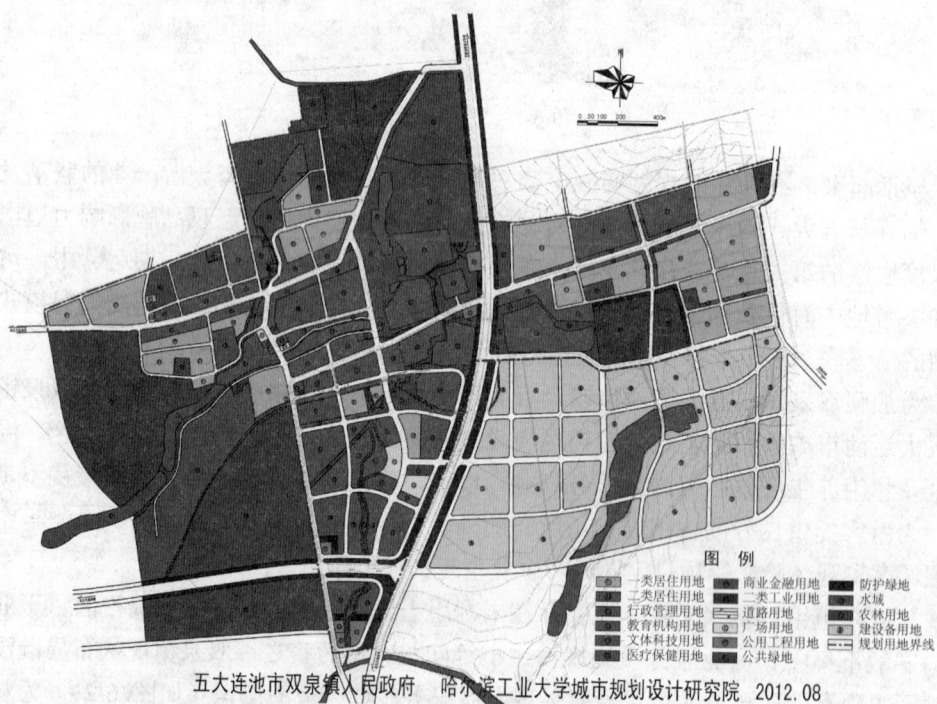

五大连池市双泉镇人民政府　哈尔滨工业大学城市规划设计研究院　2012.08

图 6-3　双泉镇土地利用规划图

本节将重点分析双泉镇旅游新区规划设计，提出提升旅游资源共生型村镇综合竞争力的规划策略。

6.2.2 空间规划策略

6.2.2.1 营造多样旅游主题

如图 6-4 所示，双泉镇旅游新区由各具特色的六大功能区构成：

（1）旅游接待区。位于新区中部，利用规划水系设置滨水广场、接待中心、文化娱乐中心，形成新区的旅游服务中心。

（2）矿泉洗浴区。利用镇内丰富的矿泉水资源，在新区西部规划矿泉洗浴中心，既丰富了双泉镇旅游项目，也解决了五大连池市缺乏温泉洗浴的状况，成为冬季吸引游客的主要项目。

（3）特色餐饮区。双泉镇位于五大连池市区与五大连池风景区之间，旅游服务产业将成为今后镇区经济增长的主要动力，规划特色餐饮产业区将解决旅游旺季餐饮住宿困难的问题。

（4）休闲疗养度假区。充分利用矿泉水、矿泉泥等疗养资源以及良好的自然生态环境，设置综合性疗养休闲基地。

（5）高档住宅区。规划在新区北部与老镇区相邻地块建设高档住宅区，以旅游带动地产开发。

（6）矿泉产业区。设置矿泉产业区，建设清洁环保的前店后厂模式的体验式矿泉水厂，在创造经济效益的同时进行品牌宣传。

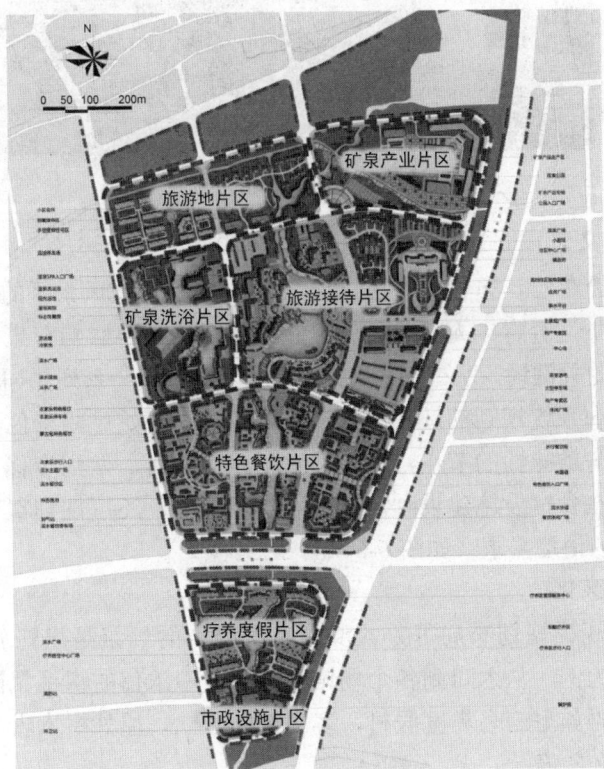

图 6-4 旅游新区功能分区

以上设计，最大限度发挥了双泉镇自涌冷泉及温泉的特色，有利于开展矿泉产业、矿泉餐饮、矿泉疗养等旅游活动。

除"矿泉"主题之外，还应发挥村镇绿色农业的优势，结合各主题功能区建立水晶温室，利用其保温性、景观性、可种植跨季蔬果、结构灵活等特点形成新区的特色景观。

6.2.2.2 整合多元旅游文化

双泉镇作为典型的北方汉族村镇，可开发利用的地方文化较为匮乏。在这种情况下，要使新区文化成为游客的记忆点，可从以下几方面考虑。

1. 成熟的地方文化

挖掘当地建筑特色，尊重当地院落格局。饮食方面，集中推广矿泉鱼、矿泉豆腐、野生黄花菜等地方特色，结合北方传统饮食习惯，打造具有东北地方特色的就餐环境（如图6-5）。住宿方面，除集中式度假酒店外，应配有较大规模的独院空间，建筑形式与老镇区的主要民居形成呼应，使旅游地产片区、旅游接待片区、疗养度假片区形成不同的风格梯度。

图6-5 传统东北火炕

2. 流行的青年文化

调研发现，年龄在20~35岁之间的青年游客在五大连池风景区的旅游者中占多数，显而易见，在规划中迎合青年人的旅行动机在很大程度上将影响双泉镇的旅游吸引力。搜索当下流行文化的关键词，"文艺"、"小资"、"怀旧"等一系列热词颇为惹眼。因此在建筑风格推敲与景观系统规划的过程中，在维持双泉镇原始风貌特色不变的基础上，可尽量营造富有活力与趣味性的节点，例如适宜拍照的角落，做到步移景异，自然景观与人工景观相结合。在食宿设施建设时，除传统农家院外，还可规划富有情调的酒吧和餐厅，满足不同人群的消费需求（如图6-6、图6-7）。

3. 亲切的度假文化

通过建筑、景观、规划布局等方式渲染高度统一的气氛是烘托旅游文化的极佳手段。以迪士尼乐园为例，从入口到各个场馆全部弥漫着浓郁的童话氛围，很容易将游客带入狂欢的气氛。再如海南鸟巢度假村，客房彼此独立，屋外树木青翠欲滴，使人产生飘然世外、遗世独立之感。

图 6-6　情调酒吧

图 6-7　怀旧主题餐厅

双泉镇旅游新区建筑统一采用红砖墙、清灰瓦、坡屋顶，既呼应北方传统民居形式，又易于在简单中产生变化，使界面丰富有趣。在冬季，统一的红色建筑立面将成为冰天雪地中耀眼的景观（如图 6-8）。

图 6-8　旅游新区冬季效果图

6.2.2.3　建立完善交通系统

双泉镇不具备发展成为五大连池风景区旅游景区的条件，双泉镇旅游新区也不可能完全脱离双泉镇而独立运营。在这种情况下，为使旅游新区顺利起步、快速发展，应该尽量增大旅游新区与周边的通达性。只有在交通基础设施完善、公共交通系统较为发达的情况下，新区与五大连池风景区才能有效实现经济和资源的共享与互动。

303 省道由旅游新区东侧边界经过，直通五大连池风景区，成为了名副其实的"旅游通道"（如图 6-9）。然而目前公共交通系统建立尚未完成，建设两区无缝的交通连接将是规划的重中之重。

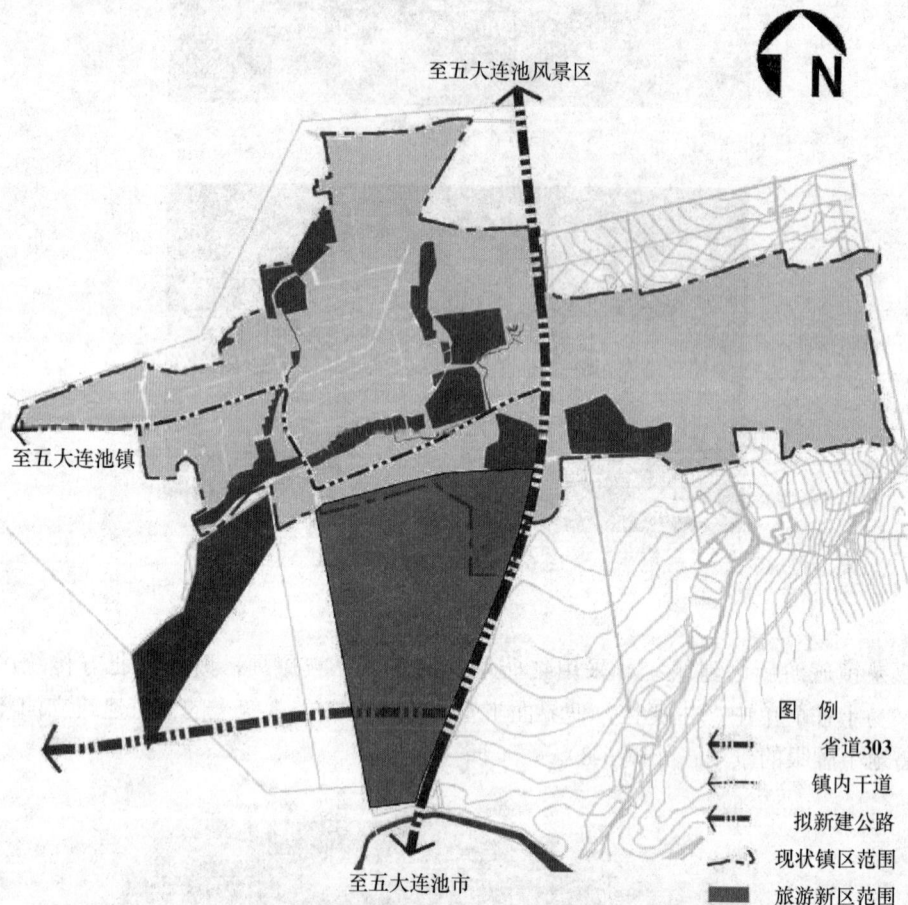

图 6-9　双泉镇旅游新区交通图

6.2.2.4　积极应对季节差异

双泉镇属于寒温带大陆性气候，四季特征分明，尤其冬夏两季温差极大，导致旅游活动内容、形式均有较大差异。调研中的绝大多数村镇都存在冬季旅游竞争力不强、夏季游客集中而冬季较少的情况，双泉镇在此方面的问题尤为突出。为尽量减少客流量的季节性差异，应该及时转化思路，做到冬夏分治，各具特色。

1. 夏季

双泉镇夏季炎热，防晒、避暑、防蚊虫是当地需要解决的重要问题。针对以上问题，除在旅游服务区设置医疗点应对突发事件外，还应在游客主要活动区域布置遮阴设施，关注公共交通系统的通达性，避免步行路线长时间暴露在阳光下。此外，也应关注植物配植，例如按比例配植驱蚊虫植物，尤其是水边，避免蚊虫泛滥；步行系统沿线选取冠幅较大的乔木，达到理想的遮阴效果，在冷泉温泉周围适当选取落叶类植物，但不宜选用会产生大量花粉、飘絮的植物。

其次，禽畜饲养在夏季也容易产生异味，会给游客带来较差的体验。避免这一问题的办法就是合理规划禽畜圈舍，保证其生活环境清洁，统一处理粪便为农田施肥做准备。在规划中，大量禽畜饲养设置在老镇区，新区只在餐饮服务区局部设有圈舍。圈舍的设置划分为观赏型与实用型以区别管理，在慢行步道周边设置游人可投放饲料的观赏型圈舍，圈养体型小、异味小、性格温和的动物，丰富圈舍的功能与价值（如图 6-10）。

图 6-10　游客喂羊

2. 冬季

上文所述诸多丰富旅游主题、营造多元文化的手段将延长双泉镇旅游旺季的时间，而在冬季吸引客流的主要手段就是打造富有严寒地区特色的旅游项目，并在实际规划中重视细节，避免因严寒地区特殊的气候条件影响游玩质量。

（1）雪地温泉。开发雪地温泉，成为双泉镇冬季旅游的招牌项目。在温泉的布局方面做到疏密有致，规格有别。注意辅助服务设施的配套管理，建筑与泡池的交通流线。营造具有弹性的半室外空间，可以根据天气特征与游客需求灵活调节泡池环境，避免因寒冷造成的温泉使用不便。

（2）冰雪活动。在旅游新区空间资源有限的情况下，借助老镇区与五大连池风景区的资源开展大规模冰雪活动。在新区内，利用旅游接待片区的完整水面开展小规模的冰雪活动。场地周围建有配套服务设施，当游客在户外长时间活动后可以尽快进入小屋取暖，享用简餐热饮，避免长时间暴露在冷空气中造成冻伤。

（3）冰雪展览。在慢行步道周边营造小型冰雪景观，例如冰灯、雪雕等。注意慢行步道冬夏两季不同的景观营造以突出季节特征。

6.2.3　管理与运营策略

6.2.3.1　服务管理

地中海俱乐部案例已经表明，其 60 余年一直处于行业领先地位，根本原因在于其周到细致的服务。在竞争日益激烈的旅游行业中，相比众多花哨的营销噱头，"服务"本身反而是最质朴且最具有说服力的竞争手段。

在调研中，我们曾访问游客在新区建成后是否会来双泉镇旅游，如果不想来此，主要原因是什么。在整理问卷时发现，有34%的游客表示，担心旅游新区建成后服务人员的素质影响度假质量。18%的游客对农家乐的居住条件、卫生环境表示担心，有22%的游客针对冷温泉度假区的冷温泉水质表示担忧。

因此，提高双泉镇服务行业从业人员的整体素质，是保证双泉镇农业旅游区以及冷温泉度假区竞争力的重要基础。

6.2.3.2　活动策划

以往规划案例中，活动策划往往着眼于大型活动、年度活动，预期参与人数较多。在不举办活动的时段内，大型活动场地只能空置。为此，考虑到旅游新区的实际情况，活动策划应尽量贴近游客，策划参与性强、趣味性佳、实施简便、更具灵活性的小型活动。

这类活动，包括在矿泉产业片区进行的矿泉纪念品制作，在疗养度假片区、矿泉洗浴片区进行的有氧健身操等。这类活动的特征是参与性强，所需场地灵活，易于建立度假区旅游文化，单次活动时间较短，活动准备工作较简单。另外，组织小规模的室内活动，具有不受天气及季节限制等好处。除旅游新区之外，双泉镇内其他个体营业者也可以成为小型活动的发起人。例如，个体餐厅营业者可开放部分厨房空间作为就餐者展示厨艺的平台，邀请参与食客将活动照片上传至社交网络平台，这样不仅使用餐变得更加有趣，也成为双泉镇直接的宣传手段。

总之，活动策划不止局限于规划早期，要随运营深入而不断更新，为大型活动与小型活动创造无限可能。

6.2.3.3　流量控制

纵观国内各地，每到"黄金周"大小景点都人满为患，不但影响了游客观景游玩质量，也造成了严重的安全隐患。为避免这种情况，度假区需要严格进行客流量控制，并强调基础设施的匹配与承载力。作为一个开放的旅游型村镇，双泉镇要严格控制客流量似乎难以实现。尽管如此，通过效仿卡尼岛度假村的管理模式，可以对旅游接待片区、特色餐饮片区以及疗养度假片区实施有效的管理。

在实际操作中，以入住旅客为优先服务对象，有选择性地对外部旅客开放冷温泉、水晶温室、趣味活动等项目。参考中国游客的用餐习惯，特色餐饮区预留60%餐位接待无预约游客，冷温泉也应另辟泡池接待非入住游客。与餐厅不同的是，考虑到淋浴、泡池面积、躺椅等公共资源难以快速周转，所以对外泡池营业也应采取预约策略，以合理分配公共资源，避免拥挤。

趣味活动作为营造旅游新区独特旅游文化的有效手段，应鼓励非入住游客积极参与。结合每日活动的不同主题，在旅游服务区张贴活动须知与时间、内容安排，接受活动参与登记，及时更新特定场次报名参与人数。一天内相同内容活动酌情安排次数，以避免某一时间段游客过于集中。

6.3 旅游资源辅助型村镇发展策略——以奋斗镇为例

6.3.1 现状及问题分析

奋斗镇辖区位于海拉尔区西南部（如图 6-11），地处东经 119°42′—120°35′，北纬 49°06′—49°22′，北以机场路为界与胜利办事处、建设办事处为邻，南与鄂温克族自治旗接界，东和东北与哈克镇相连，西临伊敏河，与正阳办事处、健康办事处隔河相望，辖区总面积 281 平方公里。奋斗镇属中温带大陆性气候，冬季寒冷漫长，夏季温热短促，春季干旱多大风，秋季降温迅速、霜冻早。年平均降水量 350.9 毫米，且降水年际间变化十分显著；全年平均蒸发量 1261.3 毫米，蒸发量为降水量的 3.6 倍。

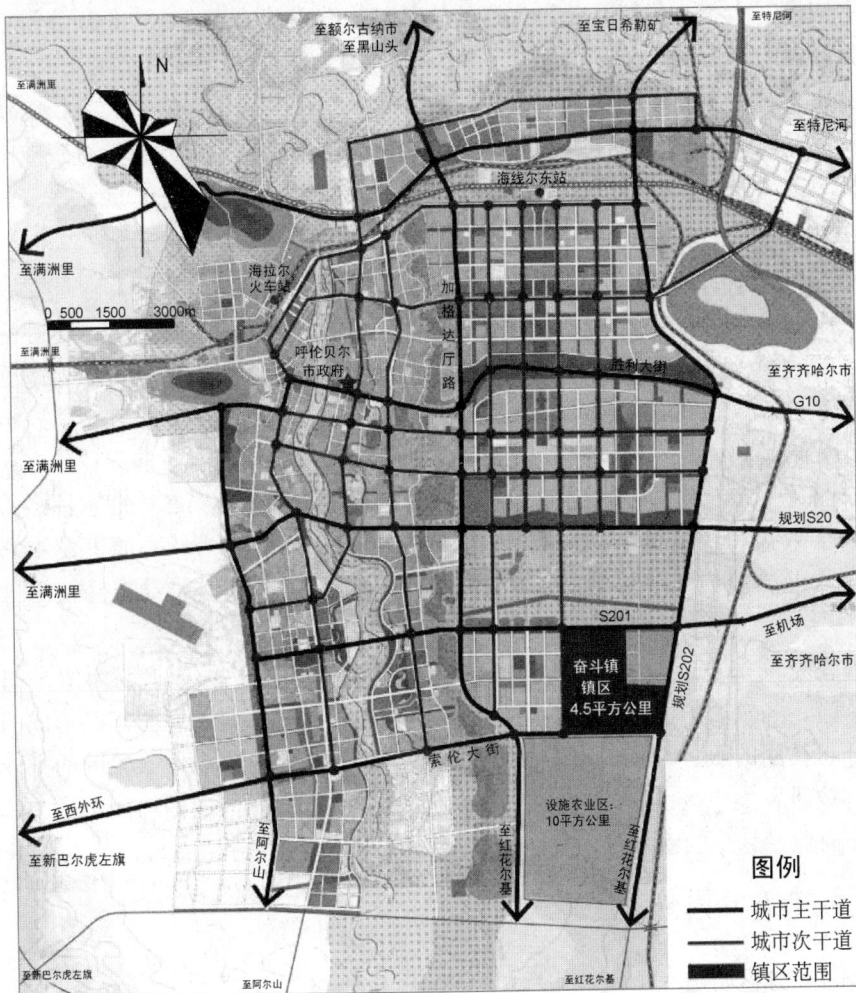

图 6-11 奋斗镇区位图

奋斗镇是与城市建设共同发展起来的乡镇，城乡交错现象十分明显，为配合城市发展做出极大让步，主要表现为土地被征用、为城市供应的蔬菜产量减少以及大量农民缺少就业机会。

奋斗镇与其他旅游资源辅助型村镇的共同特点是，自身缺乏具有强大吸引力的旅游资源，处于环城游憩带的边缘，只能通过提供基础服务来获得收益。然而，基础的食宿服务与周边景区内或周边其他村镇所提供的服务相比特色不足。调研发现，与其他旅游型村镇相比，奋斗镇具有较为明显的交通优势，辖区紧邻海拉尔农业发展园区，镇内富强村具有丰富的花卉培植经验与销售渠道，这些可成为奋斗镇与周边村镇竞争的有利条件。除此之外，奋斗镇现状基础设施建设情况不佳（交通基础设施除外），呼伦贝尔大旅游圈也整体存在适游期集中、淡旺季差距大的状况，在规划的编制实施方面也同其他村镇一样存在落后的现象。

由此，可以得出以下结论：奋斗镇对比环城游憩带周边其他村镇是有竞争优势的，在规划中应该尽力扩大优势，使之成为呼伦贝尔旅游系统的亮点，也为周边游客提供一处极具吸引力的休闲度假好去处。

综上所述，如果充分利用奋斗镇便利的交通条件，发展生态农业、科技农业、花卉培育等产业，通过提供休闲、娱乐、餐饮、住宿等基础设施，达到吸引游客停留、刺激消费的目的，从理论和市场需求上来讲，是值得尝试的发展方向。

6.3.2　总体规划定位

本次规划中，将奋斗镇主要职能定义为全镇政治、经济、文化中心，是呼伦贝尔市中心城区中心镇，是呼伦贝尔市生态农业观光旅游目的地，是岭西地区重要蔬菜供应基地，也是海拉尔区主要农副产品供应基地。为实现这一发展目标，奋斗镇将积极调整优化第一产业结构，稳定发展蔬菜种植及瓜果种植；同时将设施农业向产业化方向转变，把科技农业、生态农业、观光旅游三者有机地结合在一起，使第二产业发挥最大的生态效益、社会效益和经济效益；在此基础上，发展以生态农业为核心的集设施农业、农业观光、农业体验为一体的生产、休闲、观光、旅游度假区，带动奋斗镇第三产业全面发展。

反映在空间形态上，主要体现为以中央生态谷为核心、镇区道路为纽带的"一轴带、一片区、一核心、四组团"的空间格局。其中，一轴带是指以生态谷形成的绿化轴带以及分布其间的服务设施集中带；一片区指镇南部紧邻生态农业实验区的行政、商业服务、科技研发集中区；一核心是指镇中心的农业主题游乐园；四组团是指由镇区中心产业带和商业带划分的富强村、友好村、友联村与和平村四村。

6.3.3　空间规划策略

6.3.3.1　分区明确

奋斗镇与双泉镇最大的不同在于，前者是迁址新建镇，而后者是在原有城镇基础上扩建旅游区，这就导致奋斗镇在承纳第三产业发展的同时，必须同时保证第一产业顺利发展以及预留足够的宅基地以满足四村居民的基本生活。因此在奋斗镇规划设计中，应注意各个分区功能完善，在小范围内可以独立运转、维持日常生活的进行，在大范围内可以协同合作、共同组成奋斗镇旅游体系，保证其城镇职能运转正常（如图6-12）。

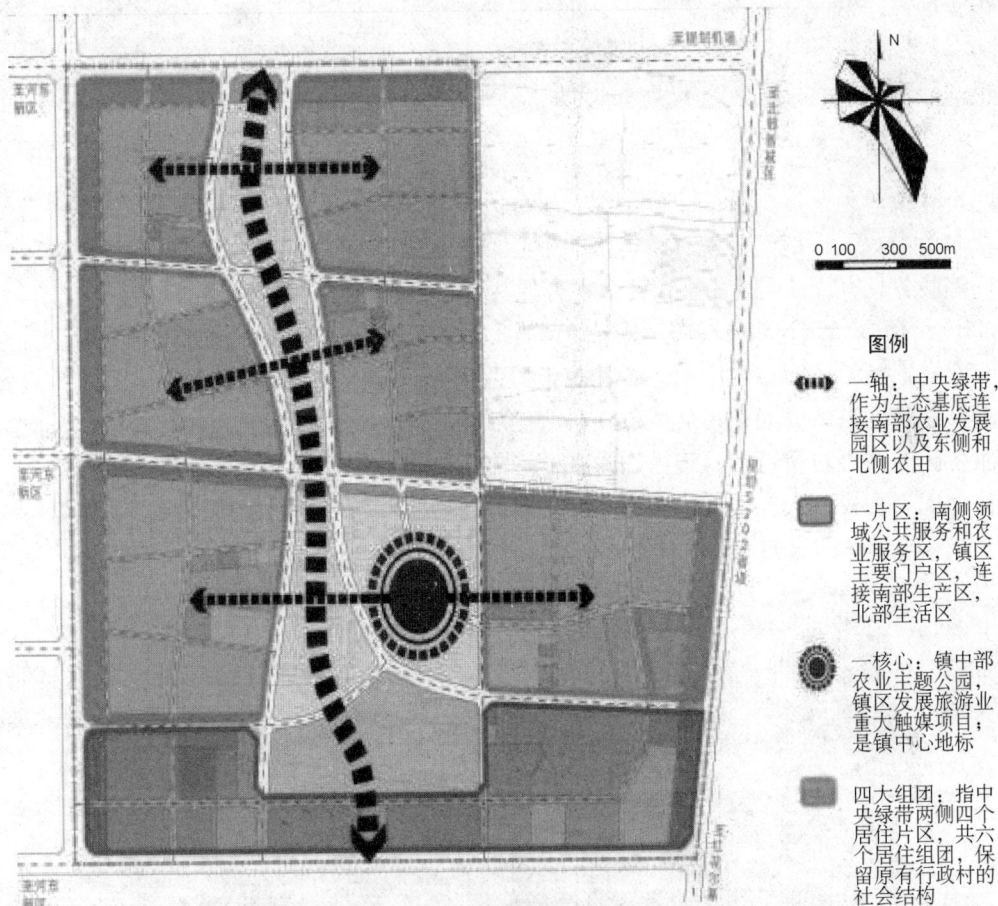

图6-12　功能分区图

1. 一轴带——综合景观带

综合景观带是奋斗镇的景观核心，也是奋斗镇的活动中心。生态绿心旅游区由南至北贯穿奋斗镇中心片区，依次建设有景观鱼塘、拼贴农场、休闲活动场、低碳交通线等基础项目，在春夏季节为大部分游客提供垂钓、观光、生态农业、马术等体验项目。这里既是游客体验当地民风农趣的天堂，也是镇区居民休闲健身的后花园。

2. 一片区——综合服务区

综合服务区位于奋斗镇南部，是连接综合景观带与农业园区的过渡带。综合服务区中主要设置露天市场、广场、蒙古包小店、农贸商场、展销中心等服务设施，在旅游旺季服务游客进行小规模表演、特产以及纪念品售卖、蒙古饮食文化展示等，在旅游淡季则主要服务奋斗镇村民（如图6-13、图6-14）。

图 6-13 特色蒙古包

图 6-14 民俗表演

奋斗镇对外连接交通枢纽位于综合服务区西部。作为绝大多数游客出入奋斗镇乃至海拉尔的门户，该枢纽区配有游客接待中心、客运站、餐饮服务设施，也建设有酒店、会场等服务具有特殊需求的会议团体，方便其就近解决住宿、会议等需求。

3. 一核心——农业主题游乐园

农业主题游乐园旅游位于综合景观带弯道腹地。结合当下流行的射箭、马术等户外活动，这一区域将成为都市居民放松身心的城郊驿站。作为综合景观带的终端，又被综合服务区与富强村所包围，该区在景观营造方面将结合花卉景观特征与农业景观特征，整体体现为规模宏大的大地景观艺术，利用园区内瞭望塔与摩天轮等制高点，得以俯瞰整个景区与镇区的田园景色（如图 6-15）。

图 6-15 大地景观

4. 四组团——四村迁建居住组团

友好村、友联村、富强村以及和平村的四村迁建基地，主要建设基础农民住宅，配套商业服务设施，主要服务对象为四村村民。区别于传统农民住宅，奋斗镇内民宅均以合院形式布置，有四合院以及七合院两种组合模式，各户均配备车库以及小型仓库，用以存放农具、农机等必需品。由于采用了合院模式，中央庭院的面积远远大于独栋独院的小院面积，更有利于不同品种的蔬果种植，提高土地利用效率。其中：友好村基地位于奋斗镇东北片区，总面积约 75.9 公顷，主要依托农家合院、公共草场提供瓜果采摘、农家院出租以及放牧体验等农牧业休闲项目；友联村基地位于奋斗镇西北片区，总面积约 60.1 公顷，主要依托农家合院以及较为集中的商业服务设施提供蔬菜采摘、农舍出租、特色农家菜等服务；富强村基地位于奋斗镇东片区，总面积约 54.3 公顷，主要依托农家花圃、公共花卉景观提供花卉观赏、盆栽售卖等服务；和平村基地位于奋斗镇西片区，总面积约 77.1 公顷，主要依托小型别墅区、组合农家院落提供休闲养生、旅游服务补充等服务，打造都市人中期租住、居住的休闲场所。

6.3.3.2　功能融合

1. 内外部交通体系相融合

放眼呼伦贝尔大旅游系统，奋斗镇新镇是绝大多数旅游线路的起、终点以及部分线路中途落脚点。奋斗镇新镇建设区域东临两伊铁路及 202 省道，向北行驶直通呼伦贝尔海拉尔机场，交通条件十分便利。而从呼伦贝尔市域交通体系来看，奋斗镇新镇位于全市的东南角，与两条城市主干道相邻，已有较为完善的交通体系。因此在路网建设过程中，既要考虑突出奋斗镇特色，还需考虑如何利用门户区位融入城市路网。

在设计中，为了最大程度利用城市建成路网，首先确定了奋斗镇新镇与呼伦贝尔市区的西侧、北侧接入口。其次，根据其门户区位与外来车辆主要入城方向，确定交通中转中心位置。为了区别于传统的城市肌理，在确定镇区主要道路形态与走向时，特结合新镇区地形高程特征，依等高线形态以曲线形式布置路网。而曲线所夹区域恰为新镇区整体地势最低处，这种独特的高程与路网为生态设计打下了良好的基础。

2. 原有产业与新建产业相融合

奋斗镇历来是海拉尔地区重要的"菜篮子"基地，蔬菜种植历史悠久，奋斗镇以优势产业蔬菜种植为中心，发展多种经济经营模式，形成了拉动镇域经济发展的蔬菜种植基地、花卉种植基地、仓储产业、养殖产业等几大主导产业。2007 年，海拉尔农业发展园区通过规划论证正式开工，截至目前，基础农民住房、钢架大棚、耳房、温室及园区内相应基础设施工程均已完成并挂牌成为 AAAA 级旅游景区。由此可见，农业生产始终是双泉镇的支柱产业。然而随着投资的增加、规模的扩大，"菜篮子工程"服务的"餐桌"愈来愈远、愈来愈多，奋斗镇应当将生产终端纳入一条完善且富有生机的产业链当中。

（1）农产品商品化、精品化。除直供货海拉尔各农贸市场外，也针对游客提供购买服务，推出果篮、礼盒等丰富产品种类。

（2）蔬果不仅是食品，同时也是景观。在生产用地以及农业园区原有的生产功能上加入景观功能，将产业园发展为集休闲、游憩、娱乐为一体的综合农业园。

（3）不局限于规模。除农业产业园可以集中量产以外，各家各户可开发各自的迷你菜园子，使接待游客的场所至全镇范围。

3. 生活与生产相融合

奋斗镇建设用地面积有限，除原有农田外没有专门的生产用地。在这种情况下，想要保障生产、发展三产的最佳途径就是改变传统宅基地布局模式，结合景观系统布置生产用地。

（1）改变传统宅基地布局模式：在宅基地内以布置庭院菜园的形式布置生产用地，虽然不能实现大规模生产，但可以保证游客居于在农家乐时可以近距离的参与、观察作物与蔬果的生长，菜园可以起到美化活跃庭院景观的作用。富强村花卉种植更可以沿公路形成花海，成为奋斗镇的景观名片。

（2）结合景观系统布置生产用地：奋斗镇内两条主要道路沿等高线成曲线布置，道路所夹区域为奋斗镇新镇地势最低的区域。呼伦贝尔春夏少雨，低洼的地势为集水、灌溉提供了便利。从景观规划角度出发，地块分别以水体景观、草原景观、文化景观为主题呈现不同景观特征。从生产用地性质出发，地块则以渔业、水稻种植、小麦种植、果树种植、蔬菜种植、花卉种植为具体内容，既保障生产，又成为实现景观营造的手段，从而成为奋斗镇农业休闲旅游的核心区。

4. 城镇与自然相融合

为区别于城市建成区、呈现村镇特肌理，同时呼应省道东侧的未开发地块与基地南侧的农业园区，规划中特意采用自然形态与几何形态相结合的形式，在确定与城市交通系统的接入点、保证部分道路延续城市路网肌理的基础上，其余道路均参考基地内等高线走向进行规划。在景观方面，水景、农田形态自由，表现出极强的伸展性与视觉张力，与建筑形成鲜明对比。村落的边界也放弃了笔直的界限，虽然建筑形态统一规整，但布局错落有致，有些成行列布局，有些成组团布置，形成簇群。在建筑与自然环境相交接的区域，本地植物群落由外界逐渐渗透深入建筑组团，呈现出一种被包裹的、自发形成的趋势，极大地缓冲了建设用地与非建设用地之间的冲突。

6.3.3.3 构建休闲观光农业参与体系

在以休闲观光农业为核心的旅游型村镇规划中，农事活动的参与性是保证村镇具有吸引力的第一要素。后期策划可以保证活动内容的趣味性与丰富性，而相关硬件设施的布局则是活动得以开展的关键。保证奋斗镇正常运转、蔬菜顺利供应的农事活动并不全部具有参与性与观赏价值，因此在进行规划设计时，具有参与价值的农事活动应尽量位于镇区中交通便利、可达性好的区域，与基础服务设施结合布置。

（1）养鱼池：位于综合景观带北部，靠近和平村与友好村商业服务核心，除为游客提供垂钓服务外，也设立游客休息室与打包、售卖、加工菜品以及用餐的空间，方便游客品尝亲手垂钓的美味。

（2）拼贴农场：结合水稻、小麦田设置，春夏两季游客可以参与播种、插秧、除草等活动，有统一管理的半封闭入口，避免游客在农田中漫游。入口管理处设置休息室，提供小型储物柜，租借做农活的工作服与鞋帽。

（3）采摘园：除农业园区有集中的大型采摘活动区以外，农业主题游乐园内也设有果园，结合时令安排不同果品的采摘，在入口处设立游客休息室，租售农具与鞋帽，也提供售卖、打包、临时清洗加工等服务。

（4）花艺园：位于富强村与综合服务区交界处，教授插花、园艺相关课程，售卖园艺成品、种子、园艺工具、器具等商品，设置游客休息室，也设置园艺展览馆等服务设施。

（5）温室：分布在综合服务区以及农业主题游乐园内，根据季节与气候特征灵活安排温室内种植作物类别，在冬季为游客提供参与农事劳动的地点。

在此基础上，可考虑引入循环农业，核心景观带周边布置，以鱼塘为起点，依次排列稻田、果园、鸡圈等，最终回归鱼塘，结合公共交通系统形成主题慢行步道，局部设有参与性的园田与服务站，让游客对农忙过程中的播种、施肥、除草、收获等环节有更生动的认识。

6.3.3.4　积极应对季节差异

奋斗镇的主要吸引力为食宿服务与休闲观光农业设施。在冬夏不同的季节里，餐饮、旅店行业所提供的服务并无太大差异，受气候影响较小，而休闲观光农业的活动内容变化较大，大多数户外活动项目都将停止。因此，为增加冬季奋斗镇旅游吸引力，缓解由季节差异带来的客流量突变、产业发展不均衡等问题，奋斗镇首先应关注温室内的活动安排。

作为北方家庭冬季餐桌上的典型食物，萝卜、白菜和土豆在冬季的栽培种植技术相当成熟，在作物种植方面，奋斗镇有自营土豆栽培基地，是内蒙古重要的土豆产区。因此，即便在寒冷的冬季，也仍有处于生长期的作物为游客提供劳作环境。除传统食物之外，反季节蔬果栽培的种类相当丰富，茄子、辣椒等作为冬季蔬菜市场中的抢手货，在保证基本的市场需求之余，应丰富大棚作物种类，作为冬季游客的参与项目。

温室餐厅近几年来发展良好，尤其在严寒地区，在透明幕墙与天棚的包裹下，室外冰天雪地、银装素裹，室内温暖如春、绿意盎然，在冬季漫长寒冷的严寒地区，温室餐厅是游客偷闲、寻找桃源的好去处。

此外，奋斗镇也应该关注严寒地区传统的冬季旅游项目，即户外冰雪活动。在严寒地区的规划案例中，规划师过于强调冬季"半室外"空间的创造，而忽略了冬季室外活动最基本的空间需求，使得严寒地区村镇的冰雪资源变为"只可远观，不可亵玩"的视觉元素，也使游人丧失了与冰雪亲密接触的机会。冬季不勉强创造半室外空间，而应突出冬季特色，结合中央景观带、主题游乐园与综合服务区部分开阔场地，借助奋斗镇先天的开起伏地势，创造有趣的活动空间，使冰雪运动、冰雪表演、冰雪展览有施展的空间，形成宏大磅礴的气氛（如图6-16、图6-17）。

图 6-16　冰雪表演

图 6-17　冰雪展览

冬季活动场地周围应建有配套服务设施，当游人在户外长时间活动后可以方便快捷进入取暖，享用简餐热饮，同时退还运动设备。为避免长时间暴露在冷空气中造成冻伤，服务亭内也应有服务人员对游客着装、运动技巧进行指导（如图 6-18）。

图 6-18　活动服务亭

在服务站另一侧结合慢行系统设置公共交通站台，使候车游客以及经历短途交通的游客有避风的场所，同时便于服务站对场地内活动人数进行控制，减少拥挤并降低其他运动损伤的发生概率。

6.3.4　管理与运营策略

6.3.4.1　交通管理

健康的交通系统是保证严寒地区旅游型村镇富有吸引力的关键。为了区别大城市车水马龙的都市景观，营造低碳环保的度假环境，奋斗镇规划主要实施以下三项措施：

1. 机动车管理

呼伦贝尔周边景点有相当一部分非常适合自驾游出行，奋斗镇在经营特色餐饮与休闲农业观光游之外，也成为城市居民短时出行的休闲场所，非常适宜自驾出游。为避免过多车辆进入奋斗镇内部增大交通压力，在进入奋斗镇的两条主要道路旁建设集中停车位，成为限制机动车进入的闸口。在停车场出口处建立公共交通换乘站，保证游客在度假过程中无交通障碍。

过境公路从奋斗镇外侧绕行。农业园区、富强村花海等成为隔离公路与奋斗镇的天然屏障，又可形成一定规模的公路景观，为奋斗镇起到良好的宣传作用。

在综合服务区建立汽车旅馆，为有特殊需要、不希望将车存放集中在停车场的游客提供另一种选择。但汽车旅馆必须合理规划机动车进出路线，避免大量机动车进入镇区内部，并就近设立公交站台。

2. 公共交通管理

内部公共交通系统为奋斗镇交通系统的核心，采用电瓶车与小型巴士两种车型，保证冬季的保暖性与夏季的通风效果。公交系统合理设站，保证奋斗镇内各个组团都在该系统的辐射范围内，保证运行路线通畅便捷。同时采用大运量车型与小运量车型，大运量车型按既定路线行驶，按站停车。小运量车型则更为灵活，游客可以按日租借，只在奋斗镇内部通行。

3. 慢行步道与自行车交通管理

根据北方气候特征，自行车主要在夏秋两季使用。慢行步道每隔固定距离即设自行车租赁处，该处也纳入内部公交体系中，形成完整的自助交通体系，冬季在有互动活动的地点补设公交站，根据气候条件灵活调整自行车的使用。

6.3.4.2　活动策划

1. 民俗主题

呼伦贝尔不但是蒙古族发祥地（其境内蒙古族主要为巴尔虎蒙古族和布里亚特蒙古族，是蒙古族历史最为悠久的两个部落），更是我国鄂伦春、鄂温克、达斡尔、华俄后裔等民族的最主要的聚居区。作为汉族、满族、朝鲜族、蒙古族等三十六个民族的聚居地，呼伦贝尔大草原真实而生动地体现了各民族生活习惯、行为方式、伦理道德等方面的特点，亦能传承此地民众在漫长岁月中艰辛创造的成果和精神世界不断演化的轨迹。故而，奋斗镇丰富的民居建筑、风味饮食、民俗服饰、节日庆典、民间歌舞、宗教祭祀等文化资源库足以在整个奋斗镇内促成开放的民俗博物馆。

在综合服务区内，售卖纪念品以及特产的商亭、进行表演的场馆均为蒙古包形式，不但具有蒙古族特色，也具有组装便捷、灵活性强的特点。特色餐饮中，除地产新鲜蔬果外，还有奶食、奶酒、牛羊肉等食品。每年蒙古族那达慕大会、5 月 22 日伊慕额节以及鄂伦春族 6 月 18 日篝火节传统节日来临的时候，奋斗镇也将在综合服务区以及中央景观带内为游客举办欢度节日的庆典，邀请游客一同参与赛马、摔跤、射箭等传统竞技项目及其他娱乐活动。此外，在民俗展示区也将不定时展示蒙古族及其他民族的宗教祭祀活动。各民族节日庆典、重大祭祀日的文化活动将成为奋斗镇长久吸引游客的重要文化内容。

2. 休闲观光农业主题

该主题活动主要分布在农业园区与中央生态轴两部分。农业园区以其大规模、高科技的智能温室以及户外观赏农业为核心，为游客提供果品采摘、售卖、观赏、科技教育、餐饮等服务。中央生态轴部分主要依托拼贴农场、鱼塘、主题乐园等设施提供果品采摘、垂钓等娱乐活动，并在特定的季节为游客提供体验播种、插秧、除草、施肥、收获等过程的机会。拼贴农场有整体管理与分散出租两种经营模式，其中分散出租是指消费者可以选择承包一块土地，自行决定耕种作物种类，平时由奋斗镇村民代为管理。在收获的季节结合传统民俗节日举办丰收节，提供美食品尝与表演欣赏，使游客也可以切身体会到丰收的喜悦。

3. 花海主题

在奋斗镇东侧边缘沿省道组织带状花海，形成奋斗镇的彩色边界，在宣传富强村鲜花产业的同时也对奋斗镇进行宣传。在中央景观带以及农业主题游乐园内开辟花田，作为游客取景拍照、进行大地艺术设计的场地，丰富奋斗镇的景观形态。在综合服务区以及富强村内设置盆栽销售平台，出售整盆鲜花、种子、球状根、花艺工具以及小型盆景工艺品等。在富强村内开设花卉博物馆，对富强村经营花卉产业的历史、品种、栽培工艺等进行讲解与展示，同时开设精油博物馆等周边相关产业小型展馆，丰富花卉栽培销售渠道与加工工艺，并辅导游客进行插花、栽培、精油提炼等项目。富强村民宿主题与其他三村将有很大不同，院落格局、建筑立面装饰、室内设计都将呼应鲜花主题。

6.4 旅游资源主体型村镇发展策略——以新兴村为例

6.4.1 现状及问题分析

新兴村是尚志市鱼池乡行政村之一，位于鱼池乡西 3 千米处，是鱼池乡内距离亚布力镇较近的村屯之一，辖 1 个中心村，2 个自然屯，全村土地面积 58 平方千米，全部人口为朝鲜族人。其东为昌平村，西邻锦河村，301 国道、哈绥公路和滨绥铁路分别从村前穿过；新石公路穿村而过，301 国道新兴收费站建站于村东，滨绥铁路原有新兴站位于村内明新前屯，村内外交通联系极为便利。鱼池乡新兴村处于温带季风性气候区，四季较为分明，春秋季风较强，夏季温热而多雨，主要集中于 7、8 月份。全年日照 2450~2600 小时，积温 2400℃，年平均气温 2.3℃。年降水量为 666 毫米，山区高于平原。无霜期 120 天，年主要风向春季多为西南风，冬季多为西北风（如图 6-19）。

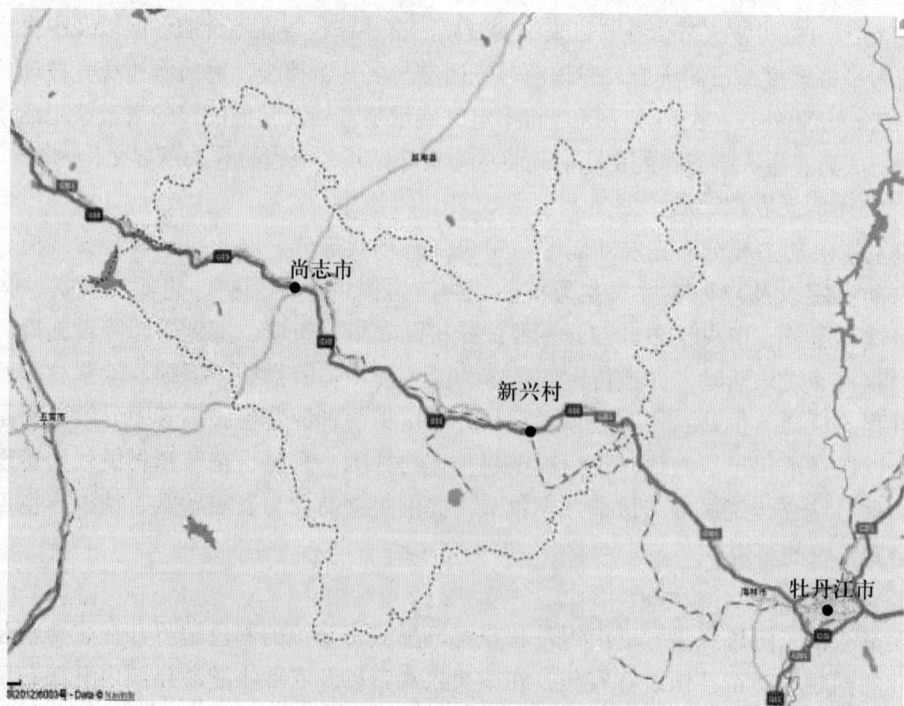

图 6-19 新兴村区位图

新兴村存在的主要问题有，现状村镇缺乏旅游吸引力，旅游活动较为单一，基础设施建设情况较为一般，缺乏特色，交通网络不够完善。由于处于环城游憩带的外围，新兴村的主要发展目标是村强民富、建设经济繁荣、社会安定、文化发达的现代化新农村，其次才是为周边居民提供游憩场所，完成由传统村镇向旅游型村镇转型。

为实现这一目标，新兴村将逐步调整产业结构，通过分利用依山近水、地域物丰的自然条件，建设生态友好、环境优美的绿色新村，通过保护周边湿地风貌、民风民俗，建设具有个性的文化新村。只有以现有的有特色的产业为载体，以现代农业为基础，以发展特色旅游业为主体，发展壮大农产品生产加工业和服务产业，大力培育和发展朝鲜族村落观光、科技农业观光、旅游餐饮等相关行业，才能实现鱼池乡新兴村的完整转型。

6.4.2　总体规划定位与规划方案

鱼池乡新兴村总体发展定位为"生态高地，民俗聚落"，近期发展目标将以发展生态农业为主、特色旅游业为辅，进而成为以城郊服务业为主的中心村，远期发展目标是建设集绿色有机水稻种植加工、绿色养殖、特色旅游、服务业、农业观光、休闲度假于一体的具有浓郁地方民俗特色的近郊乡村生态型村落。

在空间结构上，规划将保持现状的主要特点，采取"显村、渗水、透绿、商服居住各就位、历史文化显特征"的规划措施，总体上形成"一村、两区、两轴、两带"的格局。"一村"是鱼池乡新兴村的行政、合作社、旅游服务中心村，"两区"为民俗聚落体验区与产业科技示范园区，"两轴"是指东西向连接村委会、居住组团和产业组团的水系轴线，以及南北向连接两处老居住组团、绿色有机食品加工功能区和田园的绿轴。"两带"分别是东侧的农业文明景观带和生态湿地涵养带（如图 6-20）。

综上所述，鱼池乡新兴村产业布局为：中心村北部为稻田种植区，西部为居住新区，南部和东部有部分耕地可以作为建设用地，用地主要向西发展。

6.4.3　规划与运营策略

6.4.3.1　突出朝鲜族村落文化特征

1. 传统村落布局模式

在传统朝鲜族村落中，学校、老年会、村委会、祠堂等公共设施多数安排在村落中心，方便居民使用；民居在组合形式上追求整体性，几乎整个村落都是由彼此相仿的房屋单元组成；在人们经常活动的公共场所，通常都有树龄较高、枝繁叶茂的树木，为村落带来宜人的环境；用于集会、演出、举办民俗活动之用的广场在朝鲜族村落中具有非常重要的地位，由于朝鲜族拥有传统的秋千比赛，在公共活动中心周边，则多建有秋千、跳板。在新兴村规划中，这些原则也都被一一遵循。

规划中，道路以不规则性与整体性的有机结合为特点，使村落的布局更加自由化，贴近自然。利用村周边灌溉水渠引入村内，形成一条东西贯穿的水系，结合道路结构形

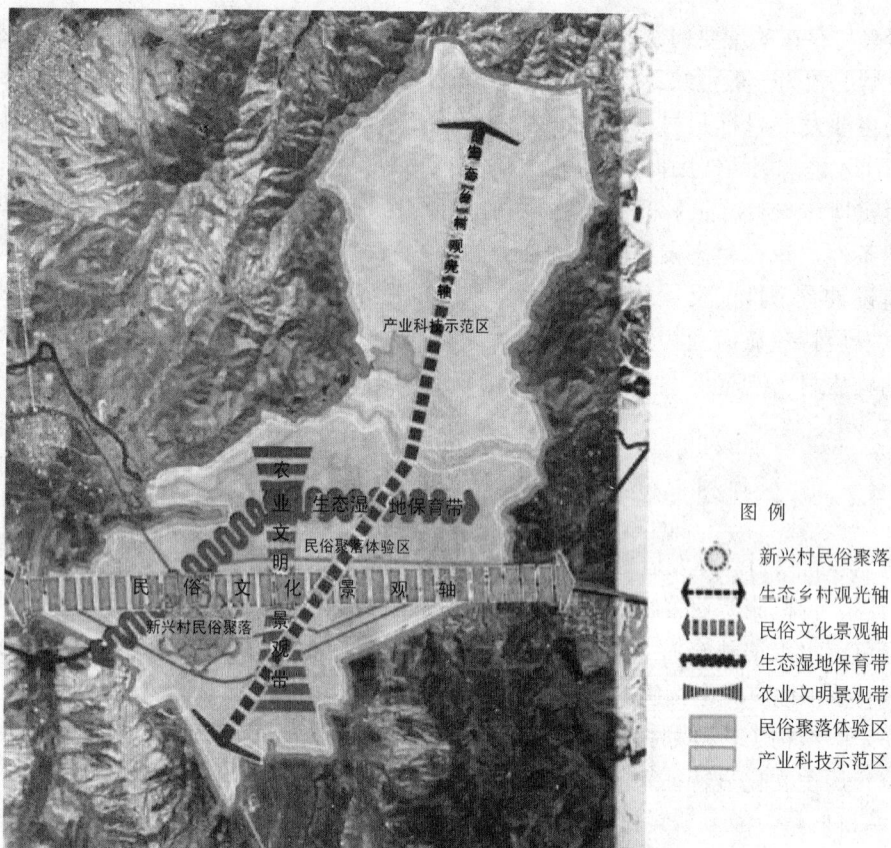

图 6-20　新兴村规划格局

成寓意"引凤归巢"的朝鲜族传统村落形制（如图 6-21）。

　　建筑选型方面，首先对现状建筑、构筑物进行梳理，改造典型院落作为示范，将现有民居归纳为几种模式，最终实现院落规整的整体目标。规划扩建现有健身场地，将村内活动场地集中，建设一处以荷花为主题的水景广场，除便于村民活动交流外，也可结合商业建筑营造较浓郁的商业氛围（如图 6-22）。

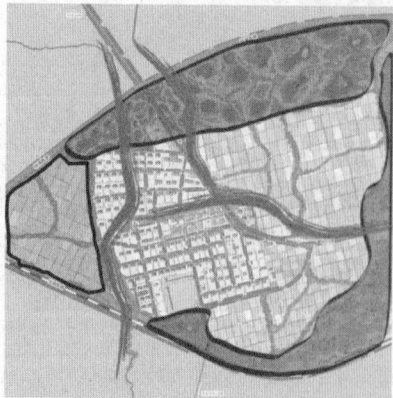

图 6-21　引凤还巢形制

图 6-22　滨水商业街

2. 传统院落模式与建筑结构

传统朝鲜族住宅的院落形式多种多样，并不强调中心轴的概念，没有一定的规则和框架，而是强调人与自然的协调性以及空间布局自由、随意。较为常见的院落形式可以概括为"一字型"、"L 字型"以及"U 字型"。其共同点为：院落大致呈矩形，围墙多用稻草或是柴火堆砌，院落南侧开主门，住宅南侧为种植园与物料间，北侧设置后门，工具间靠院墙摆放，建筑靠外围布置，院落中间空间集中。其不同点主要体现在主体功能建筑的平面布局上，"一字型"主体建筑最为简洁，"L 字型"在其基础上增建耳房作为辅助功能空间，"U 字型"则为"L 字型"对称化的变体，平面结构和功能组织更为完善丰富，如图 6-23。

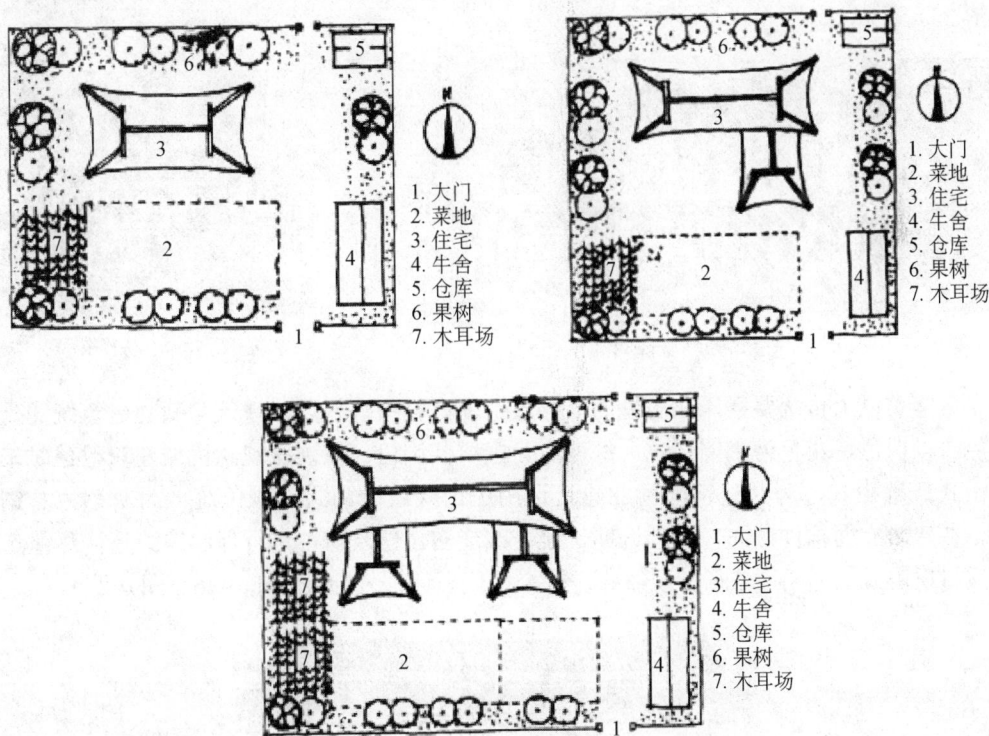

图 6-23　传统院落布局

朝鲜族民居的屋内结构主要有单排和双排两种。单排式结构的房间之间只有横向间隔而无纵向划分，双排结构的房间之间既有横向间壁又有纵向间壁。无论何种结构，房屋通常是厨房在中间，同正间连成一个大间。

为呼应传统的朝鲜族院落与房屋格局，本次规划较为注重对房屋局部进行翻新与立面改造，将现有院落围墙改为木栅通透式，院落门户则统一建设为典型的朝鲜民俗门：斗形式。居住环境方面，首先加强村内道路绿化、规整院落、丰富庭院绿化，提高环境卫生状况，远期集中布置垃圾收集站，改善村内环境，营造具有民俗风味的、景观丰富的、整洁宜居的居住院落。此外，新兴村在原有居住组团的基础上新增一处传统民宿体验区，以传统的朝鲜民族住宅与典型院落为主，用以充实旅游服务业的具体游览项目。

3. 传统建筑风貌

朝鲜民居的主要特点是平面规整、轮廓鲜明、色彩雅致、雕饰简约。其屋顶坡度缓和，中间平如行舟，两头翘立如飞鹤。屋顶主要分成三种类型，分别为悬山式、庑殿式、歇山式。无论哪种形式，其屋顶尺度都极大，约占整体高度的二分之一，且出檐很长。房屋的外部墙面，由上、下横梁、立柱及门窗框这些外露构件划分成多个区域，这些大小不一的组合，长短直线的错落，使墙面产生一种和谐的韵律美和变幻的空间美。传统建筑中的门窗都带有纵横交错的细木格子门（窗）棂，并上窗纸。廊也是传统朝鲜族民居立面的重要构成要素之一。原本低矮的住宅形体，因为屋檐的伸出、廊子的凹进、台基的稳定布局使得整幢建筑给人丰富多姿的层次美，呈现出鲜明的立体美（如图 6-24、图 6-25）。

图 6-24　传朝鲜族建筑

图 6-25　传统窗棂

为落实以上传统要素，在房屋的立面改造上，将新兴村现状建筑与新建建筑统一外墙颜色，以白色，灰色为主墙面色，深赭石为主要装饰色。屋顶在现状民居建筑改建时采用悬山式或歇山式，公共建筑与商业建筑选用庑山式或歇山式，颜色统一为灰黑色彩钢材质。在建筑立面构件方面，规划近期，统一改造居住建筑窗，进行保温窗改造，尽量选取木质材质，规划远期可依据传统纹样进行个性化设计与装饰（如图 6-26、图 6-27）。

典型房屋改造正立面

典型房屋改造透视图

典型房屋现状照片

图 6-26　典型房屋改造

老年协会建筑正立面

老年协会建筑透视图

老年协会建筑现状照片

图 6-27 老年协会建筑改造

6.4.3.2 优化产业战略布局

1. 第一产业：发展城郊高效农业、畜牧养殖业

（1）城郊都市农业：生态农业规划置于新兴村村东侧，以精品化、园林化、设施化农业生产为基础，提供城郊居民高质量物质产品和文化产品服务，提供生态新型农业科技成果展示和城郊农民参观、学习、培训场所，实现土地资源价值倍增，是集生产、示范、培训、旅游、环保、科普等功能于一体的特色农业产业类型。

（2）设施农业：规划置于新兴村东侧，占地 0.8 公顷，计划生产无公害蔬菜、草坪。建设包括大型现代化连栋大棚、节能日光室、露地种植及保护地。农业建筑面积约5000 平方米，主要展示现代生物技术、设施栽培技术、节水灌溉（喷灌、滴灌等）技术等现代农业高新技术成果，同时引进特色蔬菜新品（如日本小青瓜、美味樱桃西红柿、荷兰甜椒、七彩辣椒、紫色甘蓝及珍稀食用菌等）等高附加值的产品。

（3）畜牧养殖园区：依托村域南侧的铁锋畜牧场和东侧新中畜牧场的草原资源条件发展畜牧养殖业，繁荣农村经济：组建奶牛养殖产业区，发展年养殖量在 200 头及以上规模的养殖场 1~2 个；组建家禽养殖产业区，发展年饲养量在 1000 只以上的家禽养殖场2~4 个；规范小型养殖场，发展新兴产业。

2. 第二产业：发展农产品深加工及畜禽产品加工产业

利用当地绿色农产品，进行深加工，提升农村产业链，大力发展粮食酿酒业、食品加工业，引进先进的生产技术和机器设备，提高生产能力，扩大对外的影响力。同时发展畜牧产品加工，规范牲畜屠宰场。组建本村的畜禽产品加工集团公司，增强抵御市场风险的能力。

3. 第三产业：发展运输、劳务和乡村旅游业

（1）运输业：依托齐齐哈尔市近郊的区位优势，积极发展城郊运输服务公司，主要对农产品、建材、畜牧加工产品进行运输。同时结合规划远期城郊乡村旅游，发展旅游服务公司，成立乡村旅游客运服务队。

（2）劳务产业：加强对转移劳动力的就业培训；加强对外联系，把多余劳动力组织到外地就业，并加强管理和服务；组织就地就业，确保多余劳动力正常就业，维护劳动者的合法权益。

（3）乡村旅游业：以现有产业为基础创建新兴村特色休闲观光和旅游、餐饮、商贸服务产业。

6.4.3.3　强化旅游特色

新兴村自然景观系统构成要素异常丰富，草甸、鱼塘、牧场、水系等富有地方特色，这些资源使新兴村成为了极具开发价值的旅游目的地。随着"鱼池乡新兴村全国文明村"名牌的推出，该村在黑龙江省及国内引起了极大关注，被游客认为是"最具北方韵味"的地方，蕴含着巨大的市场潜力，因此，新兴村旅游专项规划被提到与总体规划同等重要的位置上。在旅游专项规划中，我们提出"两线八区"的旅游目的地格局（如图 6-28、图 6-29）。

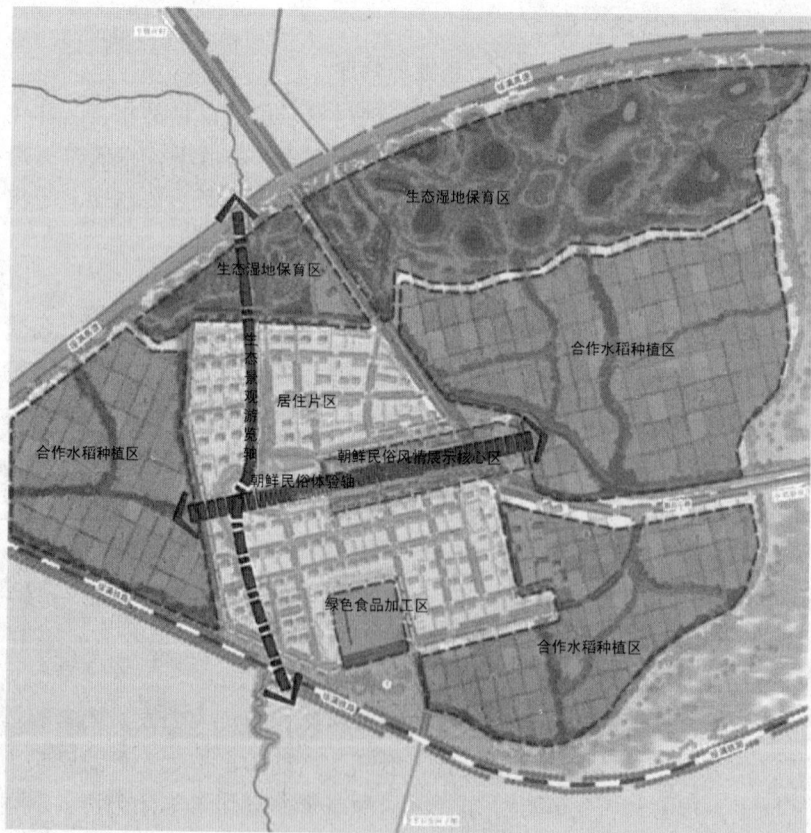

图 6-28　旅游规划格局

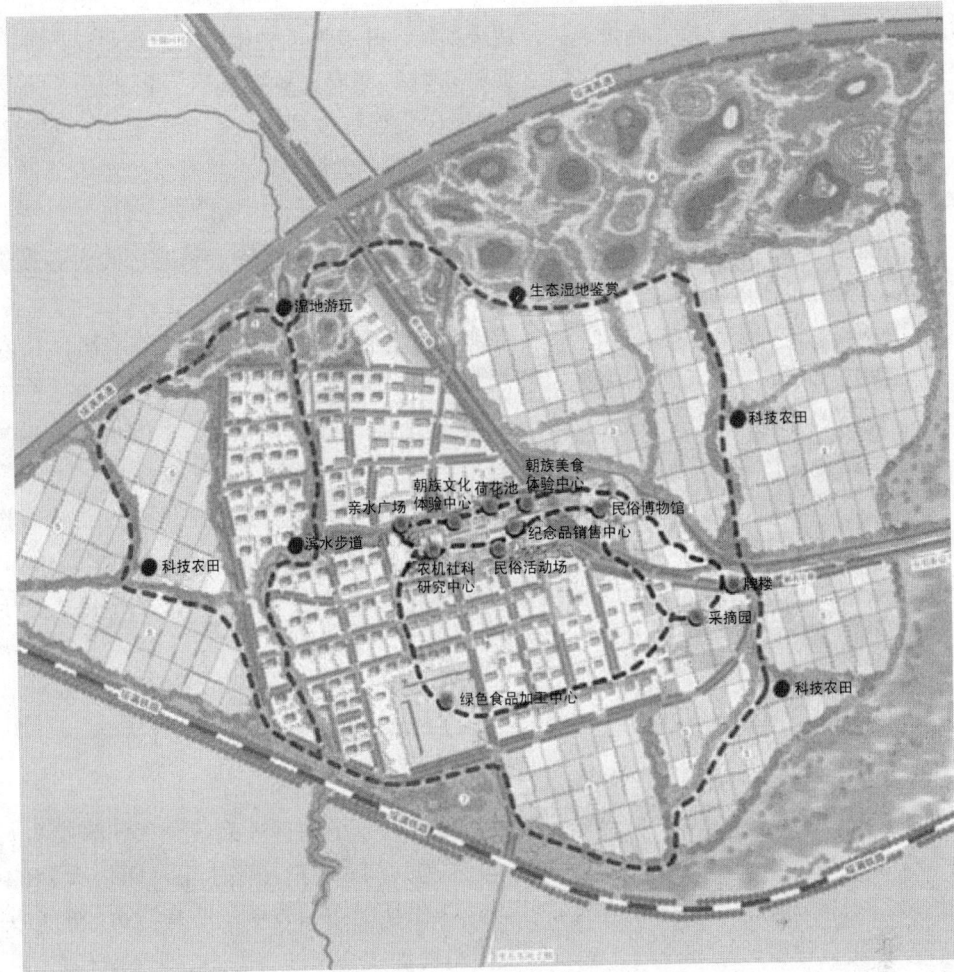

图 6-29 "两线八区"示意图

两线是指乡村生态农业旅游观光线以及民俗景观休闲旅游观光线：

（1）乡村生态农业旅游观光线：此线连接了鱼池乡新兴村的多个生态农业观光景点，每个景观各具特色，布置一个特色农家乐。路线为无公害稻田体验园—农业科普园—四季花卉厅—节能日光室体验园—绿色食品加工园。

（2）民俗景观休闲旅游观光线：鱼池乡新兴村农家乐园—民俗文化广场—垂钓园—水禽养殖观光区—村办公室、村中心古树景观节点—滨河景观带—乡村特色餐饮服务街—牧场草甸风光区—野营地。

八区是指功能主题各不相同的八处游览区：

（1）垂钓农家乐园：以水禽繁育中心的水产养殖基地、水稻新品种展示区和无公害蔬菜种植区为特色，在鱼场养殖区提供垂钓体验，利用田园景观开展科技农业游，预留发展用地完善参观、游览、垂钓的配套设施，使之具有科普、休闲、体验、文娱的功能。

（2）科普农业观光和赏花农家乐区：规划统一的建筑风格，彰显朝鲜族特色文化；在村北入口至东侧产业园区和村庄至绿色产业基地的道路两旁分别种植绿化树、花、草和种植有特色的藤蔓蔬菜，用大棚拱连接两边蔬菜地，开展特色文化和生态农业观光游。

（3）园艺花卉种植观赏区：规划位于村东侧，邻近农业设施区，占地 0.5 平方千米，生产鲜切花、盆花。基础设施包括大型现代化连栋大棚、节能日光温室、四季花卉厅及露地种植园，用以展示现代生物技术、设施栽培技术、节水灌溉（喷灌、滴灌等）技术等现代农业高新技术成果，生产鲜切花、高档盆花等。

（4）牧场草甸区：以牧场观光、游览为主，结合农家乐服务一条龙，为游客提供摄影、骑马、观看表演等活动。

（5）乡村农家乐园：主要提供旅游接待、特色餐饮等服务，可以体现出"住农家院、吃农家饭、干农家活、学农家艺、听农家曲"的五农特色。

（6）民俗商业街：以农村民俗为特色，深刻挖掘农村民间文化艺术的优势，民间艺术作品、壁画、民俗字画等。

（7）民俗活动园：包括不同民俗主题，例如"豆腐院"、"编筐院"等。展示体验区提供推磨、扬场等农业劳作表演，并接待游客参与体验。主题耕作休闲区可以为城市居民提供过一把"地主"瘾的机会。民俗活动园还将通过地方节庆娱乐活动、传统音乐、舞蹈、民间故事和传说引导游客参与和体验。

（8）生态农业观光园：开展农业观光、瓜果采摘、鲜菜品尝、农耕体验、农业教育等活动，同时结合田园风光、鱼塘等生态景观以充实生态文化、农业文化内涵。

6.4.3.4　创立合作社模式

调研走访中发现，在附近村屯里，新兴村最为人乐道的并不是其全部朝鲜族的人口构成，也不是尚在建设中的生态农业设施，更不是蜿蜒入村的新建水渠，而是从 2009 年以来逐渐步入正轨的、带领全村人致富的农业合作社。在调查中，所有被访问的村民都对该合作社交口称赞，对其规模、效益以及为村民切实带来的实惠感到满意。

鱼池乡新兴村水稻种植专业合作社（后文简称合作社）成立于 2009 年 11 月，是一家以水稻生产、加工、销售为一体的农业合作社。通过以现金入社、土地入社和带机入社等形式，合作社成员已由最初的 36 户发展到目前的 129 户。2013 年以发展联合社的形式吸纳周边锦河、兴安、昌平等 3 个朝鲜族村加入，合作社注册了"门前地"大米商标，申办了水稻有机食品认证，2012 年被评为国家级示范社，2013 年被评为省四星级示范社。几年来，合作社共投入资金 124 万元，建设标准化育苗大棚 70 栋、钢架机械库棚 360 平方米，机械拥有量达到 83 台套。2013 年合作社对现有水田进行了大方田改造，改造面积达 1000 亩。2013 年，通过统一育苗、统一整地、统一插秧、统一管理、统一收割、统一销售经营模式，合作社为社员增收 200 万元，户均达到 1.7 万元。

然而新兴村的合作社发展过程也体现了当代中国众多农业合作社存在的普遍问题。为保证合作社在今后的发展中继续保持良好的势头，应该尽量遵循以下原则：

（1）遵循发展规律。目前，我国农业家庭经营规模小、抗风险能力低、农民缺乏生产资金、生产资料价格高、农产品收购价格低等问题十分突出，合作社的出现恰好为这些问题寻找到了一条解决之路。新兴村农业合作社的发展过程要遵循国外农业合作社的发展规律，以家庭承包为基础，以发展农业流通领域项目为核心，围绕农业生产的产前、产中、产后全过程提供社会化服务，不断提高农业家庭生产经营能力和市场适应能力。

（2）强化内部管理。我国农业合作社仍处于初级阶段，财务制度和分配机制混乱、管理水平低、服务功能单一、社员受益少、加入和退出制度不完善等问题较为明显。为此，只有按照国际通行的合作社规范原则和我国《农民专业合作社法》中的相关要求，规范合作社组织结构和利益分配机制，完善相关规章制度，加强对社员的教育培训，不断强化内部管理、增强合作社的吸引力和凝聚力，推动新兴村农业合作社持续健康发展。

（3）积极发挥政府作用。在美国农业合作社发展中，政府在法律、财政、信贷和税收等方面均给予大力支持，而对其具体执行事务干预很少；而日本农业合作社在发展初始面临着资金、人才缺乏等问题，因此政府干预较多，这既促使合作社快速发展，但也造成了许多不良影响。通过借鉴美日两国经验，在新兴村合作社的发展过程中，政府要在保证合作社自主经营和民主管理的基础上，进一步规范法律法规，完善财政、信息服务、教育培训等具体支持政策，推动新兴村农业合作社快速发展。

参考文献

[1] 杨持. 生态学（第2版）[M]. 北京：高等教育出版社，2008.

[2] 奥德姆，巴雷特著. 陆健健等译[M]. 生态学基础（第5版）[M]. 北京：高等教育出版社，2009.

[3] 王祥荣. 城市生态学[M]. 上海：复旦大学出版社，2011.

[4] 牛翠娟，娄安茹，孙儒泳，李庆芬. 基础生态学（第2版）[M]. 北京：高等教育出版社，2013.

[5] 赵小汛. 城乡土地生态适宜性评价与空间生态规划：以辽宁省本溪市南芬区为例[M]. 北京：中国社会科学出版社，2014.

[6] Hylleberg S. General Introduction[C]. In S. Hylleberg（Ed.），Modelling Seasonality. Oxford：Oxford University Press，1992：3-14.

[7] Butler R W，Mao B. Seasonality in Tourism：Problems and Measurement [C]. In P. Murphy（Ed.），Quality Management in Urban Tourism. Chichester：Wiley & Sons，1997：9-23.

[8] Ross G F. Resident Perceptions of the Impact of Tourism on an Australian City[J]. Joumal of Travel Research，1992，30（3）：13-17.

[9] Fennell D A. Ecotorism：An Introduction [M]. London：Routledge，1999.

[10] Baum T，Lundtorp S. Seasonality in Tourism：An Introduction[C]. In T Baum & S Lundtorp（Eds.），Seasonality in Tourism. Oxford：Pergamon，2001：1-4.

[11] Butler R W. Seasonality in Tourism：Issues and Problems[C]. In A.V. Seaton（Ed.），Tourism：the State of the Art. Chichester：Wiley& Sons，1994：332-339.

[12] Peter M. Tourism Impacts，Planning and Management[M]. Ambridge：Butterworth-Heinemann，2003：42-51.

[13] Milman A，Pizam A. Social Impacts of Tourism on Central Florida [J]. Annals of Tourism Research，1988，15（2）：191-204.

[14] Grant M，Human B，Le Pelley B. Seasonality[R]. In British TouristAuthority & English Tourist Board（Eds.），Insights-Tourism Intelligence Papers，1997：5-9.

[15] Flognfeldt T. Long-Term Positive Adjustments to Seasonality：Consequences of Summer Tourism in the Jotunheimen Area，Norway[C]. In T. Baum，S. Lundtorp（Eds.），Seasonality in Tourism. Oxford：Pergamon，2001：109-117.

[16] Snepenger D，Houser B，Snepenger M. Seasonality of Demand[J]. Annals of Tourism Research，1990，17（4）：628-630.

[17] Hartmann R，Long J，Hecock R. Tourism，Seasonality and Social Change[J]. Leisure Tourism & Social Change，1984：101-111.

[18] 潘斌. 旅游小城镇规划研究[D]. 上海：同济大学硕士论文，2008：41-44.

[19] 钟静，张捷，李东和，等. 历史文化村镇旅游流季节性特征比较研究——以西递、周庄为例[J]. 人文地理，2007，22（4）：68-71.

[20] Commons J，Page S. Managing Seasonality in Peripheral Tourism Regions：The Case of Northland，New Zealand[C]. In T. Baum，S. Lundtorp（Eds.），Seasonality in Tourism. Oxford：Pergamon，2001：153-172.

[21] 刘家喜，谢兴保. 基于季节性特征考虑的旅游度假区规划策略探讨[J]. 武汉大学学报，2004，37（2）：158-160.

[22] Seidl Irmi，Tisdell Clem A. Carrying Capacity Reconsidered：From Malthus' Population Theory to Cultural Carrying Capacity[J]. Ecological Economics，1999，（31）：395-408.

[23] 保继刚，楚义芳. 旅游地理学（修订版）[M].北京：高等教育出版社，1999：143-144.

[24] Mathieson A，Wall G. Tourism：Economic，Physical and Social Impacts [M]. New York：Longman，1982.

[25] O'Reilly AM. Tourism Carrying Capacity-Concepts and Issues [J]. Tourism Management，1986，7（4）：254-258.

[26] WTO/ UNEP. Guidelines：Development of National Parks and Protected Areas for Tourism. Madrid：World Tourism Organization，1992.

[27] Saveriades Alexis. Establishing the Social Tourism Carrying Capacity for the Tourist Resorts of the East Coast of the Republic of Cyprus [J]. Tourism Management，2000，21（2）：147-156.

[28] Stankey G H，Cole D N，Lucas R C，Peterson M E，FRISSELL S S. The Limits of Acceptable Change（LAC）System for Wilderness Planning [M]. USDA，1985.

[29] Nilsen P，Tayler G A. Comparative Analysis of Protected Area Planning and Management Frameworks [A]. In: MCCOOL, STEPHEN. j COLE, DAVID N., COMPS N., comps. 1998. Proceedings-Limits of Acceptable Change and Related Planning Processes：Progress and Future Directions [C] .1997，May：20-22.

[30] Ahn B Y，Lee B K，Shafer C S. Operationalizing Sustainability in Regional Tourism Planning：an Application of the Limits of Acceptable Change Framework [J] .Tourism Management，2002，23（1）：1-15.

[31] National Park Service. The Visitor Experience and Resource Protection （VERP）Framework. A Handbook for Planner and Managers [J]. Washington D.C.：National Park Service，1997：5-11.

[32] Mark W Brunson. Tiffany Christensen Vistor Experience and Resource Protection at Antelope Island State Park [J]. Professional Report IORT-PR 1999-1.

[33] Kelly CL，Pickering C M，Buckley R C. Impact of Tourism on Threatened Plant Taxa and Communities in Australia [J]. Ecological Management & Restoration，2003，4(1)：37-44.

[34] WitztumE R，Stow D A. Analysing Direct Impact of Recreation Activity on Coastal Sage Scrub Habitat

with very High Resolution Multi-spectral Imagery [J]. International Journal of Remote Sensing, 2004, 25(17): 3477-3496.

[35] 赵红红. 苏州旅游环境容量问题初探[J]. 城市规划, 1983 (3): 46-53.

[36] 刘振礼, 金键. 特定区域内旅游规模的研究[J]. 旅游论坛, 1985 (2): 29-33.

[37] 崔凤军. 旅游环境承载力理论及其实践意义[J]. 地理科学进展, 1998, 17 (1): 86-91.

[38] 刘玲. 旅游环境承载力研究[M]. 北京: 环境科学出版社, 2000.

[39] 杨林泉, 文正祥. 旅游环境承载力实证分析[J].中国人口资源与环境, 2003, 13 (5): 76-79.

[40] 丁宇, 李霞. 新疆罗布人村寨旅游环境容量调查分析[J]. 乌鲁木齐职业大学学报: 人文社会科学版, 2008 (1): 37-41.

[41] 王辉, 林建国, 周佳明. 城市旅游环境承载力的经济学模型建立与分析[J]. 大连海事大学学报, 2006, 32 (3): 18-20, 25.

[42] 李偲, 海米提依米提, 熊黑钢. 喀纳斯风景区旅游环境承载力研究[J]. 干旱区地理, 2007, 30 (3): 450-454.

[43] 戴科伟, 钱谊, 张益民, 等. 基于生态足迹的自然保护区生态承载力评估——以鹞落坪国家级自然保护区为例[J]. 华中师范大学学报: 自然科学版, 2006 (9): 462-466.

[44] 朱葛.旅游环境容量研究—以鲅鱼圈海滨温泉度假区为例[D]. 辽宁: 辽宁师范大学, 2013.

[45] 齐恒.环洞庭湖旅游资源评价及可持续开发研究[J]. 生态经济, 2005, 18 (7): 3-4.

[46] 程小敏.民居旅游中居民对旅游影响态度的实证研究——以北京什刹海胡同游为例[D]. 北京: 北京第二外国语学院, 2005.

[47] 温健斌.旅游对乔家堡村的社会文化影响研究.燕山大学硕士论文集[C], 2008, (12): 12-12.

[48] 张维, 陈丽军.伊春林区生态旅游环境质量评价.哈尔滨师范大学自然科学学报[J]. 2005, 21 (6): 103-108.

[49] 巩如英, 王飞, 刘雅莉, 等.韦伯-费希纳定律评价模型在景观环境质量评价中的应用[J].西北林学院学报, 2006, 21 (1): 131-135.

[50] 钱益春.张家界国家森林公园旅游环境质量评价[J].东北林业大学学报, 2007, 35 (1): 76-78.

[51] 朱兵, 姚国荣. 基于 BP 神经网络的城市旅游环境质量评价[J]. 资源开发与市场. 2008 (3): 221-226.

[52] 王兆峰. 基于遗传算法的理想区间法在旅游环境质量评价中的应用[J]. 系统工程, 2013, (2): 106-114.

[53] 郭来喜, 吴必虎, 刘锋, 等. 中国旅游资源分类系统与类型评价[J]. 地理学报, 2000, 55(3): 294-301.

[54] 郭泺, 杜世宏, 薛达元. 景观生态空间格局: 规划与评价[M]. 北京: 中国环境科学出版社, 2009.

[55] 福廷, 戴尔著. 杨晓晖等译. 空间分析: 生态学家指南[M]. 北京: 高等教育出版社, 2014.

[56] 陈然. 基于 GIS 的农村土地生态适宜性评价及应用研究——以义乌市岩南村为例[D]. 南京农业大学, 2011.

[57] Lundtorp S. Measureing Tourism Seasonality[C]. In T. Baum & S.Lundtorp, Seasonality in Tourism. Oxford: Pergamon, 2001: 23-50.

[58] 钟静，张捷，李东和，等. 历史文化村镇旅游流季节性特征比较研究——以西递、周庄为例[J]. 人文地理，2007，22（4）：68-71.

[59] 李团辉，段凤华. 浅析旅游季节性表现及成因[J]. 桂林旅游高等专科学校学报，2006（2）：137-140.

[60] 李飞. 新休假制度对"黄金周"旅游客流的影响及其政策意义[J]. 旅游学刊，2009，24（6）：12-18.

[61] 周建明. 旅游度假区的发展趋势与规划特点[J]. 国外城市规划，2003（1）：34-39.

[62] 美国城市土地利用学会（ULI）. 度假区开发设计手册[M]. 北京：知识产权出版社，中国水利水电出版社，2004：50-58.

[63] 乔纬. 旅游地季节性问题与应对策略[C]//第十四届全国区域旅游开发学术研讨会暨第二届海南国际旅游岛大论坛论文集，2009：217-218.

[64] 官金华，李晓趁. 旅游区环境容量测算方法探讨[J]. 中国环境干部管理学院学报，2004（14）：61-62.

[65] 五大连池双泉镇人民政府.黑龙江省五大连池市双泉镇总体规划说明书（2012—2030），2012：35-40.

附录

村镇旅游环境质量评价不可监测数值类指标隶属度调查表

尊敬的先生/女士：

您好，哈尔滨工业大学正在开展"十二五"国家科技支撑计划"严寒地区绿色村镇生态适宜性景观设计技术"的课题研究，本次调查针对我国严寒地区村镇旅游环境质量评价不可监测数值类指标隶属度的确定。请您根据对村镇旅游景区（点）的了解情况，及评价参考对每个指标的好坏程度进行打分，很好为 9 分，较好为 7 分，一般为 5 分，较差为 3 分，很差为 1 分。

感谢您对我们工作的大力支持。

年龄：　　　　　　　　职业：　　　　　　　工作：

不可监测数值类指标	评价标准参考	评分
生物多样性	植物资源类型多、分布广、面积大、郁闭度高，建群种与优势种强，生长情况好，生物量大；动物资源类型多、分布广	
气候吸引力	明显区别于其他地区气候，同时具有相应的体验价值	
丰富性	资源实体体量巨大，或基本类型数量多，或资源实体疏密度优良，景观异常奇特；资源实体完整，保持天然的形态与结构	
独特性	具有珍稀物种，或景观奇特，或此类现象在其他地区少见	
可持续性	生长量超过消耗量；不可再生资源严格保护，禁止利用；可再生资源在有利于生态环境良性循环的基础上集约化开发利用	
美誉度	受到85%以上游客和大多数专业人员的普遍赞美	
观赏游憩价值	全部或其中一项具有的观赏价值、游憩价值、使用价值	
村庄及院落地域性	院落布局具有强烈的地方特色，篱笆等能够采用当地材料制作	
民族民俗文化	保留传统的节庆活动、保留地方特色生活模式、保留民间传统工艺	
居民友好度	当地居民讲文明、有礼貌，不欺生、不敲诈，热情诚实，乐于帮助旅游者	
社会治安	近2年内，无重大刑事犯罪案件和邪教、聚众赌博等非法活动	
水电暖供给能力	村镇内的水、电、暖供给能够满足居民的基本需求	
环境卫生	村镇内设有垃圾箱，有固定的环卫工人定期打扫，有相应的环卫设施	
镇容镇貌	主要街道两侧有行道树；主要道路为硬质路面；街道干净整洁	
景区交通便捷度	有公共交通或旅游专用交通工具直达景区，最远的景区距火车站（汽车站）点的交通时间在60分钟以内	

续表

不可监测数值 类指标	评价标准参考	评分
住宿接待设施	住宿设施具有当地特色；客房和公共活动空间干净整洁、卫生舒适；设施规模与游客数量相适应，且能满足要求	
旅游餐饮	餐饮设施建设与周边的整体环境相协调；设施规模与游客数量相适应，且能满足要求；能提供地方特色或民族特色风味的菜肴，且品种丰富	
安全设施及医疗救护	在游客集中和有安全隐患的地方分布；以水上游乐为主的旅游景区的巡视员、救护员，比例应较高；危险地带包括安全护栏、水上拉网等应齐全和有效；防火设备等应齐备、完好、有效	
旅游购物	对购物场所进行集中管理，环境整洁，秩序良好，无围追兜售、强买强卖现象；有能充分体现当地物产和文化的农副土特产品、民间工艺品和旅游纪念品等	
厕所	步行 30 分钟范围内须有设置；环境卫生良好	
公共休息设施	数量充足，能满足需要，不设置在危险地带、危险场所；造型与景观环境协调	
标识系统	标识的内容、位置与范围合理。图形符号设计清晰符合规范，与景观相协调	
旅游宣传	有明确的旅游形象，通过互联网、电视或报刊形式宣传；有游客宣传手册	